GOVERNANÇA FISCAL E SUSTENTABILIDADE FINANCEIRA
Os reflexos do Pacto Orçamental Europeu em Portugal como exemplos para o Brasil

MARCUS ABRAHAM

Prefácio
João Ricardo Catarino

Apresentação
Edilberto Carlos Pontes Lima

GOVERNANÇA FISCAL E SUSTENTABILIDADE FINANCEIRA
Os reflexos do
Pacto Orçamental Europeu em Portugal como exemplos para o Brasil

2

1ª reimpressão

Belo Horizonte

2025

© 2019 Editora Fórum Ltda.
2025 1ª reimpressão

É proibida a reprodução total ou parcial desta obra, por qualquer meio eletrônico, inclusive por processos xerográficos, sem autorização expressa do Editor.

Conselho Editorial

Adilson Abreu Dallari
Alécia Paolucci Nogueira Bicalho
Alexandre Coutinho Pagliarini
André Ramos Tavares
Carlos Ayres Britto
Carlos Mário da Silva Velloso
Cármen Lúcia Antunes Rocha
Cesar Augusto Guimarães Pereira
Clovis Beznos
Cristiana Fortini
Dinorá Adelaide Musetti Grotti
Diogo de Figueiredo Moreira Neto
Egon Bockmann Moreira
Emerson Gabardo
Fabrício Motta
Fernando Rossi
Flávio Henrique Unes Pereira

Floriano de Azevedo Marques Neto
Gustavo Justino de Oliveira
Inês Virgínia Prado Soares
Jorge Ulisses Jacoby Fernandes
Juarez Freitas
Luciano Ferraz
Lúcio Delfino
Marcia Carla Pereira Ribeiro
Márcio Cammarosano
Marcos Ehrhardt Jr.
Maria Sylvia Zanella Di Pietro
Ney José de Freitas
Oswaldo Othon de Pontes Saraiva Filho
Paulo Modesto
Romeu Felipe Bacellar Filho
Sérgio Guerra
Walber de Moura Agra

FÓRUM
CONHECIMENTO JURÍDICO

Luís Cláudio Rodrigues Ferreira
Presidente e Editor

Coordenação editorial: Leonardo Eustáquio Siqueira Araújo

Rua Paulo Ribeiro Bastos, 211 – Jardim Atlântico – CEP 31710-430
Belo Horizonte – Minas Gerais – Tel.: (31) 99412.0131
www.editoraforum.com.br – editoraforum@editoraforum.com.br

Dados Internacionais de Catalogação na Publicação (CIP) de acordo com a AACR2

A159g   Abraham, Marcus

         Governança fiscal e sustentabilidade financeira: os reflexos do Pacto Orçamental Europeu em Portugal como exemplos para o Brasil / Marcus Abraham. 1. reimpressão. – Belo Horizonte : Fórum, 2019.
         226p.; 14,5cm x 21,5cm

         Coleção Fórum IRB, v. 2
         ISBN: 978-85-450-0580-3

         1. Direito Financeiro. 2. Direito Tributário. 3. Direito Constitucional. I. Título.

                                         CDD: 341.38
                                         CDU: 347.9

Elaborado por Daniela Lopes Duarte – CRB-6/3500

Informação bibliográfica deste livro, conforme a NBR 6023:2002 da Associação Brasileira de Normas Técnicas (ABNT):

ABRAHAM, Marcus. *Governança fiscal e sustentabilidade financeira*: os reflexos do Pacto Orçamental Europeu em Portugal como exemplos para o Brasil. 1. reimpr. Belo Horizonte: Fórum, 2019. 226p. (Coleção Fórum IRB, v. 2). ISBN 978-85-450-0580-3.

SUMÁRIO

APRESENTAÇÃO DA COLEÇÃO FÓRUM IRB
Edilberto Carlos Pontes Lima 7

APRESENTAÇÃO
Edilberto Carlos Pontes Lima 9

PREFÁCIO
João Ricardo Catarino 13

INTRODUÇÃO 17

CAPÍTULO I
LINHAS GERAIS DO ORÇAMENTO PÚBLICO 21
1.1 Conceito de orçamento público 22
1.2 Aspectos do orçamento público 24
1.3 Espécies de orçamento público 25
1.4 Natureza jurídica do orçamento público 27
1.5 Orçamento público no direito comparado 34

CAPÍTULO II
O ORÇAMENTO PÚBLICO NO BRASIL 43
2.1 Orçamento público na Constituição Federal e na legislação brasileira 44
2.2 Características do orçamento público brasileiro 47
2.3 Elaboração e execução do orçamento público 51
2.4 Princípios orçamentários no Brasil 57

CAPÍTULO III
O ORÇAMENTO PÚBLICO EM PORTUGAL 63
3.1 Orçamento público em Portugal 65
3.2 Elaboração do orçamento público em Portugal 70
3.3 Princípios do orçamento público português 74

3.4   Equilíbrio orçamental e sustentabilidade financeira na nova Lei de Enquadramento Orçamental 77

CAPÍTULO IV
TRATADO SOBRE ESTABILIDADE, COORDENAÇÃO E GOVERNAÇÃO DA UNIÃO EUROPEIA 87
4.1   Histórico das medidas antecedentes ao Pacto Orçamental Europeu 89
4.2   Aspectos do Pacto Orçamental Europeu 96
4.3   Federalismo fiscal na União Europeia e no Brasil 102
4.4   Austeridade fiscal e o Pacto Orçamental Europeu 114
4.5   Soberania nacional e o Pacto Orçamental Europeu 128

CAPÍTULO V
GOVERNANÇA FISCAL 137
5.1   O equilíbrio orçamental 141
5.1.1   O dever fundamental de contribuir e o poder-dever de arrecadar 143
5.1.2   Estratégias de aumento de arrecadação e o equilíbrio orçamental 147
5.1.3   O poder-dever fundamental de gastar adequadamente 157
5.2   A sustentabilidade fiscal 168
5.3   Boas práticas orçamentais recomendadas pela OCDE 178

CAPÍTULO VI
PRINCÍPIOS DA BOA GESTÃO E DE GOVERNANÇA FISCAL NA LEI DE ENQUADRAMENTO ORÇAMENTAL (LEO) 185
6.1   Princípio da Estabilidade Orçamental 190
6.2   Princípio da Sustentabilidade das Finanças Públicas 196
6.3   Princípio da Solidariedade Recíproca 200
6.4   Princípio da Equidade Intergeracional 202

CONCLUSÕES PRELIMINARES 207

CONCLUSÃO FINAL 215

REFERÊNCIAS 219

APRESENTAÇÃO DA COLEÇÃO FÓRUM IRB

O Instituto Rui Barbosa é a Casa do Conhecimento dos Tribunais de Contas brasileiros. Como tal, entre suas finalidades estão publicar e divulgar obras nas muitas áreas de atuação do controle externo.

Ao somar esforços com a Editora Fórum, de reputação incontestável na publicação de livros e periódicos em direito, controle e administração pública, o IRB consolida seus objetivos e dá um passo decisivo como instituição criadora e disseminadora de pensamento.

A inserção dos Tribunais de Contas na discussão dos grandes temas da vida nacional, notadamente os que tangenciam o controle, é imprescindível. As Cortes de Contas são depositárias de uma grande gama de dados, informações e conhecimento, sendo de grande interesse social que propaguem o saber.

Esta coleção constituir-se-á um meio importantíssimo para divulgar as reflexões apresentadas por especialistas na área, sobre temas que envolvem o direito financeiro, finanças públicas, orçamento público, responsabilidade fiscal, entre outros assuntos conexos, todos de interesse do controle.

Os americanos costumam citar a frase "publique ou pereça". De fato, o conhecimento deve ser compartilhado, difundido, debatido. Dessa forma, avançamos para patamares mais elevados.

Muitos integrantes dos Tribunais de Contas produzem reflexões relevantes, a merecerem um alcance além das cercanias de cada tribunal. Além disso, estudiosos não diretamente vinculados às Cortes de Contas elaboram análises e estudos que repercutem sobre as contas públicas e o dia a dia das administrações públicas e igualmente devem ser divulgados.

Esta coleção tem este objetivo: ser referência em publicações de obras que versem sobre o controle externo e áreas afins. Acreditamos que terá vida próspera e longa.

Edilberto Carlos Pontes Lima
Vice-Presidente de Estudos, Pesquisa e
Extensão do IRB e Presidente do TCE-CE.

APRESENTAÇÃO

A parceria do Instituto Rui Barbosa com a Editora Fórum traz outro trabalho de substancial fôlego, uma reflexão do Professor Marcus Abraham sobre um tema candente, de grande atualidade e que tem trazido enorme inquietação para os países. Trata-se da necessidade de intensificar a governança fiscal.

Após a gravíssima crise de 2008/09, chegou-se, em boa parte do mundo, ao diagnóstico de que as regras fiscais vigentes não eram suficientes para assegurar o equilíbrio orçamentário intertemporal. Sucessivos déficits e dívidas públicas crescentes evidenciaram que eram necessárias modificações substanciais nas regras que orientavam as finanças públicas, sob pena de um quadro de completo descontrole fiscal, de nefastas consequências econômicas e sociais.

Na Europa, o Tratado de Maastricht, de 1992, e o Pacto de Estabilidade e Crescimento, de 1997, que, entre inúmeras outras providências, estabeleceram os limites de déficit e de endividamento público, bem como as formas de verificação e as sanções aplicáveis, foram amplamente revisados. Em 2012, assinou-se o Tratado sobre Estabilidade, Coordenação e Governança na União Econômica e Monetária por Estados-Membros da União Europeia, ou simplesmente Pacto Orçamental Europeu.

As medidas do novo Tratado inserem-se no que tem sido chamado na literatura internacional de Segunda Geração de Regras Fiscais. Elas surgiram pela constatação sobre as falhas da geração anterior de regras, que trouxeram aprendizados importantes: i) regras fiscais simples são melhores que regras complexas, uma vez que estas permitem múltiplas interpretações que facilitam o afrouxamento dos objetivos de rigor fiscal. Regras fiscais diretas, objetivas, focadas em poucos e bons indicadores claramente definidos tendem a ser mais bem-sucedidas;

ii) regras fiscais devem primar pela flexibilidade. Regras muito rígidas estimulam interpretações criativas ou a sua própria revogação. A regra deve conter mecanismos que permitam a adaptação ao ciclo econômico e a quaisquer outros choques inesperados na economia, de modo que ela não passe a representar sacrifícios impossíveis de serem suportados e por isso perca todo o apoio político que motivou a sua criação; iii) regras fiscais e suas consequências – incluindo sanções – devem ser implementáveis, sob pena de se tornarem mero adorno sem correspondência com os fins para os quais foram criadas. Para tanto, é fundamental que as instituições responsáveis por verificar o cumprimento e aplicar as sanções disponham dos meios necessários para tanto. Instituições fracas e vulneráveis não conseguem, por óbvio, garantir o cumprimento de regras violadas por altas autoridades públicas, como a experiência demonstrou em muitos países.

Essas reflexões têm claras e fortes implicações para o Brasil. Aqui, além da Lei de Responsabilidade Fiscal, de 2000, em 2016 se aprovou uma emenda à Constituição Federal que estabeleceu o teto de gastos públicos. O desafio é enorme, pois as pressões para ignorar as restrições impostas pela Lei de Responsabilidade Fiscal e pelo teto de gastos não são desprezíveis. Aperfeiçoar a governança fiscal é essencial para o sucesso nessa empreitada. Se os órgãos de controle e o Judiciário não atuarem com funcionalidade e independência, tais regras serão ignoradas na prática. O desafio é tanto maior porque os próprios órgãos de fiscalização e controle, bem como o Judiciário, são fortemente impactados pelas restrições impostas, como os limites de gastos de pessoal e o teto de gastos, fixado pelos valores de 2016, apenas corrigindo-se pela inflação nos vinte anos seguintes. Ou seja, os desafios de ajustar as contas e promover severas medidas de austeridade se impõem também para os órgãos que têm a missão de exigir o cumprimento nos demais órgãos e Poderes.

O livro do Professor Marcus Abraham trata dessas questões com maestria e profundidade. A boa governança fiscal é precisamente o que se exige para resolver problemas tão inquietantes. Caso contrário, estaremos outra vez diante de um autoengano lamentável, a fingir o cumprimento de limites e condições, de fato obtido por manipulações contábeis candidamente aceitas pelos órgãos que deveriam assegurar o *enforcement* das regras. O resultado acaba sendo muito pior do que no quadro sem a presença de regras, pois, além do desequilíbrio fiscal, sobressai a perda de transparência da contabilidade pública e de credibilidade das instituições.

A continuidade dessa importante coleção ajuda a cumprir o papel do Instituto Rui Barbosa como a Casa do Conhecimento dos Tribunais de Contas brasileiros. É a finalidade precípua do instituto fomentar debates sobre temas relevantes para o país e especialmente para o controle. *Governança fiscal e sustentabilidade financeira: os reflexos do Pacto Orçamental Europeu em Portugal como exemplos para o Brasil* é uma ótima demonstração de quão significativa é essa missão. Boa leitura.

Edilberto Carlos Pontes Lima
Vice-Presidente de Estudos, Pesquisa e
Extensão do IRB e Presidente do TCE-CE.

PREFÁCIO

É com o maior gosto que prefacio esta excelente obra do Prof. Marcus Abraham, Juiz Desembargador Federal no Rio de Janeiro e Prof. Associado de direito financeiro e tributário na UERJ, que agora vem a público.

E isto porque a sustentabilidade financeira do Estado, que tão bem trata no seu texto, agora dado à estampa, continua na penumbra de nossas preocupações, seja porque o comportamento das instituições públicas continua desalinhado de uma visão mais estrutural da *res* financeira pública, seja porque os cidadãos não a interiorizaram, não entrando no nosso léxico e *modus operandi* quotidiano.

Todavia, este ambiente "descontraído", para dizer o mínimo (talvez devesse dizer "irresponsável") acerca da forma como as finanças públicas foram conduzidas nos últimos decénios, trouxe graves consequências: mergulhou o mundo ocidental numa espiral de défices, de dívida pública e de encargos com a dívida que é, em alguns casos mais extremos, impagável.

Torna-se agora fácil culpar o Estado, quando se olha para as cifras astronómicas dos défices, das dívidas e dos encargos. Mas, com a devida vénia, a culpa aqui não pode e não deve morrer solteira.

Sim, o Estado político é hoje a emanação da sociedade política, isto é, em termos simples e sem convocar aqui o pensamento mais profundo de Hobbes, Locke ou de Rousseau, Ele somos nós. Pelo que a culpa é coletiva. É certo que o Estado é uma pessoa jurídica, uma pessoa viva ficcionada, portanto e, sendo assim, é sujeito de imputação de deveres, quais sejam os de conduzir a vida social de uma forma harmoniosa e capaz de produzir a felicidade humana.

É certo também que ele, Estado, se posicionou no centro da vida social e, à medida que se tornou mais "social" e mais interventivo, acumulou extensos poderes de gestão dos recursos públicos que foram crescendo na mesma proporção do seu crescente gigantismo. Sem que ele próprio houvesse alertado a sociedade geral para os riscos crescentes dessa gestão tão central de tão vastos recursos, sendo como seria fácil desperceber o papel corrosivo das elites, dos grupos sociais organizados no condicionamento da despesa aos seus interesses e aos dos que representam.

Mas o Estado é, convém recordar, uma realidade instrumental, o aparelho e motor do funcionamento social e, logo assim, em muitos sentidos, uma ficção, uma abstração que não desresponsabiliza as demais instituições e os cidadãos dos seus deveres de cidadania.

Até porque, para muitos o Estado é, também ele, vítima da relativa desconstrução social que ocorre em nossas democracias, mercê de um ambiente de pluralismo razoável que delas emana, com seus grupos organizados, de pressão, lóbis, e da própria ação das elites e das perversidades que deles nos dão conta os estudos do domínio da ciência política.

Sendo assim, não sendo como de facto o não é, o Estado, um ente que possua hoje um papel central indiscutível no meio social, e sendo igualmente verdade que a sua ação se vê crescentemente limitada, seja pela ação dos grupos sociais mais organizados, que vão procurar retirar dele e de seus vastos recursos, seja pela pressão dos entes públicos subnacionais, ou até, em certos casos, como sucede na União Europeia, pelas crescentes imitações em matéria económica, financeira e orçamental, o Estado simplesmente não pode levar toda a culpa pela indisciplina financeira que conhecemos.

Somos nós, cidadãos, seja no quadro dos mais tradicionais meios de interação social, seja no contexto dos novos meios de atuação, que não podemos deixar de exigir uma atividade pública no domínio da ciência das finanças, mais cívica e responsável. Isto porque as sociedades humanas não são o mero produto da ação pública; elas são também o resultado da ação de todos os demais agentes sociais e, nessa medida, fomos todos nós que nos demitimos do poder / dever de escrutínio. Até porque os meios financeiros do Estado não são dele, são nossos, foram por nós produzidos e são, assim, o resultado do nosso esforço individual e coletivo.

Vem assim, tudo isto, muito a propósito da excelente reflexão que o Prof. Marcus Abraham, Prof. Associado de Direito Financeiro e Tributário na UERJ, agora faz, no quadro dos seus estudos de Pós-Doutoramento no CAPP – Centro de Administração e Políticas Públicas, reconhecido pela FCT – Fundação para a Ciência e Tecnologia de Portugal, do ISCSP – Instituto Superior de Ciências Sociais e Políticas da Universidade de Lisboa. No seu texto, analisando a pungente questão da sustentabilidade financeira, o Prof. Abraham coloca o dedo na questão central das finanças públicas contemporâneas dos Estados ocidentais, a saber: a dolorosa necessidade de colocarmos as contas do Estado em ordem a tornar sustentável nosso modelo de vida e nossa capacidade de salvaguardar o futuro.

Neste estudo, o autor discorre sobre a crescente importância desta temática, analisa criticamente os novos instrumentos financeiros que estão sendo criados com muita urgência e algum atraso, e compara as soluções que estão sendo adotadas na Europa com a evolução significativa que o Brasil está, também, conhecendo na matéria.

Ao fazê-lo neste excelente escrito, não apenas numa perspetiva de Direito, mas também de Administração Pública, o autor analisa tais soluções e, assim, dá um forte contributo para que estes temas sejam mais fáceis de entender, façam aparte dos programas letivos de nossos estudantes, de nossos académicos, de nossos políticos, dos gestores públicos e de todos os cidadãos. Para que nossas contas públicas se tornem sustentáveis, para que nossos Estados façam mais com menos, para que o primado da lei, que caraterizou a função financeira do Estado, seja fortemente temperada por critérios de economicidade, de eficiência e de eficácia, em ordem a preservar parte de nosso bem-estar como legado duradouro para nossos filhos.

Porque, ao final das contas, até o comum dos mortais consegue entender que, se coletivamente continuarmos a viver acima da medida da riqueza que conseguimos produzir, estaremos consumindo riqueza futura, isto é, a força de trabalho e as energias das gerações vindouras.

O que equivale a dizer que, se não ocorrer uma mudança paradigmática na forma como estão sendo conduzidas nossas finanças públicas, rumo a uma sustentabilidade perdurável, estaremos ameaçando nosso desenvolvimento vindouro – com prejuízo de todos. Hoje, felizmente, ainda temos certa liberdade de escolha e um domínio razoável de nosso futuro. Aproveitemo-la, passando à prática o que no domínio teórico já é uma realidade.

Lisboa, fevereiro de 2018

João Ricardo Catarino
Prof. Catedrático. Coordenador da área
científica e pedagógica de Administração
Pública do ISCP – UL – Universidade de Lisboa.

INTRODUÇÃO

A máxima universal de que as necessidades e os desejos do ser humano são ilimitados, mas a possibilidade material de atendê-los é restrita, retrata uma realidade humana e social inexorável. Assim, no Brasil, como em todas as demais nações do mundo, os recursos públicos são limitados ou, por vezes, até escassos; por isso, o governante não pode empregá-los de forma descontrolada e desarrazoada.

A governança fiscal – que engloba os conceitos de planejamento, transparência, participação, equilíbrio orçamental e sustentabilidade financeira –, como medida de racionalização na gestão financeira estatal na busca do aperfeiçoamento do processo orçamental e de estabilização da dívida pública, é providência que se impõe em qualquer país ou bloco econômico que preze o bem-estar da sua coletividade.

A União Europeia, desde a implantação do Euro como moeda única adotada por boa parte dos seus integrantes, vivencia dificuldades para manter o modelo econômico e social pretendido originariamente pelo bloco, sobretudo diante da diversidade fiscal que algumas de suas nações apresentam. Grécia, Espanha, Portugal, Itália e Irlanda são exemplos de nações que passaram recentemente por graves crises econômicas, com dificuldades financeiras para garantir a sustentabilidade de suas dívidas públicas e a realização de superávits fiscais, enfrentando elevados índices de desemprego e sofrendo com baixa competitividade industrial e comercial, além de certa instabilidade social.

Providências como o Pacto de Estabilidade e Crescimento, o Tratado de Estabilidade, Coordenação e Governação, o Semestre Europeu, o *"Six-pack"* e o *"Two-pack"*, dentre outras medidas financeiras, impuseram uma nova realidade orçamental aos países da União Europeia nos últimos anos, inclusive a Portugal, nação-irmã brasileira, cujas características históricas, culturais e jurídico-fiscais nos permitiram a realização de um estudo comparado.

Assim, dentre as medidas citadas, buscando encontrar nova solução para amenizar a disparidade das realidades econômicas e fiscais, em 2 de março de 2012 foi assinado o *Tratado sobre Estabilidade, Coordenação e Governança na União Econômica e Monetária* por Estados-Membros da União Europeia (e que recebeu, em Portugal, o nome genérico de *Pacto Orçamental Europeu*), começando a viger em 1º de janeiro de 2013. O presente estudo se debruçará de modo especial sobre este recente Tratado.

Podem-se identificar, de maneira sintética, três bases ou objetivos do Pacto Orçamental Europeu: 1) promover a disciplina fiscal-orçamentária mediante um pacto orçamental; 2) reforçar a coordenação das políticas econômicas entre os Estados-Membros da UE; 3) melhorar a governança fiscal da área do euro. Essas metas, por sua vez, se alinham à realização dos objetivos da União Europeia em matéria de crescimento sustentável, emprego, competitividade e coesão social.

No campo da disciplina fiscal, o referido Tratado, ao estabelecer uma "regra de equilíbrio orçamental" e respectivas medidas corretivas, pretende que a situação orçamentária dos Estados-Membros seja equilibrada ou superavitária, evitando-se déficits orçamentais excessivos, além de garantir que a dívida pública de cada um deles seja mantida em níveis razoáveis.

Assim, a sustentabilidade fiscal e orçamentária são os pilares centrais do Tratado, considerando-se que as políticas econômicas individuais de cada Estado signatário são questões de interesse comum e não podem ser conduzidas de maneira isolada.

Nesse contexto, Portugal, em decorrência do Pacto Orçamental Europeu (e do anterior Pacto de Estabilidade e Crescimento), realizou também a adequação normativa na sua "Lei de Enquadramento Orçamental – LEO" (Lei nº 151/2015), diploma legal que tem por objeto a fixação das normas gerais do orçamento público português, papel similar ao da Lei nº 4.320/1964 do direito financeiro brasileiro.

A propósito, restou expressa tal adequação no art. 6º da LEO portuguesa, a qual passou a prescrever que o

> quadro jurídico fundamental da política orçamental e da gestão financeira, concretizado na presente lei, resulta da Constituição da República Portuguesa e das disposições do Tratado sobre o Funcionamento da União Europeia, do Pacto de Estabilidade e Crescimento em matéria de défice orçamental e de dívida pública e, bem assim, do disposto no Tratado sobre a Estabilidade, Coordenação e Governação da União Económica e Monetária.

Tanto o Pacto Orçamental Europeu, assim como as adequações deste decorrentes realizadas por Portugal na sua Lei de Enquadramento Orçamental, podem ser objetos de avaliação e consideração pelo Brasil. Afinal, as normas que disciplinam a criação e a manutenção econômica e fiscal da União Europeia, por esta ser composta de diversos países com realidades econômicas e sociais distintas (com suas dificuldades e necessidades para a implementação de um ajuste fiscal) se assemelhariam ao de uma federação descentralizada, como o Brasil, país de dimensões continentais, repleto de desigualdades econômicas, sociais e culturais.

É exatamente isso que se pretende nesta obra, materialização dos estudos e pesquisas conduzidas no âmbito do programa de pós-doutoramento no Instituto Superior de Ciências Sociais e Políticas da Universidade de Lisboa (ISCSP), durante o segundo semestre do ano de 2017, sob a supervisão do Prof. Dr. João Ricardo Catarino: realizar uma análise do atual sistema de manutenção do equilíbrio financeiro-orçamentário da União Europeia (à luz do Tratado sobre Estabilidade, Coordenação e Governação), adotando-se o exemplo e as providências jurídico-fiscais tomadas por Portugal como objeto específico de exame, a fim de identificar os mecanismos que possam ser úteis ao aperfeiçoamento do sistema brasileiro de responsabilidade fiscal, sobretudo em relação à limitação do aumento de gastos diante do crescimento ou encolhimento do PIB nacional, sem perder de vista que certos direitos fundamentais e sociais necessitam ainda de maior grau de efetivação em comparação com a situação europeia.

Para tanto, no Capítulo I, com finalidade eminentemente didática para o leitor, apresentamos os conceitos, espécies, funções e características básicas do orçamento público como instrumento de gestão orçamental; o Capítulo II destina-se a identificar as linhas gerais do orçamento no Brasil, em suas normas constitucionais e legais, seus princípios e o processo de elaboração, execução e controle; ao Capítulo III incumbe a compreensão do modelo orçamental português, para permitir que se possa realizar este estudo comparado entre as estruturas brasileira e portuguesa; o Capítulo IV é dedicado ao Pacto Orçamental Europeu, seus antecedentes e histórico, seus objetivos e características gerais e alguns aspectos relevantes a ele relacionados, como a questão do federalismo fiscal europeu, a austeridade fiscal e a manutenção dos direitos fundamentais e sociais, bem como a soberania das nações signatárias do Tratado; o Capítulo V busca desenvolver um conceito próprio para a governança fiscal, baseado em boas práticas orçamentais e apoiado nas ideias de equilíbrio orçamental e sustentabilidade financeira da dívida pública; por fim, o Capítulo VI analisa os quatro princípios orçamentais que se destacam como estruturantes do equilíbrio orçamental e da sustentabilidade financeira, decorrentes do Pacto Orçamental Europeu e insculpidos na nova Lei de Enquadramento Orçamental portuguesa, como modelos de práticas orçamentais que podem ser avaliados e considerados pelo Brasil e, quem sabe, futuramente seguidos.

CAPÍTULO I

LINHAS GERAIS DO ORÇAMENTO PÚBLICO

Como sabemos, os recursos financeiros do Estado são limitados e seu governante não pode gastá-los ao seu bel-prazer. As finanças públicas são regidas por normas que prezam pela justiça na arrecadação, eficiência na aplicação, transparência nas informações e rigor no controle das contas públicas.[1]

O Estado, assim como qualquer pessoa ou empresa, precisa administrar seus gastos e saber se terá recursos financeiros suficientes para financiá-los, identificando a origem de suas receitas e toda a programação de despesas que irá realizar. Portanto, o orçamento é um instrumento usual e necessário tanto na vida pessoal ou empresarial, como também para o Estado contemporâneo, já que este não pode arrecadar de maneira arbitrária e desmesurada ou gastar de forma ilimitada e desnecessária. Conhecer o montante de recursos de que dispõe o Estado e determinar sua destinação, de maneira equilibrada, transparente e justa, é a razão desse instituto.

Trata-se, portanto, o orçamento público de um instrumento de planejamento e controle financeiro fundamental no Estado Democrático de Direito que, no Direito Financeiro brasileiro de hoje, contempla a participação conjunta do Poder Executivo e do Legislativo, tanto na sua elaboração e aprovação, como também no controle da sua execução. Porém, mais do que um documento técnico, o orçamento público revela as políticas públicas adotadas pelo Estado ao procurar atender às necessidades e aos interesses da sociedade.

---

[1] Este capítulo é baseado nos escritos de minha autoria constantes da Parte IV do livro *Curso de Direito Financeiro Brasileiro*, 4. ed., Forense, 2017, e no Capítulo 4 do livro *Orçamento Público no Direito Comparado*, Quartier Latin, 2015.

Para o orçamento público ganhar a estrutura normativa que possui atualmente, foi necessário um longo e complexo processo evolutivo. Primeiro, tivemos as regras para limitar a arrecadação de recursos financeiros pelos governantes em face dos seus súditos. Depois, surgiram as normas que disciplinavam a aplicação desses recursos, procurando prestigiar as necessidades e o interesse público. Como consequência dessa evolução na área das finanças públicas, tornou-se necessária a criação de uma ferramenta que permitisse ao governante identificar o volume financeiro de recursos a ser arrecadado em certo período, a fim de poder determinar onde, como e quanto se poderia gastar.

1.1 Conceito de orçamento público

Conceitua-se orçamento público como sendo o *instrumento de planejamento* do Estado que permite estabelecer a previsão das suas receitas e a fixação das suas despesas para um determinado período de tempo.

Clássica conceituação é a de Aliomar Baleeiro,[2] para quem o orçamento público é

> o ato pelo qual o Poder Executivo prevê e o Poder Legislativo autoriza, por certo período de tempo, a execução das despesas destinadas ao funcionamento dos serviços públicos e outros fins adotados pela política econômica ou geral do país, assim como a arrecadação das receitas já criadas em lei.

Para Héctor Villegas,[3] o orçamento público é "um ato de governo, mediante o qual se preveem os ingressos e os gastos estatais e se autorizam estes últimos para um determinado período futuro, que geralmente é de um ano".

Por sua vez, a Secretaria de Orçamento Federal concebeu a missão do orçamento público como sendo a de "racionalizar o processo de alocação de recursos, zelando pelo equilíbrio das contas públicas, com foco em resultados para a Sociedade". É no Orçamento que o cidadão identifica a destinação dos recursos que o Estado arrecada, sendo que

---

[2] BALEEIRO, Aliomar. *Uma Introdução à Ciência das Finanças.* 15. ed. Rio de Janeiro: Forense, 1997. p. 387.
[3] VILLEGAS, Héctor B. *Curso de Finanzas, Derecho Financiero y Tributario.* Buenos Aires: Depalma, 1975. p. 125.

nenhuma despesa pública poderá ser realizada sem estar fixada no Orçamento.

Porém, mais do que um ato ou uma peça meramente contábil, utilizada para identificar os recursos financeiros a serem arrecadados e programar as despesas a serem realizadas, o orçamento público é um documento de natureza eminentemente política, uma vez que concretiza e revela as pretensões de realização e as prioridades e programas de ação da Administração Pública perante a sociedade, conjugando as necessidades e os interesses dos três Poderes, seus órgãos e entidades e seu funcionamento harmônico e interdependente.

Nesse sentido, interessante trazer à colação a memorável mensagem do presidente dos EUA Franklin Delano Roosevelt, feita ao Congresso americano em 1942: "O Orçamento dos Estados Unidos representa nosso programa nacional. Ele é uma previsão de nosso plano de trabalho, uma antecipação do futuro. Ele traça o curso da nação".

Nesse diapasão, segundo Affonso Almiro,[4]

> caracteriza-se, assim, o orçamento, como um plano governamental, como um programa de administração que se renova, que se atualiza, cada ano, e que envolve os interesses de todos os contribuintes, de todas as classes, de todos os setores de produção, de toda a nação, enfim, sendo, por isso mesmo, um ato político por excelência.

Alberto Deodato conceitua orçamento por esse aspecto político e não estritamente técnico, ao dizer que "o orçamento é, na sua mais exata expressão, o quadro orgânico da Economia Política. É o espelho da vida do Estado e, pelas cifras, se conhecem os detalhes de seu progresso, da sua cultura e da sua civilização".[5] Igual alerta faz Gustavo Ingrosso, afirmando que "o Orçamento Público não pode ser reduzido às modestas proporções de um plano contábil ou de simples ato administrativo. Em vez disso, ele é o maior trabalho da função legislativa para os fins do ordenamento jurídico e da atividade funcional do Estado".[6]

Segundo José Marcos Domingues, "a peça fundamental da democracia financeira é a lei orçamentária anual, a verdadeira costura que, demonstrando a necessária conexão entre receita e despesa,

---

[4] ALMIRO, Affonso. *Questões de Técnica e de Direito Financeiro*. Rio de Janeiro: Edições Financeiras, 1957. p. 113-114.
[5] DEODATO, Alberto. *Manual de Ciência das Finanças*. 10. ed. São Paulo: Saraiva, 1967. p. 316.
[6] INGROSSO, Gustavo. *Istituzioni di Diritto Finanziario*. 3 v. 1935. apud DEODATO, Alberto. Loc. cit.

determina à Administração a realização das Políticas públicas aprovadas pelo Legislativo a partir de proposta partilhada com o Executivo".[7]

Trata-se, portanto, de um documento de conteúdo econômico e político – elaborado segundo as normas do Direito Financeiro e conforme as técnicas contábeis e financeiras – que se materializa em uma lei originária do Poder Executivo, analisada, votada e aprovada regularmente pelo Poder legiferante.

1.2 Aspectos do orçamento público

O orçamento público não pode ser considerado apenas pelo seu aspecto contábil, ao se materializar em um documento de conteúdo financeiro. Ele contempla outras características que revelam aspectos importantes para a Administração Pública e para a sociedade.

Assim, podemos dizer que o orçamento público é dotado de um aspecto *político*, por expor as políticas públicas estatais que envolvem, sobretudo, decisões de interesse coletivo, contemplando as pretensões e as necessidades de cada um dos três Poderes, seus órgãos e entidades, que participam ativamente na sua elaboração, aprovação e controle. Esse equilíbrio entre os interesses de cada um dos Poderes revela a necessidade de um jogo político, que, nas palavras de Theotônio Monteiro de Barros Filho, representa "o jogo de harmonia e interdependência dos Poderes, especialmente nos regimes presidenciais".

Como no Brasil sua elaboração é de competência do Poder Executivo e sua aprovação é de atribuição do Poder Legislativo, estes Poderes independentes deverão deixar de lado suas tendências ideológicas e unir esforços para obter um documento de interesse comum que reflita as necessidades da sociedade.

Há, também, um aspecto *econômico*, uma vez que o orçamento demonstra a dimensão financeira das atividades do Estado, ao englobar todas as receitas e despesas públicas. O orçamento poderá, de acordo com a política orçamentária de cada governo e em certo momento, ser superavitário ou deficitário, sendo certo que hoje em dia a maior parte das nações democráticas busca ter um orçamento equilibrado.

Possui, ainda, um aspecto *técnico*, por ser elaborado e se concretizar através das normas da Contabilidade Pública e do Direito Financeiro.

---

[7] DOMINGUES, José Marcos. O Desvio de Finalidade das Contribuições e o seu Controle Tributário e Orçamentário no Direito Brasileiro. In: DOMINGUES, José Marcos (Coord.). *Direito Tributário e Políticas Públicas*. São Paulo: MP, 2008. p. 300.

Apesar de seguir regras rígidas contábeis, e muitas vezes complexas para a sua elaboração, o orçamento público deve permitir a fácil compreensão para o cidadão, que tem direto interesse na compreensão da política orçamentária implementada.

Finalmente, revela um aspecto *jurídico*, por se materializar através de três leis: a lei orçamentária anual, a lei de diretrizes orçamentárias e a lei do plano plurianual. No Brasil, a iniciativa do orçamento é do Poder Executivo, cabendo ao Poder Legislativo votá-lo e aprová-lo como lei ordinária e, posteriormente, controlar sua execução.

1.3 Espécies de orçamento público

O orçamento público pode contemplar diversas espécies, através das quais identificamos certas características comuns e preponderantes que se destacam, permitindo classificá-las em grupos. Assim, podemos classificar as *espécies* de orçamento da seguinte maneira: a) *pela forma de elaboração*: orçamento legislativo, executivo ou misto; b) *pelos objetivos ou pretensões*: orçamento clássico ou programa; c) *pela vinculação do conteúdo*: orçamento impositivo ou autorizativo; d) *pela forma de materialização*: lei do plano plurianual, lei de diretrizes orçamentárias e lei orçamentária anual; e) *pelo conteúdo*: orçamento fiscal, de investimento e de seguridade social.

Quanto à *forma de elaboração* do orçamento temos: a) o *orçamento legislativo*, considerado como aquele cuja elaboração, votação e aprovação são de competência exclusiva do poder legiferante, restando ao Poder Executivo apenas a atribuição de execução. Trata-se de mecanismo típico dos países que adotam o parlamentarismo como sistema de governo; b) o *orçamento executivo* é aquele cuja elaboração, aprovação e execução estão concentradas somente nas mãos do Poder Executivo, não havendo concurso entre os Poderes sobre a matéria. É utilizado pelos governos autoritários, comumente encontrado nos países não democráticos; c) o *orçamento misto* é aquele em que o Poder Executivo tem a atribuição de elaborá-lo e executá-lo, condicionando-se à sua aprovação e controle pelo Poder Legislativo. Este é o modelo adotado pelo Brasil.

Já quanto aos *objetivos* ou *pretensões* do orçamento público, temos: a) o *orçamento clássico* é caracterizado por ser uma peça meramente contábil, em que há apenas a previsão de receitas e a fixação de despesas, sendo desprovido de planejamento para as ações e os programas governamentais, não constando os objetivos e as metas a serem atingidas; b) o *orçamento programa* contempla, além das informações financeiras sobre as receitas e despesas, os programas de ação do Estado, pela identificação dos projetos, planos, objetivos e metas. Este modelo é adotado pelo Brasil, conforme sistematização prevista no art. 165 da Constituição Federal de 1988, na Lei nº 4.320/1964 e na Lei Complementar nº 101/2000.

Quanto à *execução do conteúdo* do orçamento público, temos: a) o *orçamento impositivo*, que impõe ao Poder Público a obrigação de realizar todos os programas e as despesas previstas no seu texto, criando direitos subjetivos para o cidadão e deveres para o Estado; b) o *orçamento autorizativo* é a peça que contém a previsão de receitas e a autorização das despesas, estando o Poder Público autorizado a executá-las, sem a obrigação do seu cumprimento na integralidade, ficando a cargo do gestor público a avaliação do interesse e da conveniência. Esta última espécie foi por largo tempo considerada pela doutrina e pela jurisprudência como adotada no Brasil, mas, atualmente, o orçamento público brasileiro vem se aproximando do modelo impositivo. No momento presente, em nosso país, e segundo a doutrina majoritária, o *orçamento público é híbrido*: é em parte impositivo (despesas constitucionais e legais obrigatórias) e, em outra, autorizativo (despesas discricionárias).

Por sua vez, em relação à *forma de materialização* do orçamento público, que extraímos do art. 165 da Constituição Federal de 1988, temos: a) a *Lei do Plano Plurianual*, que estabelece, de forma regionalizada, as diretrizes, objetivos e metas da Administração Pública para as despesas de capital e outras delas decorrentes e para as relativas aos programas de duração continuada; b) a *Lei de Diretrizes Orçamentárias*, que compreende as metas e prioridades da administração pública, incluindo as despesas de capital para o exercício financeiro subsequente, orienta a elaboração da lei orçamentária anual, dispõe sobre as alterações na legislação tributária e estabelece a política de aplicação das agências financeiras oficiais de fomento; c) a *Lei Orçamentária Anual*, que contempla o orçamento fiscal, de investimentos e de seguridade social.

Finalmente, em relação ao *conteúdo* das leis orçamentárias, temos: 1) para a *Lei Orçamentária Anual*: a) o *orçamento fiscal*, que contém todas as receitas e despesas referentes aos três Poderes, seus fundos, órgãos e entidades da administração direta e indireta, inclusive fundações instituídas e mantidas pelo Poder Público; b) o *orçamento de investimento*, que se refere às empresas em que o Estado, direta ou indiretamente, detenha a maioria do capital social com direito a voto; c) o *orçamento da seguridade social*, que abrange todas as entidades e órgãos a ela vinculados, da administração direta ou indireta, bem como os fundos e fundações instituídos e mantidos pelo Poder Público; 2) para a *Lei de Diretrizes Orçamentárias*: a) metas e prioridades da administração pública federal; b) despesas de capital para o exercício financeiro subsequente; c) orientação para a elaboração da lei orçamentária anual; d) as alterações na legislação tributária; e) a política de aplicação das agências financeiras oficiais de fomento; 3) para o *Plano Plurianual*: as diretrizes, objetivos e metas da administração pública federal para as despesas de capital e outras delas decorrentes e para as relativas aos programas de duração continuada.

1.4 Natureza jurídica do orçamento público

O debate sobre a natureza jurídica do orçamento público não é pacífico e a controvérsia nesta matéria ainda é comum. Há entendimentos de que o orçamento público seria uma *lei formal*. Para outros seria uma *lei material*. Há quem afirme tratar-se de uma *lei especial*. Temos, também, os entendimentos de que se trata de um mero *ato administrativo*. Finalmente, encontramos as manifestações intermediárias, que englobam aspectos dos vários entendimentos distintos, atribuindo-se ao orçamento público uma *natureza mista*, de lei formal externamente e de ato administrativo no seu conteúdo.

Como sabemos, o orçamento é de iniciativa do Poder Executivo, com a participação dos demais poderes.[8] Uma vez elaborado, este documento é encaminhado ao Poder Legislativo para votação e aprovação como lei, seguindo o rito legislativo similar ao das demais leis.

Assim, o orçamento público aproxima-se da espécie comum de lei ordinária, pois este documento nasce a partir de um projeto de lei, pode sofrer emendas, recebe parecer da comissão orçamentária, é votado e aprovado com o *quorum* regular de lei ordinária e, ao final, é sancionado e publicado.

Por outro lado, o orçamento público distancia-se das leis genéricas ao receber um tratamento específico na sua forma e no seu conteúdo, sendo por alguns autores denominado "lei especial". Há vários argumentos nessa linha de pensamento. Primeiro, o projeto orçamentário possui prazo próprio para ser encaminhado pelo Poder Executivo ao Poder Legislativo (§2º, art. 35, Ato das Disposições Constitucionais Transitórias). Segundo, seu conteúdo é limitado a dispor sobre receitas

---

[8] Registre-se que o Poder Judiciário não participa diretamente nesse processo de elaboração das leis orçamentárias, senão ao enviar o seu próprio orçamento para integrar a Lei Orçamentária Anual, ou ao apreciar sua constitucionalidade por meio do controle abstrato.

e despesas, vedando-se dispositivos estranhos (§8º, art. 165, CF/1988). Terceiro, o orçamento não poder ser objeto de Lei Delegada nem de Medida Provisória, exceto para abertura de créditos extraordinários (§1º, art. 62, CF/1988). Quarto, a possibilidade de o orçamento sofrer emendas é limitada às condições previstas na Constituição (§3º, art. 166, CF/1988). Quinto, seu prazo é determinado, que é, em regra, de um ano, exaurindo-se com o seu decurso e sem a necessidade de revogação expressa. Diante dessas características específicas, Regis Fernandes de Oliveira afirma: "Vê-se, pois, que não é uma lei comum. É uma lei diferente".[9]

De qualquer forma, o orçamento público se materializa como uma *lei*. Entretanto, a controvérsia surge no momento da identificação da natureza dessa lei, se formal ou material.

Essa discussão não é meramente teórica. Possui efeitos pragmáticos. A importância de se definir corretamente sua natureza está nos reflexos dali decorrentes, que influenciam duas relevantes questões, a saber: a) a obrigatoriedade ou não do cumprimento dos programas e a realização das despesas nele previstas pelo Poder Executivo; b) o surgimento ou não de direitos subjetivos para o cidadão, a ensejar a judicialização, não apenas dos programas e despesas previstas na lei orçamentária, mas também dos direitos fundamentais e dos direitos sociais constitucionalmente garantidos; c) possibilidade de sua submissão ao controle concentrado de constitucionalidade.

Como antecipamos, existem diversas correntes a respeito da matéria. Antes de analisá-las, devemos chamar a atenção para o fato de que grande parte dos teóricos clássicos que trataram desse tema o fizeram segundo as características do seu próprio ordenamento jurídico, motivo pelo qual é necessário compreender a lógica das suas razões, conforme o que estabelecia o ordenamento jurídico por eles estudado e, posteriormente, analisar suas conclusões à luz do Direito brasileiro. Nessa esteira, sob o foco das receitas, em alguns casos estudados havia a imposição do princípio da anualidade tributária como condição para a cobrança de tributos, o que ensejaria sua consideração como lei material por influenciar diretamente a arrecadação. Porém, se não houvesse a imposição do princípio da anualidade, estar-se-ia diante de uma lei formal, com conteúdo de mero ato administrativo. Já pelo lado da despesa, se a sua realização dependesse de simples autorização

---

[9] OLIVEIRA, Regis Fernandes. *Curso de Direito Financeiro*. São Paulo: Revista dos Tribunais, 2006. p. 310.

orçamentária, seria o orçamento público um ato-condição, revestido de lei formal. Ao passo que, se a realização das despesas públicas fosse vinculada aos termos estabelecidos no orçamento, este seria considerado uma lei material.

Tentaremos, agora, sintetizar as posições dos principais autores estrangeiros que analisaram o tema. Para o alemão Paul Laband, nem a previsão orçamentária, nem o controle de contas realizadas têm que ver com legislação. Segundo ele, estas pertencem unicamente à Administração, e a função do legislador na aprovação do orçamento seria uma forma de participação popular na Administração e de controle mais amplo desta. No seu entendimento, o orçamento seria um mero plano de gestão, pois não possui nenhuma regra jurídica, ordem ou proibição. Nas suas palavras, o orçamento "não contém nada mais do que cifras". O jurista argentino Giuliani Fonrouge[10] entende que o orçamento é um ato de transcendência que regula a vida econômica e social do país, com significação jurídica e não meramente contábil, sendo uma manifestação integral da legislação, de caráter único em sua constituição, fonte de direitos e obrigações para a Administração e produtor de efeitos com relação aos particulares. Afirma o italiano Gustavo Ingrosso[11] que o orçamento público *"é uma lei de organização, a maior lei entre as leis de organização"*. Para o francês Léon Duguit, o orçamento não pode ser considerado um ato único, devendo ser separada a parte correspondente aos gastos da parte referente às receitas. Para este autor, quanto aos gastos, o orçamento nunca será uma lei, mas sim ato administrativo; e, quanto às receitas, onde não existir a regra da anualidade dos tributos não será lei em sentido material por não criar direitos nem obrigações, sendo mera operação administrativa. Por sua vez, Gaston Jèze afirma que "o orçamento jamais será uma lei propriamente dita". Este outro autor francês entende que se trata de uma mescla de atos jurídicos reunidos em um único documento, devendo ser separado em receitas e despesas, sendo que as receitas devem ser distinguidas entre as tributárias e as não tributárias. Pela sua teoria, na parte que diz respeito às receitas tributárias, onde houver a regra da anualidade, o orçamento será um ato-condição, mas nos regimes em que ela não estiver presente, o orçamento não terá significação jurídica alguma. Já quanto às receitas não tributárias, o orçamento não

---

[10] FONROUGE, Carlos Maria Giuliani. *Derecho Financiero*. 3. ed. Buenos Aires: Depalma, 1976. p. 4.
[11] INGROSSO, Gustavo. *Istituzioni di Diritto Finanziario*, p. 56, *apud* FONROUGE, Carlos Maria Giuliani. *op. cit.* p. 143.

contém significação jurídica. Quanto às despesas, o orçamento conteria autorizações para realizá-las, pelo que se trataria de um ato-condição.[12]

Ainda relatando a posição da doutrina estrangeira, destacamos o entendimento do argentino Héctor Villegas,[13] que afirma:

> em relação ao nosso país, concordamos com a corrente que atribui ao orçamento um caráter de lei formal. Com respeito aos recursos, o orçamento apenas os calcula, mas não os cria, já que estes estão estabelecidos em outras leis, com total independência da lei orçamentária. E quanto aos gastos, a lei do orçamento tampouco contém normas substanciais, pois se limita a autorizá-los, sem obrigar o poder executivo a realizá-los.

A doutrina brasileira tem a sua própria posição – embora tenha sido influenciada e construída a partir das considerações da doutrina estrangeira – que pode eventualmente variar se exposta antes ou depois da Constituição de 1988, em face da supressão do princípio da anualidade. Para Hely Lopes Meirelles,[14] "não importa que, impropriamente, se apelide o orçamento anual de lei orçamentária ou de lei de meios, porque sempre lhe faltará a força normativa e criadora de lei propriamente dita". Alberto Deodato[15] traz em sua clássica obra a consideração de que

> os atos orçamentários não têm as condições de generalidade, constância ou permanência que dão cunho à verdadeira lei; não encerram declaração de direito; não são mais do que medidas administrativas tomadas com a intervenção do aparelho legislativo.

Segundo Ricardo Lobo Torres,[16] "a teoria de que o orçamento é lei formal, que apenas prevê as receitas públicas e autoriza os gastos, sem criar direitos subjetivos e sem modificar as leis tributárias e financeiras, é, a nosso ver, a que melhor se adapta ao direito constitucional brasileiro". Para Kiyoshi Harada,[17] "o orçamento é uma lei ânua, de efeito concreto, estimando as receitas e fixando as despesas, necessárias à execução da política governamental".

---

[12] FONROUGE, Carlos Maria Giuliani. *op. cit.* p. 136-138.
[13] VILLEGAS, Héctor B. *op. cit.* p. 625.
[14] MEIRELLES, Hely Lopes. *Finanças Municipais.* São Paulo: Revista dos Tribunais, 1979. p. 160-161.
[15] DEODATO, Alberto. *op. cit.* p. 317.
[16] TORRES, Ricardo Lobo. *Curso de Direito Financeiro e Tributário.* 18. ed. Rio de Janeiro: Renovar, 2011. p. 177.
[17] HARADA, Kiyoshi. *Direito Financeiro e Tributário.* São Paulo: Atlas, 2002. p. 75.

Dessas teorias, podemos extrair que aqueles que consideram o orçamento apenas como *lei formal* afirmam que seu conteúdo seria o de um *ato administrativo*, pois este apenas prevê as receitas e autoriza as despesas, realizando as funções de previsão e autorização exigidas para a realização da atividade da Administração Pública. Já os que entendem tratar-se o orçamento de uma *lei material* de conteúdo normativo afirmam que, uma vez aprovado, o orçamento traria para o Estado o dever de implementá-lo e, para o cidadão, o direito de exigir sua realização.

Em crítica à teoria do *orçamento como lei formal*, explica José Marcos Domingues que a tese do orçamento como mero *ato administrativo* de governo encontrou no Brasil terreno fértil – país de tradição autoritária –, sendo inicialmente concebida na Alemanha por Paul Laband, com finalidade de legitimar a superioridade do Executivo sobre o Parlamento, cuja palavra seria apenas uma formalidade, e a ideia de que o descumprimento do orçamento não teria o caráter de infração jurídica. A teoria, com reservas e adaptações, foi recebida na França por Jèze, Duguit e Trotabas, que professavam a ideia de que o orçamento seria uma autorização legislativa, de natureza administrativa, como *ato-condição*. No entanto, conclui Domingues que

> passados mais de 200 anos de construção democrática dos dois lados do Atlântico, e alcançada democratização perene no Brasil, não se compreende bem a que serviria hoje a teoria do orçamento como lei formal, a não ser para, como na origem, servir para submeter os demais Poderes à preeminência desmedida do Executivo e para justificar a impune maquilagem orçamentária.[18]

De fato, concordamos com as críticas a este posicionamento que a doutrina tradicional brasileira adotou. Realmente tais premissas, que ainda hoje configuram as bases do contexto jurídico-orçamentário brasileiro, são originárias da dogmática "Labandiana"[19] de fins do século XIX, elaborada para validar juridicamente os ideais do princípio monárquico prussiano e garantir a soberania do monarca em detrimento do parlamento, dentro do contexto do impasse orçamentário prussiano ocorrido entre Parlamento e o Poder Executivo entre os anos de 1860-1866.

---

[18] DOMINGUES, José Marcos. *op. cit.* p. 32.
[19] Refiro-me aqui a Paul Laband (1838-1918), jurista alemão que foi o principal artífice da teoria do orçamento como lei meramente formal, contendo em si um mero ato de autorização de gastos.

Para contextualizarmos historicamente o conflito, já sob o comando do chanceler Otto von Bismarck, a Prússia se via *às* voltas com uma questão: a necessidade de profissionalizar o Exército e reestruturar o serviço militar, com isso aumentando os gastos com finalidade bélica. O Executivo, então, apresenta em 1860 um projeto de lei com essas alterações.[20] Ocorre que o Parlamento não aprovou tal projeto. Diante da negativa, o Executivo, embora tenha retirado o projeto do Parlamento, e mesmo sem a aprovação legislativa, iniciou a execução da reforma militar, ao arrepio da decisão parlamentar. Já em 1861, para levar adiante as alterações castrenses, o Executivo inseriu novamente no orçamento anual as dotações necessárias para tal atividade. O Parlamento recusa-se a aprovar de novo as rubricas do orçamento estatal que continham o aumento de gastos militares. Em 1862 o mesmo ocorre e os gastos militares são outra vez rechaçados pelo Parlamento.

A fim de solucionar a questão, Bismarck entra em cena e transfere o conflito do mundo jurídico para o político, invocando o argumento de que, na presença de lacuna na Constituição para solver o embaraço entre Poderes, é impossível a qualquer Estado, sob pena de colapso total, paralisar integralmente as suas atividades essenciais, dentre elas a defesa nacional.

Ora, sem a aprovação de um orçamento, simplesmente não haveria como realizar gastos. Assim, a doutrina germânica, encabeçada nesse particular por Paul Laband, tenta resolver o impasse que ostentava potencial para paralisar as atividades estatais por completo, invocando-se o princípio monárquico (que garantia a preeminência do Poder Executivo, na figura do monarca) como grande diretriz reitora da resolução deste conflito, conjugado com a teoria dos poderes residuais do monarca.

Também subjaz a esta solução construída por Laband a questão de que, em verdade, a natureza do orçamento seria a de um ato administrativo, isto *é,* uma função constitucional típica do Poder Executivo. A previsão de que deveria ser aprovado por lei ostentaria natureza meramente formal, a saber, aquela de uma chancela do Parlamento, a fim de que houvesse harmonia entre este e o monarca.

Acreditamos que situar historicamente o momento que viviam os Estados germânicos quando da elaboração da teoria labandiana tem o valor de nos indicar como uma construção teórica de século

---

[20] DUARTE, Tiago. *A lei por detrás do orçamento*: a questão constitucional da lei do orçamento. Coimbra: Almedina, 2007. p. 40-41.

e meio, formulada a partir de bases constitucionais muito distintas daquelas plasmadas pela Constituição brasileira de 1988, não pode ter a pretensão de continuar sendo aplicada literalmente sem uma releitura dos pressupostos de que partiu. O binômio *lei formal-lei material* para a resolução do problema da natureza jurídica do orçamento não é uma distinção de lógica formal aplicável a todo e qualquer tempo, mas um construto jurídico que deita suas raízes nos problemas constitucionais alemães acima apresentados.[21]

Portanto, resta-nos indagar se uma distinção criada a partir do princípio monárquico, com prevalência do Poder Executivo e com viés autoritário, deveria ainda hoje servir de base para as discussões acerca do orçamento público.[22]

De todo o visto, reconhecemos que a doutrina clássica brasileira, à luz do Direito Financeiro pátrio, que já não contempla o princípio da anualidade como condição para a arrecadação tributária e que exige a previsão orçamentária para a realização das despesas públicas, ainda entende tratar-se o orçamento público: a) *extrinsecamente*, de lei formal de natureza especial, já que este se constitui através de um processo legislativo típico; b) *intrinsecamente*, de ato administrativo, uma vez que o seu conteúdo é de ato concreto e específico, voltado para a realização das atividades da Administração Pública.

---

[21] "É, pois, nesse contexto, que deve ser entendida a afirmação de Maria Lúcia Amaral quando considera que, *face à Constituição portuguesa, como face às outras que nos são contemporâneas este conceito* (conceito de lei só em sentido formal) *tornou-se um conceito caduco*. De facto, se a distinção entre lei formal e lei material tende a ser afastada e, sobretudo. se revelou inservível para efeitos de promoção de uma clivagem relativamente à generalidade dos actos legislativos dentro de um modelo de tipo parlamentar, o certo é que se mantém ao nível do Direito orçamental. precisamente o domínio por onde essa teoria haveria de germinar, um enclave onde, ainda hoje, parecem continuar a acolher-se, de um modo resistente, alguns resquícios do que, em tempos, foi a teoria encandeadora de Paul Laband." (DUARTE, Tiago. Paul Laband e a crise orçamental prussiana. In: CUNHA, Paulo de Pitta e (Coord.). *Estudos Jurídicos e Económicos em Homenagem ao Prof. Doutor António de Sousa Franco*. v. III. Lisboa: Coimbra Editora, 2006. p. 1.073.

[22] Preciso o diagnóstico de Canotilho a esse respeito, formulando um questionamento similar ao nosso: "Acresce que, tornando-se hoje evidente a aceitação da historicidade e relatividade dos conceitos da dogmática jurídica, com a consequente diversidade de soluções das ordens jurídicas positivas, não raro se assiste à transferência de alguns 'dogmas' ou 'postulados' de certas estruturas constitucionais para constelações políticas substancialmente diferentes. A teoria da lei do orçamento é um exemplo do que se acabou de afirmar. Elaborada pela dogmática positivista alemã, tendo como pano de fundo as relações de tensão na monarquia dualista entre um governo que se pretendia com poderes originários, e um Parlamento que se arrogava da legitimidade democrática, ela foi transferida para horizontes político-constitucionais (como eram os parlamentares) que à partida se revelavam informados por princípios distintos dos da monarquia dualista." (CANOTILHO, J. J. Gomes. A lei do orçamento na teoria da lei. *Boletim da Faculdade de Direito* – Estudos em homenagem ao Prof. Dr. J. J. Teixeira Ribeiro. Coimbra: Universidade de Coimbra, 1979. p. 544-545).

Mas fato é que a doutrina mais moderna (à qual nos filiamos) e a jurisprudência brasileira recente vêm caminhando no sentido de reconhecer ao orçamento público seu conteúdo material e de conferir a força impositiva que lhe é inerente no Estado Democrático de Direito. Assim, com propriedade afirma José Marcos Domingues que "é preciso superar a teoria do orçamento-lei-formal, que não se compadece com o atual estágio da democracia no mundo e no País".[23]

Afinal, pouco valeria reconhecermos como efetivos e devidos os direitos fundamentais e sociais, em respeito ao mínimo existencial e em nome da dignidade da pessoa humana, se não houvesse dotações orçamentárias suficientes e obrigatoriamente destinadas para a sua imprescindível materialização.

1.5 Orçamento público no direito comparado

O conhecimento de modelos jurídicos de outras nações e as experiências observadas em uma pluralidade de ordenamentos, juntamente com a utilização do Direito Comparado, são importantes ferramentas de enriquecimento e aperfeiçoamento para o direito pátrio, inclusive para o nosso Direito Financeiro. Mais do que mera fonte informativa, seja como ciência autônoma ou como método de comparação, tal como desenvolvido nas Escolas de *Saleilles* ou de *Lambert*, o Direito Comparado fornece a cientificidade na percepção das tendências e linhas gerais dos sistemas jurídicos vigentes no mundo, conduzindo uma investigação descritiva e comparativa sistematizadas e propiciando uma melhor compreensão do instituto analisado.

Por essas razões, procuramos nesta seção[24] identificar e analisar de maneira bastante sucinta as linhas gerais do orçamento público em diversos países, a saber: Alemanha, Argentina, Brasil, Canadá, Chile, Espanha, Estados Unidos, França, Itália, México, Nova Zelândia, Portugal e Reino Unido.

A *Alemanha* possui uma Constituição Financeira bem detalhada, além de um Código Orçamentário Federal e uma Lei de Princípios Orçamentários. Trata-se de um sistema financeiro dotado de regras e princípios orçamentários, tais como os princípios da legalidade e do equilíbrio orçamentários, da realidade e clareza do orçamento (princípio

---

[23] DOMINGUES, José Marcos. *op. cit.* p. 321.
[24] Seção elaborada a partir da obra "Orçamento Público no Direito Comparado", de nossa coautoria e coorganização (ABRAHAM, Marcus; PEREIRA, Vítor Pimentel (Org.). *Orçamento Público no Direito Comparado*. São Paulo: Quartier Latin, 2015).

da transparência), do singular e completo orçamento (princípio da unidade), e também da regra geral de vedação ao aumento do endividamento público. A Federação alemã (equivalente ao *status* da União no Brasil), e os seus *Länders* (Estados-Membros) são investidos de autonomia para criar seus próprios orçamentos. Já os *Gemeiden* (Municípios) não possuem autonomia financeira nos moldes das municipalidades brasileiras. O Conselho de Planejamento Financeiro, órgão formado por ministros das finanças federal e dos estados realiza a coordenação intergovernamental na federação. O processo orçamentário alemão é misto, em que o Chanceler Federal (Poder Executivo) envia o projeto de orçamento às duas Casas do Parlamento, que, por meio do Comitê de Orçamento do Parlamento analisa-o e pode propor alterações. Aprovado o projeto, deve a lei ser chancelada pelo Ministro das Finanças e pelo Chanceler federal e, posteriormente, assinada pelo Presidente federal, para, finalmente, ser publicada no Diário Oficial alemão. O controle de execução do orçamento é feito por ambas as Casas Legislativas, juntamente com a Corte Federal de Auditoria e o Governo Federal.

Na *Argentina*, as normas orçamentárias encontram-se na Constituição, que veicula algumas regras específicas sobre o orçamento público, na Lei nº 24.156/1992 (*Ley de Administración Financiera y de los Sistemas de Control del Sector Público Nacional*), que é *a lei geral de finanças públicas* argentina, e na sua Lei de Responsabilidade Fiscal (Lei nº 25.917/2004). Possui princípios orçamentários como os da programação, da universalidade, da unidade, da exclusividade, da factibilidade, da clareza, da transparência, do equilíbrio fiscal, dentre outros. O Escritório Nacional do Orçamento (*Oficina Nacional de Presupuesto*), órgão da Secretaria de Fazenda do Ministério da Economia e Finanças Públicas é o responsável pela realização das atividades técnicas necessárias à elaboração do orçamento, tendo o seu encaminhamento pelo Poder Executivo ao Legislativo para análise, deliberação e aprovação. O orçamento argentino é considerado autorizativo, não obrigando o gestor público a efetivamente gastar tudo que lhe foi autorizado. O controle externo das finanças públicas é executado pelo Congresso Nacional, auxiliado por órgão autônomo e independente denominado Auditoria Geral da Nação.

O *Canadá* é uma federação na qual existe uma partilha de poderes importante entre as províncias e o governo federal, baseada em um sistema federal equilibrado. O Parlamento do Canadá (*Regulamentos da Câmara dos Comuns*), a Constituição e a *Lei de Administração e Finanças* estabelecem as funções diferentes de cada Poder e de cada Câmara Legislativa em relação ao orçamento e às finanças do país. Qualquer despesa ou arrecadação terá de ser apresentada pelo Executivo e aprovada pelo Legislativo para ser legalmente executada. Assim, o Executivo deve apresentar ao Parlamento um orçamento anual *(Budget)* e as previsões de despesas *(Estimates)*, sendo responsável pelo planejamento financeiro, com a obrigação de prestar contas ao Parlamento de sua gestão. A *Lei de Administração e Finanças* reitera a obrigação constitucional de receber autorização parlamentar para qualquer despesa e indica o Ministro das Finanças como responsável pela gestão da Tesouraria Pública (*Trésor Public*) ou Fundo de Receitas Consolidadas (*Consolidated Revenue Fund*), bem como estabelece o Conselho do Tesouro (*Treasury Board*). A *Lei Federal de Prestação de Contas* foi editada para aumentar a transparência, a supervisão e a prestação de contas (*accountability*). O Auditor-Geral realiza auditorias independentes sobre as demonstrações financeiras incluídas nas Contas Públicas do Canadá (*Public Accounts of Canada*) e presta contas somente ao Parlamento, que tem o direito de orientar essas auditorias de forma a garantir eficiência, economia e eficácia. Destaca-se no modelo financeiro canadense a chamada *perequação*, espécie de pagamento de equalização do Governo federal para algumas províncias em que se opera redistribuição de recursos para as províncias menos abastadas, na forma de um subsídio, de modo a igualar, entre as províncias, a oferta e qualidade de serviços públicos prestados.

O *Chile* é um Estado unitário, democrático, republicano e presidencialista, com preponderância do Executivo e reduzida participação do Legislativo no ciclo orçamentário, caracterizando, assim, a presença de um orçamento executivo. Seu ordenamento orçamentário é composto por duas leis: a Lei Orçamentária Anual e o Programa de Médio Prazo, e adota princípios como legalidade (impossibilidade de gasto de recurso público sem autorização prévia), equilíbrio orçamentário (os gastos devem corresponder aos ingressos públicos), preponderância do Executivo (iniciativa exclusiva do Presidente da República, tendo o Congresso Nacional pouca influência na matéria), anualidade (lei orçamentária tem duração de um ano), unidade (há um único orçamento para toda Administração Pública), universalidade (todos os ingressos e todos os gastos que o Estado efetiva devem repercutir no Orçamento), especialidade (é uma lei diferente das demais, tendo processo legislativo próprio, com prazos para apresentação e despacho, além de possibilidade de alterações pelo poder regulamentar) e transparência (prestação periódica de informações acerca da execução orçamentária pelo Executivo ao Congresso Nacional). O orçamento público chileno detém natureza de lei formal com conteúdo de ato administrativo, sendo considerado de índole executiva e meramente autorizativo, permitindo a realização das despesas públicas, sem, contudo, obrigar a Administração Pública a cumprir suas previsões. O principal órgão de controle externo específico, análogo ao Tribunal de Contas da União no Brasil, é a Controladoria-Geral da República.

A *Espanha* tem na sua Constituição normas gerais sobre o orçamento público e suas formas de aprovação, afirmando caber ao governo a elaboração do orçamento geral do Estado, o qual deve ser submetido ao Parlamento, para eventuais alterações e aprovação. O exercício do poder orçamentário, *"la Potestad Presupuestaria"*, está previsto no texto constitucional. Por sua vez, a disciplina material dos orçamentos está contida na Lei Geral Orçamentária (Lei nº 47/2003), que estabelece diretrizes gerais para a elaboração das demais leis orçamentárias dos diversos entes que compõem o governo e estatutos das diversas regiões autônomas da Espanha, além de enumerar expressamente uma série de princípios norteadores da atividade orçamentária espanhola, tais como o princípio da estabilidade orçamentária, da sustentabilidade financeira, da plurianualidade, da transparência, da eficiência na atribuição e utilização dos recursos públicos e da responsabilidade e lealdade institucional, tudo em conformidade com o disposto na Lei Orgânica nº 2/2012, denominada de Lei de Estabilidade Orçamentária e Sustentabilidade Financeira. Destaque-se que o orçamento espanhol é limitativo, ou seja, a administração não pode promover gastos além dos créditos concedidos e em desacordo com as finalidades previstas nas leis orçamentárias. A descentralização do gasto público é um dos marcos do orçamento espanhol. Por isso, existem três âmbitos da administração: a *administração central*, a *administração autônoma* e as *entidades locais*, havendo um compartilhamento de competências e de gastos públicos entre essas três administrações. Há um ente responsável por fiscalizar a atividade orçamentária espanhola denominada Autoridade Independente de Responsabilidade Fiscal.

Os *Estados Unidos* adotam o modelo misto de elaboração do orçamento público, caracterizado pela participação conjunta dos Poderes Legislativo e Executivo. Ao Presidente incumbe privativamente formular a proposta de orçamento público, que será discutida no Congresso. Após deliberado, edita-se a *"budget resolution"* – uma resolução conjunta com natureza de ato administrativo e sem força de lei –, cuja função é fixar as diretrizes orçamentárias e apresentar o montante global do orçamento federal, estabelecendo as suas metas e prioridades. Com base nela, apresentam-se os projetos de leis de dotações orçamentárias para o exercício fiscal – *"appropriation bills"* –, equivalentes à nossa lei orçamentária. Aprovadas pelo Congresso, submetem-se à sanção do Presidente.

Traço marcante do modelo norte-americano é o caráter impositivo do orçamento, sendo vedado recusar-se a realizar despesas previstas, pela proibição legal aos contingenciamentos de receitas públicas por parte do Executivo. O controle de toda a execução orçamentária é realizado pelo Congresso e pelo *"Government and Accountability Office"* – órgão auxiliar dirigido pelo Controlador-Geral, o qual detém função de destaque na fiscalização dos contingenciamentos levados a efeito pelo Executivo.

A *França* é um Estado unitário, porém descentralizado em coletividades territoriais dotadas de poder administrativo e não político. Possui uma Constituição sintética, havendo nela apenas uma determinação de que as leis de finanças deverão prever os recursos e as despesas estatais de acordo com o previsto numa lei orgânica (*loi organique*) relativa à organização dos poderes, cuja hierarquia é superior à das leis ordinárias. Essa lei é a *Loi organique relative aux lois de finances* (LOLF), cujo objeto é muito similar ao das brasileiras Lei nº 4.320/1964 e Lei de Responsabilidade Fiscal. Entretanto, na reforma constitucional de 2008, foi incluída no art. 34 da Lei Maior a previsão da *loi de programmation de finances publiques* (Lei de Programação das Finanças Públicas – LPFP), que tem por finalidade orientar o legislador e administrador francês na elaboração do orçamento anual considerando as finalidades atuais da União Europeia. Existem ainda outros dois tipos de lei financeiras no ordenamento jurídico francês: *loi de finances rectificative* e *loi de règlement*. O orçamento público francês é um orçamento-programa autorizativo, elaborado anualmente, seguindo os parâmetros dispostos na LOLF, e elaborado com base em cinco princípios: anualidade, universalidade, unidade, especialidade e o princípio da *sincerité*, consagrado pela LOLF. É um orçamento legislativo, baseado na premissa de que o povo, por meio de seus representantes no Parlamento, é quem possui legitimidade democrática para determinar quais são suas principais necessidades e o que deve ter prioridade na alocação de recursos públicos. O controle da execução orçamentária na França se dá por quatro formas: pela própria Administração; pela *Cour des comptes*; pela *Cour de discipline budgétaire et financière* (CDBF); e pelo Parlamento. A LOLF introduziu um novo conceito de gestão pública, substituindo o controle preventivo de conformidade efetuado pelos controladores financeiros por um controle *a posteriori* da eficácia da gestão da despesa pública. Finalmente, as coletividades locais possuem certa autonomia para elaborar seus orçamentos, porém são subordinadas às orientações do poder central, e recebem seus recursos por intermédio dos repasses que o Estado faz, podendo estes serem vinculados, não vinculados ou objeto da *péréquation* (redistribuição de recursos, seja das coletividades mais ricas para as mais pobres, seja do próprio Estado para as suas coletividades).

A *Itália* é uma República Parlamentarista com um poder legislativo bicameral. A sua Constituição estabelece que o conteúdo da lei de orçamento, as normas e os princípios fundamentais que visam a assegurar o princípio do equilíbrio entre entradas e despesas, além da sustentabilidade da dívida pública, são estabelecidos por lei aprovada pela maioria absoluta de cada Câmara. A Lei nº 196/2009 trata das normas gerais em direito financeiro. Anualmente, até 15 de outubro, o Governo, mediante a proposta do Ministro da Economia e Finanças, apresenta às Câmaras do Parlamento o projeto de lei orçamentária anual, que poderá examiná-lo e emendá-lo até o dia 31 de dezembro. Na Itália, há uma pluralidade de orçamentos, visto que os entes menores possuem autonomia financeira e orçamento próprio, permitindo que as peculiaridades de cada ente sejam levadas em consideração e uma gestão adequada e equilibrada do orçamento. O controle interno do orçamento público é feito pela *"Ragioneria"*, que corresponde a um departamento cuja função está relacionada ao controle preventivo das leis, incluindo a do orçamento e a verificação das contas públicas.

O *México* constitui uma República democrática, presidencialista, sob a forma de Estado Federativo tripartite, composto pela Federação, pelos Estados e pelo Distrito Federal como entes autônomos e auto-organizados. A competência para elaboração do orçamento é do Poder Executivo, seguindo os procedimentos legais de consulta e participação popular com a posterior aprovação do Congresso da Federação (orçamento misto). O seu orçamento é segmentado, ou seja, adota uma lei orçamentária (com natureza de ato administrativo) tão somente para as despesas (*Presupuesto de egresos de la Federación*) e outra lei (esta, sim, lei em sentido estrito) tratando das receitas (*Ley de Ingresos de la Federación*). Dois grandes diplomas estruturam a parcela infraconstitucional do orçamento mexicano. São eles a Lei Geral de Contabilidade Governamental (*Ley General de Contabilidad Gubernamental – LCG*) e a Lei Federal de Responsabilidade Fazendária (*Lei Federal de Presupuesto y Responsabilidad Hacendaria – LRH*). A Contadoria Maior da Federação é o órgão técnico vinculado ao Poder Legislativo encarregado da fiscalização e revisão das contas públicas.

A *Nova Zelândia* é uma monarquia constitucional com uma democracia parlamentar, e faz parte da *Comunidade de Nações* (*Commonwealth of Nations*). É organizada em 16 regiões, as quais estão subordinadas à administração do governo central. Embora não possua uma Constituição escrita e formalizada em um único documento legal, a sua principal Declaração – o *Constitution Act,* de 1986 –, reconhece que o Parlamento é a autoridade suprema para legislar e controlar as finanças públicas, especificando que a Coroa não pode cobrar tributos, contrair empréstimos ou gastar o dinheiro público, a não ser por um ato do Parlamento. O *Constitution Act 1986,* o *Public Finance Act 1989* e o *Fiscal Responsibility Act 1994* representam o enquadramento jurídico que regula o processo orçamentário, possuindo os princípios orçamentários clássicos (legalidade, anualidade, universalidade, unidade e especificidade), bem como os princípios modernos (prestação de contas, transparência, estabilidade e performance). A Lei de Finanças Públicas de 1989 (*The Public Finance Act*) regula a utilização dos recursos públicos, requerendo uma previsão de dotação *(appropriation),* por lei do Parlamento, para todos os gastos de dinheiro público. O "Dia do Orçamento" (*Budget Day*) é aquele em que o Executivo solicita ao Parlamento a aprovação da *Appropriation Bill,* equivalente à Lei Orçamentária Anual brasileira, definindo os detalhes de cada verba anual e plurianual. No que tange à responsabilidade no gerenciamento dos recursos financeiros do Estado, a Nova Zelândia ocupa uma posição de destaque como berço da transparência das contas públicas. Sua legislação fiscal, notadamente o *Fiscal Responsability Act,* de 1994, tornou-se um paradigma internacional no tema, influenciando outros atos normativos, tendo sido incorporado em 2004 ao *The Public Finance Act 1989.* O Auditor-Geral faz parte do Gabinete do Controlador e Auditor-Geral (*Office of Controller and Auditor General* – OCAG), um gabinete de apoio ao Parlamento, criado pela Lei de Auditoria Pública de 2001 (*The Public Audit Act 2001*) para servir como um protetor constitucional da integridade financeira do sistema de governo parlamentar da Nova Zelândia.

Portugal[25] é uma República de sistema parlamentarista de governo e, apesar de adotar a forma de Estado Unitário, a sua Constituição estabelece o princípio da autonomia das autarquias locais e a descentralização democrática da Administração Pública. O Poder Legislativo detém papel relevante na atividade orçamentária, desde o processo de aprovação do orçamento público até o controle da sua execução, uma vez que o Governo depende da autorização política da Assembleia da República para a atuação financeira em cada ano. A nova Lei de Enquadramento Orçamental (Lei nº 151/2015) traz as normas gerais do orçamento público português, incluindo as regras e os procedimentos

---

[25] Neste parágrafo apenas fazemos uma breve síntese do que mais adiante trataremos em capítulo próprio, visando contextualizar o modelo orçamentário português em relação aos demais países analisados.

relativos à organização, elaboração, apresentação, discussão, votação e execução do orçamento, fiscalização e responsabilidade orçamentária. O processo de elaboração do orçamento público português é misto, concorrendo para a sua elaboração tanto o Poder Executivo – na figura do Primeiro-Ministro e do Presidente da República – quanto o Poder Legislativo – na figura da Assembleia da República. Esse processo legislativo se inicia a partir da proposta de Lei do Orçamento do Estado apresentada pelo Governo à Assembleia da República. Apresentada a proposta de lei orçamentária, o Congresso delibera por meio de comissões especializadas e do plenário até a sua aprovação, quando se passa à fase da sanção ou veto por parte do Presidente da República. O orçamento público português possui nítido caráter programático, vez que seu papel ultrapassa o de mero documento contábil para constituir verdadeira positivação das metas e prioridades governamentais, destacando-se os seguintes princípios em matéria orçamentária: a anualidade, a plenitude, a discriminação, a publicidade, e o equilíbrio. O controle de toda a execução orçamentária é realizado pelo Congresso e pelo Tribunal de Contas, o qual detém atribuição constitucional para aferir não só a legalidade dos atos governamentais, mas também sua eficiência e economicidade.

O *Reino Unido* é um Estado Unitário, monárquico e parlamentarista, composto pela união política de quatro países: Escócia, Inglaterra, Irlanda do Norte e País de Gales, sendo reconhecida soberania apenas ao Reino Unido. O processo orçamentário britânico é baseado em costume, não estando codificado. O Manual do Gabinete oferece uma visão geral do processo orçamentário, o qual tem a participação do Poder Executivo e do Legislativo. O Primeiro-Ministro possui o título de Primeiro Lorde do Tesouro, e atua juntamente com o Chanceler do Tesouro em questões orçamentárias, a partir da regra da iniciativa financeira da Coroa (*"rule of the financial initiative of the Crown"*), a qual indica que apenas Ministros podem fazer propostas para estabelecimento de gastos e tributos. Já em relação ao Poder Legislativo, como consequência da supremacia do Parlamento, não se admite que os recursos sejam gastos em objetivos diversos dos aprovados, além de este órgão ter o poder de aprovar os tributos, que são a fonte de receitas do governo, e de alocar e autorizar as despesas governamentais. O processo orçamentário pode ser dividido em três ciclos: o orçamento (*"budget"*), as estimativas de provisão (*"supply estimates"*) e os relatórios (*"reporting"*). O orçamento, também chamado de relatório do orçamento (*"budget report"*), é uma declaração feita anualmente pelo Chanceler do Tesouro à Câmara dos Comuns, para atualizar o Parlamento e a nação sobre o estado da economia, as despesas públicas, o progresso do governo em relação a seus objetivos econômicos e mudanças em tributos. As propostas do orçamento definem o escopo da Lei de Finanças ("*Finance Bill*"), que é formalmente introduzida quando as propostas são aprovadas. De uma maneira geral, a gestão de recursos públicos no Reino Unido deve seguir os seguintes princípios: confiabilidade, exatidão, honestidade, imparcialidade, integridade, justiça, objetividade, responsabilidade ("*accountability*") e transparência. O Parlamento, especialmente a Câmara dos Comuns, tem um papel importante em examinar despesas e responsabilizar o governo, sendo auditado pela Corregedoria Nacional. Paralelamente, em 2010, foi criada a Agência de Responsabilidade Orçamentária ("*Office for Budget Responsibility*"), um organismo público não governamental, mas investido de poder pelo governo, com papel consultivo, fornecendo uma análise independente das finanças públicas do Reino Unido. Os principais governos delegados são os correspondentes aos países que compõem o Reino Unido, e recebem transferências financeiras do governo central (que não estabelece condições de despesas), restando ao governo delegado a liberdade para alocar seus gastos a partir de suas prioridades.

CAPÍTULO II

O ORÇAMENTO PÚBLICO NO BRASIL

O orçamento público exerce uma função de suma importância no Brasil, país de dimensões continentais e repleto de desigualdades regionais, sociais e econômicas. Muito mais do que um instrumento financeiro, trata-se de uma ferramenta de mudança social, de expressão democrática e missão republicana.

Quinto maior país do planeta, ocupando uma área de cerca de oito milhões e meio de metros quadrados e possuindo cerca de 200 milhões de habitantes, com um PIB anual *per capita* de menos de trinta mil reais, a grande extensão territorial brasileira, ao mesmo tempo em que proporciona uma enorme diversidade de paisagens, climas, topografia, fauna e flora, acaba por potencializar a existência de significativas diferenças nos níveis de desenvolvimento socioeconômico em suas cinco macrorregiões, e dificulta a realização dos objetivos da República Federativa do Brasil, tal como estabelece o art. 3º da Constituição Federal de 1988: construir uma sociedade livre, justa e solidária, desenvolver o país, acabar com a pobreza e a marginalização e minimizar as desigualdades sociais e regionais, promovendo o bem de todos.

Dotada de um inequívoco hibridismo em seu perfil e uma constante tensão entre os valores sociais – de natureza coletiva – e os liberais – de índole individual –, os direitos humanos fundamentais são previstos e garantidos na Constituição brasileira, assim como vasta gama de direitos sociais estão expressamente arrolados como deveres do Estado brasileiro. Entretanto, de nada adiantam os recorrentes e exaustivos debates sobre a efetividade e o alcance dessas normas, sobre a possibilidade de judicializar estes direitos ou sobre as atribuições mínimas e máximas do Estado perante a coletividade se não houver recursos suficientes para financiar os anseios de uma sociedade mais consciente e ativa.

Diante de tantas pretensões, recursos financeiros se fazem mais do que imprescindíveis para atingir tais objetivos. Girando em torno de 3 trilhões de reais entre os anos de 2015 a 2017, o orçamento público da União, mais do que definir valores de gastos, aponta o quê, onde e em que quantidade o cidadão e a sociedade receberão bens e serviços do Estado em retribuição aos tributos pagos e demais receitas públicas arrecadadas. Por isso é uma ferramenta tão essencial.

2.1 Orçamento público na Constituição Federal e na legislação brasileira

O Brasil, organizado como federação, precisa dispor de uma estrutura normativa suficiente e capaz de distribuir as competências aos respectivos entes, indicando os meios necessários para realizarem suas atribuições, tudo de maneira equilibrada e harmônica. É imperioso atender às necessidades gerais do país, sem descuidar das particularidades regionais.

Nesse contexto, a Constituição Federal de 1988, dotada de capítulo próprio para as finanças públicas, contempla uma seção exclusiva para o tema (arts. 165 a 169), possuindo um papel extremamente relevante na configuração do sistema normativo do Direito Financeiro e Orçamentário brasileiro, uma vez que desenha toda sua estrutura e distribui as respectivas competências e atribuições, indicando os meios necessários para a realização de tais fins. A Constituição atribui competência normativa à União para editar normas gerais sobre finanças públicas, conferindo aos Estados e Municípios a respectiva competência suplementar, determinando que o instrumento normativo para dispor sobre essas normas gerais será a Lei Complementar (art. 163).

No art. 165 da Constituição está prevista a tríade orçamentária – Plano Plurianual, Lei de Diretrizes Orçamentárias e Lei Orçamentária Anual, delineando-se as suas características, conteúdo e funções essenciais. Por sua vez, o art. 166 da Carta estabelece a apreciação pelo Poder Legislativo dos projetos de leis orçamentárias de iniciativa do Poder Executivo, delimitando e condicionando o seu processo de emenda. Já os arts. 167 e 168 trazem importantes regras para a realização de despesas públicas, operações de crédito, vinculação de receitas, abertura de créditos, transferências de recursos entre entes e sobre entrega de recursos das respectivas dotações orçamentárias pelo Poder Executivo aos órgãos dos demais Poderes. E, finalmente, o art. 169 cria as regras para a realização das despesas de pessoal.

Para atender às determinações constitucionais, temos atualmente em nosso ordenamento jurídico duas normas gerais financeiras em vigor. A primeira é a Lei nº 4.320 de 1964, formalmente uma lei ordinária, porém recepcionada materialmente pela Constituição Federal de 1988 como lei complementar. É conhecida como a Lei Geral dos Orçamentos por estabelecer as normas gerais de Direito Financeiro para elaboração e controle dos orçamentos e balanços da União, dos Estados, do Distrito Federal e dos Municípios. A segunda é a Lei Complementar nº 101 de 2000, intitulada de Lei de Responsabilidade Fiscal, que estabelece as normas de finanças públicas voltadas para a responsabilidade na gestão fiscal.

Definidos pelas normas gerais os conceitos e institutos básicos do Direito Financeiro – tais como leis orçamentárias, responsabilidade fiscal, exercício financeiro, receitas e despesas públicas, créditos adicionais e fundos especiais –, inicia-se o processo legislativo orçamentário por cada unidade da federação. Tanto a União como os Estados, o Distrito Federal e os Municípios deverão propor a suas casas legislativas as leis específicas orçamentárias – o plano plurianual, as diretrizes orçamentárias, os orçamentos anuais –, pois é a partir dessas normas que se realizam as receitas e despesas públicas e a gestão financeira do Erário.

Essas leis orçamentárias, de iniciativa do Poder Executivo local, terão a forma de Lei Ordinária, instrumento competente para a concretização das normas financeiras, atendendo ao Princípio da Legalidade. A utilização de leis ordinárias é uma condição decorrente do Estado de Direito, em que se exige a prévia aprovação pelo Poder Legislativo quando da instituição ou modificação das normas de Direito Financeiro.

Em face da *simetria das normas constitucionais*, as disposições orçamentárias federais estabelecidas no texto constitucional aplicam-se, também, aos orçamentos estaduais, municipais e do Distrito Federal.

Cabe registrar que importantíssimas mudanças ocorreram no orçamento público brasileiro com a promulgação da Constituição Federal de 1988. Além da criação da nova estrutura das peças orçamentárias – plano plurianual, diretrizes orçamentárias e orçamento fiscal, da seguridade e de investimentos –, a participação do Poder Legislativo passou a ser determinante, garantindo efetividade ao processo democrático nas finanças públicas brasileiras.

Sob a égide da Constituição anterior, competia ao Poder Executivo elaborar o Orçamento Plurianual de Investimentos (OPI), o Orçamento Fiscal da União, o Orçamento das Empresas Estatais (Orçamento Sest) e o Orçamento Monetário. Destes, apenas os dois primeiros eram submetidos ao Legislativo, sendo que àquele Poder cabia, apenas, votá-los, uma vez que não lhe era permitido propor alterações nas despesas (nem em relação ao valor, nem quanto à espécie). Ademais, figuravam em plano paralelo àquelas peças orçamentárias os conhecidos PNDs – Plano Nacional de Desenvolvimento, que apresentavam diretrizes gerais para o desenvolvimento nacional, definindo objetivos e políticas globais, setoriais e regionais.[26]

Os Orçamentos Plurianuais de Investimentos (OPI) tinham abrangência para um triênio e tratavam exclusivamente das despesas de capital. Seguiam as diretrizes previstas no PND e eram submetidos ao Poder Legislativo para exame e votação, sem, contudo, poder este apresentar qualquer proposta de alteração. O Orçamento Fiscal da União estabelecia a programação da Administração Direta e Indireta; porém, era dotado de reduzida representatividade financeira diante do processo de esvaziamento dos Ministérios em favor das empresas estatais ocorrido ao longo das décadas de 1970 e 1980. O Orçamento Sest das empresas estatais abrangia as empresas públicas (que estavam em franca expansão), sociedades de economia mista, suas subsidiárias, autarquias e fundações. Era elaborado pela então Secretaria de Controle das Estatais e aprovado pelo Presidente da República, não tendo, portanto, qualquer participação do Legislativo. Finalmente, o Orçamento Monetário, disciplinado pela Lei nº 4.595/1964, era de competência do Banco Central e aprovado pelo Conselho Monetário Nacional. Essa peça dispunha sobre a programação da política monetária e cambial brasileira.

Na Constituição Federal de 1988, o Orçamento Plurianual dá lugar ao Plano Plurianual, que estabelece, de forma regionalizada, as diretrizes, os objetivos e as metas da Administração Pública para as despesas de capital e outras delas decorrentes e para as relativas aos programas de duração continuada. Introduz-se no sistema orçamentário brasileiro uma peça nova que até então não existia: a Lei de Diretrizes Orçamentárias, compreendendo as metas e prioridades da Administração Pública, incluindo as despesas de capital para o exercício financeiro subsequente, orientando a elaboração da lei orçamentária anual, dispondo sobre as alterações na legislação tributária e estabelecendo a política de aplicação das agências financeiras oficiais de fomento. Por sua vez, o Orçamento Fiscal e o Orçamento Sest do regime constitucional anterior são substituídos pelo Orçamento Anual, que passa a conter

---

[26] CRUZ, Flavio. Comentários sobre a Reforma Orçamentária de 1988. *Revista de Contabilidade "Vista & Revista"*, v. 4, nº 1, fev. 1992. p. 16-22.

três peças individuais, porém, integradas entre si: I – o orçamento fiscal, referente aos Poderes da União, seus fundos, órgãos e entidades da administração direta e indireta, inclusive fundações instituídas e mantidas pelo Poder Público; II – o orçamento de investimento das empresas em que a União, direta ou indiretamente, detenha a maioria do capital social com direito a voto; III – o orçamento da seguridade social, abrangendo todas as entidades e órgãos a ela vinculados, da administração direta ou indireta, bem como os fundos e fundações instituídos e mantidos pelo Poder Público. Finalmente, o Orçamento Monetário perde seu papel destacado na política fiscal brasileira, deixando de existir como peça autônoma.

Percebemos que as peças orçamentárias brasileiras existentes antes da Constituição Federal de 1988 possuíam alguns traços de semelhança com nossas atuais leis orçamentárias, porém se distanciavam destas especialmente nas questões relativas à participação do Poder Legislativo, em relação à transparência, à integração entre planejamento e execução e quanto à noção de equilíbrio fiscal. A partir da nova Carta, ganha o orçamento público no Brasil maior efetividade e relevância financeira.

2.2 Características do orçamento público brasileiro

Como importante instrumento de planejamento financeiro do Estado, que permite estabelecer a previsão das suas receitas e a fixação das suas despesas para um determinado período de tempo, devido a suas características intrínsecas, o orçamento público brasileiro não pode ser considerado apenas pelo seu aspecto contábil, ao se materializar em um documento de conteúdo financeiro. Ele contempla outras características que revelam aspectos importantes para a Administração Pública e para a sociedade.

Nesse sentido, dotado de um aspecto *político*, por expor as políticas públicas estatais, contemplando as pretensões e necessidades de cada um dos três Poderes, seus órgãos e entidades, que participam ativamente na sua elaboração, aprovação e controle; um aspecto *econômico*, por demonstrar a dimensão financeira das atividades do Estado, ao englobar todas as receitas e despesas públicas; um aspecto *técnico*, por ser elaborado e se concretizar através das normas da Contabilidade Pública e do Direito Financeiro; e, finalmente, um aspecto *jurídico*, por se materializar através de três leis: a lei orçamentária anual, a lei de diretrizes orçamentárias e a lei do plano plurianual.

A partir da edição da Lei Geral dos Orçamentos (a Lei nº 4.320/1964), destaca-se como característica essencial a adoção, pelo Brasil, do modelo orçamentário de orçamento-programa[27] – surgido nos Estados Unidos, na década de 50, com o nome de *Planning Programming-Budgeting System* (PPBS) –, que contempla, além das informações financeiras sobre as receitas e despesas, os programas de ação do Estado, pela identificação dos projetos, planos, objetivos e metas.[28] No orçamento-programa se relacionam os meios e recursos em função de objetivos e metas específicos a se atingirem num período determinado. Por ele é possível identificar, segmentadamente, os gastos com cada um dos projetos e seus custos, permitindo-se realizar, ao final, o controle quanto à eficiência do planejamento. Já o modelo de orçamento tradicional, anterior à Lei nº 4.320/64, limitava-se a uma mera relação das receitas e fixação das despesas, e o seu controle visava apenas avaliar a probidade dos agentes públicos e a legalidade no cumprimento do orçamento.

Como já se antecipou, o sistema orçamentário brasileiro é composto por uma estrutura de três leis orçamentárias definidas no art. 165 da Constituição – plano plurianual, diretrizes orçamentárias e orçamento anual –, todas de iniciativa do Poder Executivo, que devem ser elaboradas, aprovadas e executadas de forma integrada e harmônica, permitindo o planejamento e a realização das atividades financeiras do Estado no curto, médio e longo prazos, para todos os Poderes, nos três níveis da federação.

A *lei do plano plurianual* (PPA) estabelece o planejamento estratégico de longo prazo, voltada para o desenvolvimento nacional e regional, influenciando a elaboração da lei de diretrizes orçamentárias e da lei orçamentária anual, fixando, de forma regionalizada, as diretrizes, os objetivos e as metas da Administração Pública para as despesas de capital e as relativas aos programas de duração continuada. Por sua vez, a *lei de diretrizes orçamentárias* (LDO) define o planejamento operacional de curto prazo, orientando diretamente a elaboração da lei orçamentária anual, compreendendo as metas e prioridades da Administração Pública. E a *lei orçamentária anual* (LOA), documento básico e fundamental para a realização de toda a atividade financeira do Estado, é a concretização dos

---

[27] Lei nº 4.320/1964. Art. 2º – A Lei do Orçamento conterá a discriminação da receita e despesa de forma a evidenciar a política econômica financeira e o programa de trabalho do Governo, obedecidos aos princípios de unidade universalidade e anualidade.

[28] Registre-se que o modelo de orçamento-programa foi expressamente mencionado no Decreto-lei 200/1967, no seu artigo 7º, *in verbis*: "A ação governamental obedecerá a planejamento que vise a promover o desenvolvimento econômico-social do País e a segurança nacional, norteando-se segundo planos e programas elaborados, na forma do Título III, e compreenderá a elaboração e atualização dos seguintes instrumentos básicos: a) plano geral de governo; b) programas gerais, setoriais e regionais, de duração plurianual; c) orçamento-programa anual; d) programação financeira de desembolso."

planejamentos em uma típica lei de execução, que engloba o orçamento fiscal, de investimento e da seguridade social, pela previsão de todas as receitas públicas e a fixação de todas as despesas públicas, para os três Poderes, seus órgãos, fundos e entidades da Administração direta e indireta, inclusive as fundações públicas, e também todas as despesas relativas à dívida pública, mobiliária ou contratual, e as receitas que as atenderão.

Tema cuja controvérsia ainda é comum (e já anteriormente descrito em linhas gerais) é aquele relacionado à natureza jurídica das leis orçamentais (PPA, LDO e LOA), com as posições variando quanto à sua natureza de *lei formal, lei material, lei especial* ou mero *ato administrativo*, passando no meio do caminho pelas visões intermediárias ou mistas.

Na jurisprudência brasileira, o Supremo Tribunal Federal, sob o argumento de possuir um *conteúdo político* e *não normativo*, entendia tratar-se o Orçamento Público de um ato de efeito concreto, específico e de caráter individual, e não dotado, como a generalidade das leis, de efeitos abstratos, genéricos e impessoais, desprovido da necessária densidade normativa que os preceitos legais em regra possuem. A partir desse entendimento, afirmava a Corte Suprema que não seria possível sua manifestação em eventual questionamento sobre a inconstitucionalidade de lei orçamentária. Nesse sentido, assim restou consignado na ementa da Ação Direta de Inconstitucionalidade (ADI) 2.484-MC, de relatoria do Ministro Carlos Velloso, julgada em dezembro de 2001: "Lei de diretrizes orçamentárias, que tem objeto determinado e destinatários certos, assim, sem generalidade abstrata, é lei de efeitos concretos, que não está sujeita à fiscalização jurisdicional no controle concentrado".[29]

Entretanto, passamos a encontrar em recentes manifestações daquela Suprema Corte[30] – sobretudo nas ADI 4.048-MC, ADI 4.049-MC, ADI 3.949 e ADI 4.663 – o entendimento de ser possível submeter leis orçamentárias ao controle abstrato de constitucionalidade. Teria havido, assim, um processo de *revisão de jurisprudência*. Assim é que, no julgamento da ADI 5.449-MC (10/03/2016), o Plenário do STF, consolidando este posicionamento, afirmou ser possível a impugnação, em sede de controle abstrato de constitucionalidade, de leis orçamentárias. Consignou o

---

[29] ADI 2.484-MC. Rel. Min. Carlos Velloso, julgamento em 19/12/2001, Plenário, *DJ* de 14/11/2003.
[30] Possibilidade de submissão das normas orçamentárias ao controle abstrato de constitucionalidade: ADI 4.048-MC, Rel. Min. Gilmar Mendes, julgamento em 14/05/2008, Plenário, *DJE* de 22/08/2008. No mesmo sentido: ADI 3.949-MC, Rel. Min. Gilmar Mendes, julgamento em 14/08/2008, Plenário, *DJE* de 07/08/2009; ADI 4.426. Rel. Min. Dias Toffoli, julgamento em 09/02/2011, Plenário, *DJE* de 18/05/2011.

relator do acórdão, Ministro Teori Zavascki, que "Leis orçamentárias que materializem atos de aplicação primária da Constituição Federal podem ser submetidas a controle de constitucionalidade em processos objetivos".[31]

Finalmente, outra característica que merece destaque a respeito do orçamento público no Brasil é a forma de *elaboração mista do orçamento*, sendo a iniciativa privativa e vinculada do Poder Executivo (poder-dever), após receber as propostas dos demais Poderes e órgãos para compatibilização e unificação, cabendo ao Poder Legislativo votá-lo e aprová-lo como lei ordinária e, posteriormente, controlar sua execução, tal como veremos detalhadamente a seguir.

Essa característica revela, a partir do seu aspecto político, o viés democrático do orçamento público no Brasil, ao aproximar os Poderes Executivo e Legislativo no mesmo objetivo de elaboração, aprovação, execução e controle orçamentários, dentro de uma atuação necessariamente cooperativa.

Nesta esteira, desponta o controvertido debate sobre o *orçamento participativo* no Brasil, forma de participação popular em matéria orçamentária. Onde o modelo já existe, funciona como um "terceiro centro opinativo", através de assembleias locais, para colaborar com o Executivo e possibilitar maior capilarização na identificação das suas necessidades, em assuntos como saneamento, pavimentação, circulação e transporte, lazer, iluminação, meio ambiente etc., sendo ideal para os grandes centros urbanos, onde o cidadão se distancia da Administração Pública.

Na Constituição brasileira, a norma mais próxima à ideia de orçamento participativo situa-se no art. 29, incisos XII e XIII, que tratam da participação popular nas questões locais. Não há, entretanto, qualquer menção à vinculação das propostas populares e sua incorporação ao projeto de lei orçamentária, que é de iniciativa exclusiva do chefe

---

[31] Merece destaque o seguinte trecho do voto: "Tem plena razão a postulante quando pondera não persistir mais disceptação, na jurisprudência deste Supremo Tribunal Federal, a respeito da viabilidade de submeter leis orçamentárias a processos concentrados de fiscalização de constitucionalidade, quando diplomas dessa espécie veiculem ato de aplicação primária da Constituição Federal. Isto ficou expressamente definido nos acórdãos das medidas cautelares das ADIs 4048, Rel. Min. GILMAR MENDES; e 3949, Rel. Min. GILMAR MENDES, DJ de 7/8/09; e funcionou como pressuposto para a concessão monocrática de liminares em outros casos, tais como as ADIs 5381, Rel. Min. ROBERTO BARROSO, DJe de 1º/12/15; e 4663, Rel. Min. LUIZ FUX, DJe de 31/1/12. Vale consignar, inclusive, que estas últimas ações diretas tinham por objeto leis de diretrizes orçamentárias estaduais, tal como sucede na espécie. Portanto, o perfil orçamentário da norma em causa não representa qualquer impedimento ao conhecimento da ação".

do Poder Executivo. Resta-nos, assim, considerá-las como sugestões legitimadas pelo interesse público local.

Registre-se que o orçamento participativo apresenta vantagens e desvantagens. A primeira das vantagens é a de que haveria um fortalecimento da cidadania ao incluir a voz social no processo orçamentário. Ademais, seriam permitidas escolhas comunitárias sugeridas a partir de suas maiores necessidades, com legítimo conhecimento de causa. E, ainda, o cidadão teria amplo acesso e transparência quanto ao custo/benefício do orçamento. Já como desvantagens, haveria um possível enfraquecimento do atual modelo de representação política. Além disso, grupos de pressão e movimentos sociais poderiam atuar diretamente na elaboração do orçamento, afetando o seu conteúdo com interesses individuais e específicos. Haveria, ainda, a ausência de conhecimento técnico nas propostas originárias destes conselhos, além da falta de visão global da peça orçamentária, gerando eventual desequilíbrio fiscal. Por fim, o aumento da burocracia poderia engessar e dificultar a tomada de decisão.

2.3 Elaboração e execução do orçamento público

O orçamento público precisa ser elaborado de maneira a contemplar as reais necessidades da sociedade, conjugando-as com as pretensões e possibilidades de realização do governante. Igualmente, sua execução deve ser efetivada de forma a atender a suas previsões, com o máximo de transparência, eficiência e amplitude. Apesar de o orçamento público no Brasil ser apenas autorizativo e não impositivo, desconsiderar os programas, ações e despesas ali previstas seria depreciar a sua importância e menosprezar o trabalho conjunto do Poder Executivo e do Legislativo na sua elaboração e aprovação.

Para tanto, o Direito Financeiro brasileiro possui um complexo e eficaz sistema orçamentário disciplinando a participação harmônica e equilibrada do Poder Executivo e do Legislativo, que se traduz em um legítimo processo democrático. Tais normas orientam sua criação, interpretação, execução e avaliação. Sem elas, correríamos o risco de ter um orçamento que não representasse os anseios da sociedade, ou mesmo que não pudesse ser minimamente executado. Afinal, de nada adiantaria um orçamento público – documento de previsão de receitas e autorização de despesas – desprovido de legitimidade e de efetividade.

Assim como a Constituição Federal de 1988 apresenta as espécies de leis orçamentárias, suas funções e características, ela também indica o rito que deverá ser seguido para a sua elaboração, votação e aprovação. Por razões óbvias, a Carta Magna discorre sobre as leis orçamentárias apenas no âmbito federal. Mas, como já dissemos alhures, devido ao princípio da simetria das normas constitucionais, suas previsões deverão ser seguidas nas esferas estadual, municipal e distrital.

O art. 165 da Constituição prevê que as leis orçamentárias serão elaboradas por *iniciativa do Poder Executivo*. Este Poder tem o dever – iniciativa vinculada – de elaborar os projetos das leis orçamentárias, recebendo previamente as propostas dos demais Poderes e órgãos para compatibilização e unificação, tudo conforme estipulado conjuntamente na lei de diretrizes orçamentárias.

Por sua vez, o art. 84 da Constituição estabelece que, no caso da União, competirá privativamente ao Presidente da República enviar ao Congresso Nacional o plano plurianual, o projeto de lei de diretrizes orçamentárias e as propostas de orçamento (inciso XXIII).

De fato, o processo de elaboração do orçamento público em nível federal se inicia efetivamente na Secretaria de Orçamento Federal, que, após divulgar as regras gerais do orçamento, coordenará o sistema orçamentário da União, em conjunto com os demais órgãos dos três Poderes. O projeto de lei orçamentária será elaborado em conformidade com a lei de diretrizes orçamentárias – compreendendo a fixação dos objetivos para o período considerado –, bem como com o cálculo dos recursos humanos, materiais e financeiros necessários à sua execução.[32]

Juntamente com o projeto, o Presidente da República deverá encaminhar mensagem contendo exposição circunstanciada da situação econômico-financeira, documentada com a demonstração da dívida fundada e flutuante, saldos de créditos especiais, restos a pagar e outros compromissos financeiros exigíveis, bem como uma exposição e justificação da política econômica e financeira do Governo e, finalmente, uma justificação das receitas e despesas (art. 22 da Lei nº 4.320/1964).

Enquanto não for promulgada a lei complementar para estabelecer, dentre outras normas gerais orçamentárias, os prazos para sua elaboração e encaminhamento ao Poder Legislativo, conforme prevê o §9º do art. 165 da Constituição Federal de 1988, aplica-se o disposto no art. 35 do Ato das Disposições Constitucionais Transitórias, o qual define que: I – o projeto do plano plurianual, para vigência até o final do primeiro exercício financeiro do mandato presidencial subsequente, será encaminhado até quatro meses antes do encerramento do primeiro

---

[32] VASCONCELLOS, Alexandre. *Orçamento Público*. 2. ed. Rio de Janeiro: Ferreira, 2009. p. 44.

exercício financeiro e devolvido para sanção até o encerramento da sessão legislativa; II – o projeto de lei de diretrizes orçamentárias será encaminhado até oito meses e meio antes do encerramento do exercício financeiro e devolvido para sanção até o encerramento do primeiro período da sessão legislativa; III – o projeto de lei orçamentária da União será encaminhado até quatro meses antes do encerramento do exercício financeiro e devolvido para sanção até o encerramento da sessão legislativa.

E caso não receba a proposta orçamentária no prazo fixado, o Poder Legislativo considerará como proposta a Lei de Orçamento vigente (art. 32, Lei nº 4.320/1964).

Após encaminhar os projetos de leis orçamentárias, é permitido ao Presidente da República enviar mensagem ao Congresso Nacional para propor modificação nos projetos enquanto não iniciada a votação, na Comissão mista, da parte cuja alteração é proposta (§5º, art. 166, CF/1988).

Regularmente elaborados pelo Executivo, os projetos de lei relativos ao plano plurianual, às diretrizes orçamentárias, ao orçamento anual e aos créditos adicionais serão apreciados pelas duas Casas do Congresso Nacional, na forma do regimento comum (art. 166, CF/1988).

A partir desse momento, a competência para dar seguimento à criação das leis orçamentárias passa a ser do Poder Legislativo. É a concretização da participação popular no orçamento, através dos seus representantes eleitos.

O processo de análise e votação dos projetos orçamentários será realizado ao longo do prazo previsto em lei, que se inicia após o encaminhamento pelo Poder Executivo ao Legislativo, e deverá terminar, preferencialmente, logo antes do início do exercício financeiro em que vigerão as leis orçamentárias devidamente aprovadas, quando então serão executadas.

A apreciação dos projetos ficará a cargo da *Comissão Mista* permanente de Senadores e Deputados a que alude o §1º do art. 166 da Constituição Federal. A Resolução nº 01/2006 do Congresso Nacional dispõe sobre a referida comissão, que foi denominada *Comissão Mista de Planos, Orçamentos Públicos e Fiscalização – CMO*, composta de 40 (quarenta) membros titulares, sendo 30 (trinta) Deputados Federais e 10 (dez) Senadores, com igual número de suplentes.

Durante a análise e apreciação dos projetos, será possível aos congressistas oferecerem *emendas aos projetos de leis orçamentárias*, que serão apresentadas na Comissão mista, que sobre elas emitirá parecer, e apreciadas, na forma regimental, pelo Plenário das duas Casas do

Congresso Nacional. As emendas ao projeto de lei do orçamento anual ou aos projetos que o modifiquem somente podem ser aprovadas caso: I – sejam compatíveis com o plano plurianual e com a lei de diretrizes orçamentárias; II – indiquem os recursos necessários, admitidos apenas os provenientes de anulação de despesa, excluídas as que incidam sobre: a) dotações para pessoal e seus encargos; b) serviço da dívida; c) transferências tributárias constitucionais para Estados, Municípios e Distrito Federal; ou III – sejam relacionadas: a) com a correção de erros ou omissões; ou b) com os dispositivos do texto do projeto de lei. (§§2º e 3º do art. 166, CF/1988).

Encerradas as análises, emitido o parecer pela Comissão Mista, os projetos de leis orçamentárias serão votados pelo Plenário do Congresso Nacional.

Aprovado e decretado pelo Poder Legislativo, o projeto será encaminhado ao Presidente da República para a respectiva sanção presidencial, promulgação e publicação no *Diário Oficial*.

É possível, entretanto, que o Presidente da República vete – total ou parcialmente – a proposta orçamentária. Neste caso, o projeto será devolvido ao Congresso Nacional no prazo de 15 dias, com a comunicação das razões do veto, para ser analisado e votado no Legislativo no prazo de 30 dias. Se o veto for rejeitado, será devolvido ao Presidente da República para promulgação final. Se o veto for mantido, o projeto será promulgado pelo Executivo sem a parte que foi vetada.

Se o exercício financeiro se iniciar sem que tenha sido aprovado o projeto de lei orçamentária, entende-se que a lei orçamentária do ano anterior servirá de base provisória para a realização de despesas, na proporção de 1/12 avos (duodécimos), até a sua regular aprovação. Essa regra decorre da interpretação do art. 32 da Lei nº 4.320/1964. Como sabemos, vige no Direito Financeiro brasileiro o princípio da legalidade orçamentária, segundo o qual não poderá haver nenhuma despesa sem a devida e regular previsão legal que a autorize. Nesse sentido, o inciso I do art. 167 da Constituição Federal de 1988 proíbe o início de programas ou projetos não incluídos na lei orçamentária anual. Igualmente, segundo o art. 6º da Lei nº 4.320/1964, todas as despesas devem constar da lei orçamentária.

No processo de execução do orçamento, diz-se que a sua natureza é meramente *autorizativa* e não impositiva, cuja função é permitir a realização das despesas públicas, sem, contudo, obrigar a Administração Pública a cumprir suas previsões. Assim, o orçamento apenas autorizaria a atividade financeira, não impondo ou vinculando a seus termos a atuação do Estado, que mantém sua autonomia política em matéria financeira. Justifica-se tal característica pela necessidade de se dotar o Poder Executivo de flexibilidade na execução orçamentária.

Nesse sentido, afirma Eduardo Mendonça que "o orçamento no Brasil é autorizativo, do que decorre a conclusão de que as previsões de gastos não são obrigatórias apenas por terem sido nele previstas". E mais adiante sintetiza: "orçamento autorizativo, no Brasil, significa o poder de não gastar".[33]

A norma que fundamenta o modelo orçamentário brasileiro como sendo meramente autorizativo decorre da interpretação do §8º do art. 165 da Constituição Federal de 1988, o qual diz que "a lei orçamentária anual não conterá dispositivo estranho *à previsão* da receita e *à fixação* da despesa". Entende-se que o termo "fixação" não equivaleria a uma obrigação de realização, mas tão somente ao estabelecimento de um limite para a realização da despesa.

De qualquer forma, entendemos que a característica autorizativa do orçamento público no Brasil não é absoluta, pois há diversas despesas que precisam necessariamente ser previstas e efetivamente executadas. Isso porque identificamos, paralelamente às despesas públicas de deliberação política, que existem também as despesas públicas fixadas pela Constituição (*e.g.*, §2º, art. 198; art. 212; arts. 74, 77 e 79 do Ato das Disposições Constitucionais Transitórias), consideradas rígidas e inafastáveis, uma vez que essas previsões criariam deveres para o Estado perante a coletividade e direitos subjetivos para o cidadão, direcionando e condicionando a atuação do administrador público. Temos de considerar também, como despesas fixas ou obrigatórias, as despesas de pessoal e encargos sociais, de benefícios previdenciários, de programas de seguro-desemprego, da dívida pública, contratual e mobiliária e de precatórios. Além disso, a partir da constatação de que a Constituição impõe ao Estado uma série de deveres que não podem ser desconsiderados e que geram direitos subjetivos ao cidadão, especialmente nas áreas dos direitos sociais e fundamentais como a saúde, educação etc., desponta a justificativa para a judicialização dos direitos, fenômeno crescente no Brasil na última década.

Portanto, se ainda temos arraigado na tradição orçamentária brasileira o entendimento de que o orçamento público tem natureza meramente autorizativa, é inegável reconhecer que estamos

---

[33] MENDONÇA, Eduardo. Da Faculdade de Gastar ao Dever de Agir: O Esvaziamento Contramajoritário de Políticas Públicas. In: SARMENTO, Daniel; SOUZA NETO, Claudio Pereira de. (Coords.). *Direitos Sociais*. Fundamentos, Judicialização e Direitos Sociais em Espécie. Rio de Janeiro: Lumen Juris, 2008. p. 233-234.

caminhando – a passos largos – para a compreensão de que o orçamento tem efetivo caráter impositivo, já que a lei orçamentária deve refletir os comandos constitucionais que conduzem a Administração Pública na concreção das políticas públicas previstas na Carta Maior.

Passa-se agora à análise do *ciclo orçamentário*, que compreende o conjunto de etapas que se inicia com a elaboração do projeto de lei, segue pelas análises, debates e votação no Legislativo, envolve sua execução e controle e se encerra com a avaliação do seu cumprimento.

Uma vez aprovada, sancionada e publicada a lei orçamentária anual, o orçamento passa a ser executado, concretizando-se os programas e as ações nele previstos, realizando-se as despesas fixadas conforme as dotações ali destinadas. Nessa fase, cada um dos órgãos públicos recebe a sua dotação orçamentária, no processo denominado descentralização dos créditos orçamentários, para que cada Unidade Gestora Administrativa realize suas despesas, na forma do cronograma estabelecido para cada rubrica.

Para permitir uma avaliação eficaz da sua execução, o §3º do art. 165 da Constituição prevê que o Poder Executivo publicará, até trinta dias após o encerramento de cada bimestre, relatório resumido da execução orçamentária.

Por sua vez, a Lei de Responsabilidade Fiscal (LC nº 101/2000) estabelece no seu art. 8º que até trinta dias após a publicação dos orçamentos, nos termos em que dispuser a lei de diretrizes orçamentárias, o Poder Executivo estabelecerá a programação financeira e o cronograma de execução mensal de desembolso.

E o art. 9º da mesma lei determina que, se verificado, ao final de um bimestre, que a realização da receita poderá não comportar o cumprimento das metas de resultado primário ou nominal estabelecidas no Anexo de Metas Fiscais do respectivo orçamento, os Poderes e o Ministério Público promoverão, por ato próprio e nos montantes necessários, nos trinta dias subsequentes, limitação de empenho e movimentação financeira, segundo os critérios fixados pela lei de diretrizes orçamentárias.

Assim, a limitação de empenho é o mecanismo utilizado para impedir a realização de determinada despesa caso a respectiva receita fique prejudicada ao longo do processo de arrecadação. Porém, no caso de restabelecimento da receita prevista, ainda que parcial, a recomposição das dotações cujos empenhos foram limitados dar-se-á de forma proporcional às reduções efetivadas (§1º). Ressalve-se que não serão objeto de limitação as despesas que constituam obrigações constitucionais e legais do ente, inclusive aquelas destinadas ao pagamento do serviço da dívida, e as ressalvadas pela Lei de Diretrizes Orçamentárias (§2º).

Até o final dos meses de maio, setembro e fevereiro, o Poder Executivo demonstrará e avaliará o cumprimento das metas fiscais de cada quadrimestre, em audiência pública na comissão referida no §1º do art. 166 da Constituição ou equivalente nas Casas Legislativas estaduais e municipais (§4º).

No prazo de noventa dias após o encerramento de cada semestre, o Banco Central do Brasil apresentará, em reunião conjunta das comissões temáticas pertinentes do Congresso Nacional, avaliação do cumprimento dos objetivos e metas das políticas monetária, creditícia e cambial, evidenciando o impacto e o custo fiscal de suas operações e os resultados demonstrados nos balanços (§5º).

2.4 Princípios orçamentários no Brasil

Para conferir efetividade e legitimidade ao orçamento público no Brasil, há um conjunto de princípios que influenciam a elaboração dos projetos das leis orçamentárias e a posterior aprovação pelo Poder Legislativo, facilitam a interpretação pelos usuários e interessados e, finalmente, permitem sua execução de maneira mais ampla e eficaz.

Independentemente dos princípios específicos orçamentários (adiante relacionados), o Estado deverá sempre pautar-se pelos princípios genéricos da atividade administrativa, que expressam os valores do Estado Democrático de Direito, conforme estabelece o art. 37 da Constituição Federal. São eles: a) *legalidade*: na atividade administrativa só se pode fazer o que estiver permitido em lei; b) *impessoalidade*: a Administração Pública tem o dever de tratar a todos que com ela se relacionam, direta ou indiretamente, da mesma maneira; c) *moralidade*: a Administração Pública e seus agentes devem atuar observando os padrões éticos, de probidade e lealdade com a coisa pública, sob pena de se configurar crime de responsabilidade (art. 85, V, CF/1988), possibilitando a propositura, inclusive, de ação popular (art. 5º, LXXIII, CF/1988); d) *publicidade*: é a exigência da ampla divulgação dos atos praticados pela Administração Pública; e) *eficiência*: a Administração Pública deve agir de modo a produzir o melhor resultado com o mínimo de recursos e esforços.

Quanto aos *princípios orçamentários específicos*, que garantem efetividade e legitimidade ao orçamento público, destacaremos os mais relevantes: a) princípio orçamentário da legalidade; b) princípio orçamentário da anualidade; c) princípio orçamentário da unidade; d) princípio orçamentário da universalidade; e) princípio orçamentário da exclusividade; e) princípio orçamentário da programação; f) princípio orçamentário da não vinculação; g) princípio orçamentário da limitação; h) princípio orçamentário da publicidade; i) princípio orçamentário da tecnicidade; j) princípio orçamentário da transparência; k) princípio orçamentário do equilíbrio fiscal.

O *princípio orçamentário da legalidade* determina que a Administração Pública realize suas atividades segundo as previsões das leis orçamentárias. A Constituição Federal de 1988 prevê expressamente em seu art. 165 que o Poder Executivo terá a iniciativa para estabelecer a lei do plano plurianual, a lei de diretrizes orçamentárias e a lei orçamentária anual. Portanto, será sempre a partir das previsões de receitas e das autorizações de despesas que a Administração Pública exercerá sua atividade financeira. Embora a arrecadação não dependa da legislação orçamentária, a despesa deve ser realizada de acordo com o que foi previsto e autorizado no orçamento, sob pena de se configurar uma conduta ilícita, prevista no art. 315 do Código Penal, que tipifica o ato de "Dar *às* verbas ou rendas públicas aplicação diversa da estabelecida em lei". Porém, mais relevante é a limitação prevista no inciso II do art. 167 da Constituição Federal, que veda "a realização de despesas ou a assunção de obrigações diretas que excedam os créditos orçamentários ou adicionais". Temos, também, o art. 15 da Lei de Responsabilidade Fiscal, que considera como "não autorizada, irregular ou lesiva ao patrimônio público" a geração de despesas em desacordo com a lei.

O *princípio orçamentário da anualidade* indica que o prazo de vigência da lei orçamentária será anual, devendo esta ser elaborada, votada e aprovada anualmente. Portanto, este princípio reflete a periodicidade do orçamento. Assim, a Constituição Federal prevê expressamente que os orçamentos serão anuais (art. 165, III). Por sua vez, a Lei nº 4.320/1964 estabelece que o exercício financeiro coincidirá com o ano civil (art. 34) e que a Lei do Orçamento obedecerá, dentre outros princípios, ao da anualidade (art. 2º). O fundamento deste princípio é o de obrigar o Poder Executivo a rever anualmente a sua programação de prioridades, atividades e investimentos, além de permitir ao Poder Legislativo controlar com maior frequência esta atividade da Administração Pública, o que garante maior legitimidade ao processo como um todo.[34]

---

[34] Esclareça-se que o *Princípio da Anualidade Orçamentária*, que está em vigor, não se confunde com o extinto *Princípio da Anualidade Tributária*, que condicionava a arrecadação de tributos a sua prévia previsão no orçamento anual, já que em comum possuem apenas o prenome.

O *princípio orçamentário da unidade* determina que a lei orçamentária seja uma só, reunindo todas as receitas e despesas do Estado, a fim de permitir uma análise global, proporcionando um controle mais efetivo. Refere-se, portanto, à forma de um *documento uno*. Não obstante, a Constituição Federal de 1988 prevê a existência nesse documento de três partes específicas: orçamento fiscal, de investimento e da seguridade social (§5º, art. 165). Assim, esclarece Ricardo Lobo Torres[35] que "o princípio da unidade já não significa a existência de um *único* documento, mas a integração finalística e a harmonização entre os diversos orçamentos". Entretanto, surge o entendimento de que esse princípio estaria esvaziado a partir do texto constitucional de 1988, dando origem a outro princípio, denominado *princípio da totalidade orçamentária*, segundo o qual se admite a existência de orçamentos setoriais, desde que, ao final, eles se consolidem num documento que possibilite ao governo ter uma visão geral do conjunto das finanças públicas.[36] Segundo James Giacomoni, a concepção da totalidade orçamentária considera os múltiplos orçamentos elaborados de forma individual – fiscal, de investimentos e de seguridade social –, devendo ser, ao final, consolidados, a fim de permitir o conhecimento do desempenho global das finanças públicas.[37]

O *princípio orçamentário da universalidade* indica que todos os valores, independentemente de sua espécie, natureza, procedência ou destinação, deverão estar contidos no orçamento como sendo um plano financeiro global, prevendo todas as receitas e despesas pelo seu valor total bruto, sem deduções ou exclusões, a fim de oferecer ao Poder Legislativo uma exata demonstração das despesas nele autorizadas. Sua previsão encontra-se não apenas no art. 2º, que expressamente impõe o respeito ao princípio, mas também nos arts. 4º e 6º da Lei nº 4.320/1964.

O *princípio orçamentário da exclusividade* veda que a lei orçamentária trate de qualquer outra matéria que não seja referente a receitas e despesas. Diz o §8º do art. 165 da Constituição que "a lei orçamentária anual não conterá dispositivo estranho *à* previsão da receita e *à* fixação da despesa". Assim, a lei do orçamento anual deverá se prestar, apenas e exclusivamente, a prever as receitas e autorizar as despesas do Estado.

---

[35] TORRES, Ricardo Lobo. *Curso de Direito Financeiro e Tributário*. 18. ed. Rio de Janeiro: Renovar, 2011. p. 118.
[36] MENDES, Gilmar Ferreira; COELHO, Inocêncio Mártires; BRANCO, Paulo Gustavo Gonet. *Curso de Direito Constitucional*. 4. ed. São Paulo: Saraiva, 2009. p. 1.402.
[37] GIACOMONI, James. *Orçamento Público*. 13. ed. São Paulo: Atlas, 2005. p. 73.

O *princípio orçamentário da programação* revela o atributo de instrumento de gestão que o orçamento possui, devendo apresentar programaticamente o plano de ação do governo para o período a que se refere, integrando, de modo harmônico, as previsões da lei orçamentária, da lei do plano plurianual e da lei de diretrizes orçamentárias. Este princípio, também denominado de *princípio do planejamento*, revela as diretrizes, metas e prioridades da Administração Pública, inclusive os programas de duração continuada.

O *princípio orçamentário da não vinculação* de receitas impede a vinculação do produto da arrecadação dos impostos a uma destinação específica, seja para uma despesa, um órgão ou um fundo.[38] O seu objetivo é permitir que o Estado tenha liberdade e flexibilidade para aplicar os recursos dessa espécie de receita pública onde for mais conveniente e necessário, sem estar adstrito a uma despesa previamente vinculada, garantindo-se, assim, o custeio das despesas que se forem realizando ao longo do exercício financeiro, inclusive as urgentes, imprevistas ou extraordinárias. Evita-se, ademais, a criação de impostos específicos para atender a determinados interesses políticos que demandam financiamento próprio.

O *princípio orçamentário da limitação* condiciona a realização de despesas e a utilização de créditos ao montante previsto no orçamento. Decorre do art. 167 da Constituição Federal, que veda o início de programas ou projetos não incluídos na lei orçamentária anual, a realização de despesas ou a assunção de obrigações diretas que excedam os créditos orçamentários ou adicionais, a realização de operações de créditos que excedam o montante das despesas de capital (ressalvadas as autorizadas mediante créditos suplementares ou especiais com finalidade precisa), a abertura de crédito suplementar ou especial sem prévia autorização legislativa e sem indicação dos recursos correspondentes, a transposição, o remanejamento ou a transferência de recursos de uma

---

[38] Existem, porém, diversas exceções a esse princípio no texto constitucional, a saber: o inciso IV do art. 167 excepciona a não vinculação aos casos da repartição do produto da arrecadação dos impostos, da destinação de recursos para as ações e serviços públicos de saúde, para manutenção e desenvolvimento do ensino e para a realização de atividades da administração tributária, e da prestação de garantias às operações de crédito por antecipação de receita; o §2º do art. 198 traz a exceção para a aplicação anual de recursos mínimos em ações e serviços públicos de saúde; o parágrafo único do art. 204 faculta a vinculação de certo percentual das receitas tributárias (o que inclui receita de impostos) a programa de apoio à inclusão e promoção social, proibindo, entretanto, a aplicação desses recursos no pagamento de despesas com pessoal e encargos sociais, serviço da dívida ou de qualquer outra despesa corrente não vinculada diretamente aos investimentos ou ações apoiados; o art. 212 determina a aplicação de percentual mínimo da arrecadação de impostos na manutenção e desenvolvimento do ensino.

categoria de programação para outra ou de um órgão para outro, sem prévia autorização legislativa, a concessão ou utilização de créditos ilimitados, a utilização, sem autorização legislativa específica, de recursos dos orçamentos fiscal e da seguridade social para suprir necessidade ou cobrir déficit de empresas, fundações e fundos. Encontramos, também, a sua previsão no §1º do art. 1º da Lei de Responsabilidade Fiscal (Lei Complementar nº 101/2000), que determina a obediência a limites e condições no que tange à renúncia de receita, geração de despesas com pessoal, da seguridade social e outras, dívidas consolidada e mobiliária, operações de crédito, inclusive por antecipação de receita, concessão de garantia e inscrição em Restos a Pagar.

O *princípio orçamentário da publicidade* determina que, como lei emanada do Poder Legislativo, o orçamento deverá ser divulgado através dos meios oficiais de comunicação, inclusive devendo ser publicado em *Diário Oficial* (art. 166, §7º, CF/1988). O art. 48 da LC nº 101/2000 fala, também, em divulgação por meios eletrônicos. A finalidade desse princípio, portanto, é permitir que todo cidadão tenha acesso ao seu conteúdo.

O *princípio orçamentário da tecnicidade* impõe ao orçamento características que permitam ao usuário sua ampla compreensão, resumindo-se em: I – *uniformidade* ou *padronização* na apresentação dos seus dados, possibilitando ao usuário realizar comparações e análises; II – *clareza* na evidenciação do seu conteúdo; III – *especificação* na classificação e na designação das suas informações, preconizando a identificação de todas as rubricas de receitas e despesas, apresentando-as de maneira analítica e detalhada.

O *princípio orçamentário da transparência* obriga não somente à ampla divulgação do orçamento, mas principalmente a que as previsões orçamentárias, tanto de receitas, despesas, renúncias ou programas, sejam dispostas de maneira facilmente compreensível para todos, não apenas para o seu executor, como também para o cidadão interessado, e, inclusive, para os órgãos de controle e fiscalização. O objetivo é coibir a existência de despesas obscuras ou a inclusão de verbas, programas, projetos ou benefícios fiscais imprecisos ou inexplicáveis que, por falta de clareza ou transparência, possam induzir a erro ou serem manipulados para atender a objetivos diversos dos originalmente previstos e aprovados. Nesse sentido, o §6º do art. 165 da Constituição Federal diz que o projeto de lei orçamentária será acompanhado de demonstrativo regionalizado do efeito, sobre as receitas e despesas, decorrente de isenções, anistias, remissões, subsídios e benefícios de natureza financeira, tributária e creditícia.

O *princípio orçamentário do equilíbrio fiscal* recomenda que para toda despesa haja uma receita a financiá-la, a fim de evitar o surgimento de déficits orçamentários crescentes ou descontrolados, que possam prejudicar as contas públicas presentes e futuras. Representa a verdadeira estabilidade financeira e é um dos pilares do crescimento sustentado do Estado. A sua previsão legal encontra-se no §1º do art. 1º da Lei de Responsabilidade Fiscal, que estabelece a ação planejada e transparente para a prevenção de riscos e a correção de desvios capazes de afetar o equilíbrio das contas públicas, mediante o cumprimento de metas de resultados entre receitas e despesas e a obediência a limites e condições no que tange à renúncia de receita, geração de despesas com pessoal, da seguridade social e outras, dívidas consolidada e mobiliária, operações de crédito, inclusive por antecipação de receita, concessão de garantia e inscrição em Restos a Pagar. Com igual sentido, o art. 4º, inciso I, letra *a* da mesma Lei Complementar nº 101/2000, determina que a lei de diretrizes orçamentárias disponha sobre o equilíbrio entre receitas e despesas.

CAPÍTULO III

O ORÇAMENTO PÚBLICO EM PORTUGAL

Com cerca de 10 milhões de habitantes distribuídos nos seus 92 mil quilômetros quadrados e um PIB que gira em torno de 185 milhões de Euros, mas com uma situação de dívida pública e de *déficit* orçamental elevados para os padrões pretendidos pela União Europeia, a temática fiscal e orçamentária em Portugal ganha cada vez mais importância nas últimas décadas.

Por decorrência do Pacto Orçamental Europeu, e do anterior Pacto de Estabilidade e Crescimento, além da alteração no modelo orçamental com a edição de uma nova Lei de Enquadramento Orçamental (Lei nº 151/2015), medidas como reestruturação do modelo de funcionalismo público, reorganização dos serviços públicos e reforma do sistema de seguridade social foram algumas das providências concretas implementadas por Portugal nos últimos anos na busca da governança e da sustentabilidade das suas finanças públicas.

Mas para compreendermos adequadamente o modelo orçamental português, devemos conhecer as linhas básicas da sua estrutura de Estado e de Governo.

Assim, inicialmente, cabe mencionar que Portugal adota a forma *republicana* de Governo e *unitária* de Estado, nos termos do art. 1º e 6º da sua Constituição de 1976:

> Artigo 1º (República Portuguesa):
> Portugal é uma República soberana, baseada na dignidade da pessoa humana e na vontade popular e empenhada na construção de uma sociedade livre, justa e solidária.
> Artigo 6º (Estado unitário)
> 1. O Estado é unitário e respeita na sua organização e funcionamento o regime autonómico insular e os princípios da subsidiariedade, da autonomia das autarquias locais e da descentralização democrática da administração pública.

2. Os arquipélagos dos Açores e da Madeira constituem regiões autónomas dotadas de estatutos político-administrativos e de órgãos de governo próprio.

Não obstante, ao estabelecer expressamente a "autonomia das autarquias locais e da descentralização democrática da administração pública", pode-se afirmar tratar-se de um Estado Unitário "descentralizado", significando manter a sua unidade política com um modelo de descentralização administrativa. Neste sentido, afirma Jorge Miranda:[39]

> Um dos aspectos mais inovadores e interessantes da Constituição de 1976 encontra-se na consideração da democracia como democracia descentralizada, particularmente no âmbito da descentralização territorial. (...) O Estado português continua unitário (...), sem embargo de ser também descentralizado – ou seja, capaz de distribuir funções e poderes de autoridade por centros de interesses ou comunidades diferenciadas existentes no seu seio.

Importante desde já registrar que este modelo de Estado Unitário descentralizado forjado por Portugal reflete sua face em seu sistema orçamentário ao estabelecer a independência dos orçamentos das autarquias locais e das regiões autônomas dos Açores e da Madeira em relação ao Orçamento do Estado, tal como prescreve o art. 9º, §2º da Lei de Enquadramento Orçamental, ao especificar que os "orçamentos das regiões autónomas e das autarquias locais são independentes do Orçamento do Estado e compreendem todas as receitas e despesas das administrações regional e local, respectivamente". Neste sentido afirmam José Joaquim Gomes Canotilho e Vital Moreira:[40]

> Como o próprio nome sugere, o orçamento do Estado diz respeito ao Estado, em sentido estrito, incluindo a respectiva administração indireta, mas sem abranger as regiões autónomas e as autarquias locais, as quais têm orçamentos próprios, independentes daquele, aprovados pelas respectivas assembleias representativas.

---

[39] MIRANDA, Jorge. *Manual de direito constitucional*. T. 1. Coimbra: Coimbra Editora, 1990. p. 363.
[40] CANOTILHO, J. J. Gomes; MOREIRA, Vital. *Constituição da República Portuguesa anotada*. v. 1. São Paulo: Revista dos Tribunais, 2007. p. 1.104.

Já ao tratar da forma republicana de governo de Portugal, Canotilho[41] ressalta as suas várias dimensões: i) a radical incompatibilidade de um governo republicano com o princípio monárquico e com os privilégios hereditários e títulos nobiliárquicos; ii) a existência de um catálogo de liberdades positivas e negativas; iii) a necessidade de legitimação do poder político pelo povo; e iv) a adoção de critérios que garantam igualdade de oportunidades no acesso à função pública e aos cargos públicos.

Destaque-se, ainda, que Portugal adota o sistema *parlamentarista* de governo, que se revela pela distinção entre Chefe de Estado e Chefe de Governo com a interdependência entre os Poderes Executivo e Legislativo. Assim, identificam-se nas figuras de Chefe do Estado e de Chefe do Governo, o Presidente da República – representante legítimo do Estado e garantidor da unidade e independência nacionais (art. 120 da Constituição Portuguesa)[42] – e o Primeiro-Ministro – responsável pela condução da política geral do país e comando superior da administração pública (arts. 182 e 183 da Constituição Portuguesa).[43]

Traçados esses singelos aspectos da estrutura de Estado e do sistema de governo de Portugal, é importante registrar que o conhecimento das características do modelo orçamental português, dentro da realização de um estudo comparado, é medida didaticamente imprescindível para a compreensão dos institutos de direito financeiro que esta nação-irmã possui e que se pretende avaliar para fins de reflexão e proposição de aperfeiçoamento do modelo brasileiro.

3.1 Orçamento público em Portugal

Na atividade orçamental, a Constituição Portuguesa atribuiu papel de destaque ao Poder Legislativo, desde o processo de elaboração do orçamento público até o controle da execução do mesmo, dentro do

---

[41] CANOTILHO, J. J. Gomes. *Direito constitucional e teoria da Constituição*. 7. ed. Coimbra: Almedina, 2003. p. 222-223.
[42] Constituição da República Portuguesa: Artigo 120. Definição. "O Presidente da República representa a República Portuguesa, garante a independência nacional, a unidade do Estado e o regular funcionamento das instituições democráticas e é, por inerência, Comandante Supremo das Forças Armadas".
[43] Constituição da República Portuguesa: Artigo 182. Definição. "O Governo é o órgão de condução da política geral do país e o órgão superior da administração pública. Artigo 183. Composição. 1. O Governo é constituído pelo Primeiro-Ministro, pelos Ministros e pelos Secretários e Subsecretários de Estado".

ideal de democracia fiscal e de autoconsentimento da sociedade nas escolhas e realização da despesa pública.[44]

Assim é que encontramos no texto constitucional português a previsão do *princípio da legalidade orçamentária*, mandamento que vincula o Governo à autorização política da Assembleia da República para a atuação financeira em cada ano.[45] Por ele, o orçamento público do Estado português, elaborado de acordo com os parâmetros da Lei de Enquadramento Orçamental (LEO), se materializa em uma lei formal aprovada anualmente pela Assembleia da República, conforme previsto nos arts. 106, §1º, e 161, "g", da Constituição portuguesa, ora transcritos:

> Artigo 106 (Elaboração do Orçamento).
> 1. A lei do Orçamento é elaborada, organizada, votada e executada, anualmente, de acordo com a respectiva lei de enquadramento, que incluirá o regime atinente à elaboração e execução dos orçamentos dos fundos e serviços autónomos. (...)
>
> Artigo 161 (Competência política e legislativa).
> Compete à Assembleia da Republica: (...)
> g) Aprovar as leis das grandes opções dos planos nacionais e o Orçamento do Estado, sob proposta do Governo;

Mas conforme relato de José Joaquim Gomes Canotilho,[46] no texto original de 1976 da Constituição da República Portuguesa, a competência da Assembleia da República era tão somente para a aprovação das bases de orçamento, dentro de cujos limites o Governo aprovava o orçamento propriamente dito. Todavia, esse sistema foi suprimido em 1982, na 1ª revisão constitucional, por meio da qual se passou a prever que a Assembleia da República deveria aprovar o próprio orçamento,

---

[44] "O orçamento reveste a forma de lei – lei do orçamento – e a sua aprovação é da competência exclusiva da AR [Assembleia da República], em consonância com o clássico princípio representativo da aprovação parlamentar do orçamento e com o correspondente princípio do Estado de direito democrático" (CANOTILHO, J. J. Gomes; MOREIRA, Vital. *op. cit.* p. 1.116).

[45] Conforme leciona Tiago Duarte sobre a natureza impositiva do orçamento em Portugal: "De fato, apesar de se ter optado pela manutenção de um dualismo orçamental em sede de aprovação, nem por isso vingou o sistema governamentalista de 1933, em cujo contexto a lei de meios assumia uma vertente meramente autorizativa do Governo, não logrando (...) revelar-se como lei materialmente conformadora e legislativamente densificada" (*A lei por detrás do orçamento*: a questão constitucional da lei do orçamento. Coimbra: Almedina, 2007. p. 154).

[46] CANOTILHO, J. J. Gomes; MOREIRA, Vital. *op. cit.* p. 1.116.

em nítido fortalecimento do Poder Legislativo face ao Executivo. Nas palavras daquele constitucionalista:[47]

> o orçamento do Estado é uma figura compósita, já que abrange duas componentes: a) o orçamento do Estado, propriamente dito; b) o orçamento da seguridade social, a qual possui um regime financeiro próprio.

Neste sentido, o orçamento e suas características estão delineados no art. 105 da Constituição portuguesa:

> 1. O Orçamento do Estado contém:
> a) A discriminação das receitas e despesas do Estado, incluindo as dos fundos e serviços autónomos;
> b) O orçamento da segurança social.
> 2. O Orçamento é elaborado de harmonia com as grandes opções em matéria de planeamento e tendo em conta as obrigações decorrentes de lei ou de contrato.
> 3. O Orçamento é unitário e especifica as despesas segundo a respectiva classificação orgânica e funcional, de modo a impedir a existência de dotações e fundos secretos, podendo ainda ser estruturado por programas.
> 4. O Orçamento prevê as receitas necessárias para cobrir as despesas, definindo a lei as regras da sua execução, as condições a que deverá obedecer o recurso ao crédito público e os critérios que deverão presidir às alterações que, durante a execução, poderão ser introduzidas pelo Governo nas rubricas de classificação orgânica no âmbito de cada programa orçamental aprovado pela Assembleia da República, tendo em vista a sua plena realização.

Já a *elaboração* e a *fiscalização* orçamental vêm definidas nos arts. 106 e 107 da Carta lusa:

> Artigo 106º (Elaboração do Orçamento)
> 1. A lei do Orçamento é elaborada, organizada, votada e executada, anualmente, de acordo com a respectiva lei de enquadramento, que incluirá o regime atinente à elaboração e execução dos orçamentos dos fundos e serviços autónomos.
> 2. A proposta de Orçamento é apresentada e votada nos prazos fixados na lei, a qual prevê os procedimentos a adoptar quando aqueles não puderem ser cumpridos.

---

[47] *Ibidem*. p. 1.105.

3. A proposta de Orçamento é acompanhada de relatórios sobre:
a) A previsão da evolução dos principais agregados macroeconómicos com influência no Orçamento, bem como da evolução da massa monetária e suas contrapartidas;
b) A justificação das variações de previsões das receitas e despesas relativamente ao Orçamento anterior;
c) A dívida pública, as operações de tesouraria e as contas do Tesouro;
d) A situação dos fundos e serviços autónomos;
e) As transferências de verbas para as regiões autónomas e as autarquias locais;
f) As transferências financeiras entre Portugal e o exterior com incidência na proposta do Orçamento;
g) Os benefícios fiscais e a estimativa da receita cessante.

Artigo 107º (Fiscalização)
A execução do Orçamento será fiscalizada pelo Tribunal de Contas e pela Assembleia da República, que, precedendo parecer daquele tribunal, apreciará e aprovará a Conta Geral do Estado, incluindo a da segurança social.

Nesses dispositivos constitucionais citados, já podemos identificar alguns princípios orçamentais portugueses, especialmente o *princípio da unidade* (art. 105º, §3º), o *princípio do equilíbrio* (art. 105º, §4º) e o *princípio da anualidade* (art. 106º, §1º).

Percebe-se que o constituinte português não foi tão analítico e sistemático quanto o brasileiro ao definir apenas de maneira pontual as questões orçamentais no texto da Carta, deixando ao legislador ordinário lusitano a tarefa de conferir maior concretude e detalhamento à normativa orçamentária.

Assim, cabe à Lei de Enquadramento Orçamental – LEO (Lei nº151/2015) a tarefa de estabelecer as normas gerais do orçamento público português. Assim é que no seu art. 1º a LEO prevê "os princípios e as regras orçamentais aplicáveis ao setor das administrações públicas", bem como o "regime do processo orçamental, as regras de execução, de contabilidade e reporte orçamental e financeiro, bem como as regras de fiscalização, de controlo e auditoria orçamental e financeira, respeitantes ao perímetro do subsetor da administração central e do subsetor da segurança social".

Inequivocamente podemos comparar as brasileiras leis de Direito Financeiro – a Lei nº 4.320/1964 (Lei Geral dos Orçamentos) e a Lei Complementar nº 101/2000 (Lei de Responsabilidade Fiscal) – com a Lei de Enquadramento Orçamental do direito financeiro português.

Por sua vez, o orçamento público português se materializa anualmente na Lei do Orçamento do Estado, que aglutina a generalidade das receitas e despesas do Estado, acolhendo as receitas e despesas dos serviços integrados, dos serviços e fundos autônomos e as receitas e despesas da seguridade social. Há, ainda, os orçamentos das autarquias locais, que compreende os orçamentos dos municípios e das freguesias, bem como os orçamentos das regiões autônomas.[48] A Lei do Orçamento do Estado é integrada por: a) um articulado; b) mapas contábeis; c) demonstrações orçamentais e financeiras.

Outro relevante elemento integrante do sistema orçamental português é a Lei das Grandes Opções (LGO) em matéria de Planejamento e da Programação Orçamental Plurianual. A proposta da LGO deve ser apresentada pelo Governo à Assembleia da República até o dia 15 de abril, acompanhada de nota explicativa que a fundamente, devendo conter a justificação das opções de política econômica assumidas e a sua compatibilização com os objetivos de política orçamental. Por sua vez, a Assembleia da República aprovará a Lei das Grandes Opções no prazo de 30 dias a contar da data da sua apresentação. A Lei das Grandes Opções é estruturada em duas partes: a) Identificação e planejamento das opções de política econômica; b) Programação orçamental plurianual, para os subsetores da administração central e segurança social. Por sua vez, o quadro plurianual das despesas públicas dos subsetores da administração central e da segurança social define, para o respectivo período de programação: a) o limite da despesa total, compatível com os objetivos constantes do Programa de Estabilidade; b) os limites de despesa para cada missão de base orgânica; c) as projeções de receitas, por fonte de financiamento.

A execução da Lei do Orçamento de Estado seguirá o que for definido anualmente segundo o Decreto-Lei de Execução Orçamental. Neste decreto-lei constam as regras necessárias e imprescindíveis ao adequado acompanhamento da execução orçamental, como instrumento decisivo ao integral cumprimento dos princípios e linhas orientadoras fixadas pelo Orçamento do Estado. São consagradas regras respeitantes à gestão da tesouraria do Estado, à prestação de informação por parte dos diferentes subsetores e à consolidação orçamental. Destacam-se ainda várias outras medidas de garantia de boa execução orçamental, tais como as que dizem respeito à recuperação de créditos decorrentes

---

[48] CATARINO, João Ricardo. *Finanças Públicas e Direito Financeiro*. 3. ed. Coimbra: Almedina, 2016. p. 240-241.

de créditos ou repartição de custos financeiros, à gestão de pessoal e à gestão do patrimônio imobiliário do Estado, visando promover uma racional utilização do mesmo, pautada por bons princípios de gestão.

Finalmente, a fiscalização da execução orçamental é realizada a partir da análise e parecer da Conta Geral do Estado pelo Tribunal de Contas português, com a respectiva aprovação ou rejeição pela Assembleia da República, conforme estabelece o art. 107 da Constituição. A primazia na função de fiscalização orçamental atribuída ao Tribunal de Contas é destacada na Carta portuguesa, que em seu art. 214 fixa:

> 1. O Tribunal de Contas é o órgão supremo de fiscalização da legalidade das despesas públicas e de julgamento das contas que a lei mandar submeter-lhe, competindo-lhe, nomeadamente: a) Dar parecer sobre a Conta Geral do Estado, incluindo a da segurança social; b) Dar parecer sobre as contas das Regiões Autónomas dos Açores e da Madeira; c) Efetivar a responsabilidade por infrações financeiras, nos termos da lei; d) Exercer as demais competências que lhe forem atribuídas por lei.

Sobre a autoridade e atribuições deste Tribunal fiscalizador, o seu ex-presidente Guilherme Waldemar d'Oliveira Martins[49] explica que "o atual art. 214 da CRP, cujo texto resulta da Revisão Constitucional de 1989, confere ao referido Tribunal um elenco aberto de competências, já que a lei fundamental remete, por via da alínea d) do nº 1, para a lei a admissão de outras não atribuídas pelo legislador constituinte". Nesta esteira, a Lei nº 98/1997[50] (Lei de Organização e Processo do Tribunal de Contas) fixou ao órgão a tarefa de emitir "um juízo sobre a legalidade e a correção financeira das operações examinadas, podendo pronunciar-se sobre a economia, a eficiência e a eficácia da gestão e, bem assim, sobre a fiabilidade dos respectivos sistemas de controlo interno" (art. 41, §2º).

3.2 Elaboração do orçamento público em Portugal

O processo de elaboração e aprovação do orçamento público português é do tipo misto, o que significa dizer que participam tanto o Poder Executivo – na figura do Primeiro-Ministro e do Presidente da República – quanto o Poder Legislativo – na figura da Assembleia

---

[49] MARTINS, Guilherme Waldemar d'Oliveira. *A despesa fiscal e o orçamento do Estado no ordenamento jurídico português*. Coimbra: Almedina, 2004. p. 249.

[50] Lei 98/97, de 26 de Agosto, com as alterações introduzidas pelas Leis n 48/2006, de 29 de Agosto; 35/2007, de 13 de Agosto; 3-B/2010, de 28 de Abril; 61/2011, de 07 de Dezembro; 2/2012, de 06 de Janeiro e 20/2015, de 09 de Março.

da República. Neste sentido, o art. 161 da Constituição Portuguesa estabelece competir à Assembleia da República "aprovar as leis das grandes opções dos planos nacionais e o Orçamento do Estado, sob proposta do Governo".

Ressalte-se que, por se tratar de um Estado republicano parlamentarista, Portugal possui um Poder Executivo dual, que contempla as figuras do Presidente da República, a quem incumbe promulgar e fazer publicar as leis da República (inclusive as de matéria orçamentária), e a do Primeiro-Ministro, cuja competência engloba o trato das finanças públicas.

O processo orçamental inicia-se com a apresentação, pelo Governo, na Assembleia da República, dos seguintes documentos: *a*) atualização anual do Programa de Estabilidade, para os quatro anos seguintes, até ao dia 15 de abril; *b*) proposta de Lei das Grandes Opções, também até o dia 15 de abril de cada ano; *c*) a proposta de Lei do Orçamento do Estado para o ano econômico seguinte, até o dia 1º de outubro de cada ano.

Registre-se que o Governo deve enviar, ainda, à Comissão Europeia, para efeitos de emissão das recomendações nacionais específicas, a proposta de lei do Orçamento do Estado.

Portanto, a iniciativa de proposta do projeto da Lei de Orçamento do Estado é do Poder Executivo, através do qual participam o Gabinete do Ministro das Finanças, a Secretaria de Estado do Orçamento, a Secretaria de Estado dos Assuntos Fiscais e a Secretaria de Estado do Tesouro. Nesse sentido, ensina João Ricardo Catarino[51] que há uma "segregação natural de funções" dos diferentes serviços do Gabinete do Ministro das Finanças. Nas suas palavras:

> enquanto a Secretaria de Estado do Orçamento se ocupa da previsão da despesa, da receita não fiscal e da elaboração de toda a informação a elas respeitante, a Secretaria de Estado dos Assuntos Fiscais trata, *grosso modo*, as questões que têm a ver com a estimativa da receita e da despesa fiscal. A Secretaria de Estado do Tesouro e Finanças ocupa-se das questões relativas ao sistema financeiro que hajam de ser levadas à proposta de orçamento. (....) O próprio Ministro das Finanças vai colhendo, nas reuniões com o Primeiro-Ministro, as orientações gerais em matéria de política orçamental, que concretiza na proposta em elaboração.

---

[51] CATARINO, João Ricardo. *Princípios de finanças públicas*. Coimbra: Almedina, 2011. p. 162 e 163.

A proposta de Orçamento do Estado, segundo o art. 106, §3, da Constituição Portuguesa, deve ser acompanhada de relatórios sobre: a) a previsão da evolução dos principais agregados macroeconômicos com influência no Orçamento, bem como da evolução da massa monetária e suas contrapartidas; b) a justificação das variações de previsões das receitas e despesas relativamente ao Orçamento anterior; c) a dívida pública, as operações de tesouraria e as contas do Tesouro; d) a situação dos fundos e serviços autônomos; e) as transferências de verbas para as regiões autônomas e as autarquias locais; f) as transferências financeiras entre Portugal e o exterior com incidência na proposta do Orçamento; g) os benefícios fiscais e a estimativa da receita cessante.

Por sua vez, nos termos art. 200, §1, "c" e "f" da Constituição Portuguesa, uma vez elaborado o projeto inicial, este deve ser aprovado pelo Conselho de Ministros, órgão colegial competente para aprovar as propostas de lei e todos os demais atos do Governo que envolvam aumento ou diminuição das receitas ou despesas públicas.

Encerrada esta etapa, deverá o Governo apresentar à Assembleia da República a proposta de Lei do Orçamento do Estado até 1º de outubro, para que a mesma possa viger no exercício financeiro a iniciar em 1º de janeiro do ano seguinte (art. 36º da LEO). A proposta de lei deve ser acompanhada por relatório que contém a apresentação e a justificação da política orçamental, bem como uma série de outros elementos informativos.

Encaminhada a proposta de lei do Orçamento do Estado, esta será discutida e votada pela Assembleia da República, dentro do prazo de 45 dias após a data da sua admissão. Dentro do Poder Legislativo, o projeto será apreciado por uma comissão parlamentar especializada, intitulada Comissão de Orçamento e Finanças, que tem por funções a discussão, a aprovação e o acompanhamento da execução do orçamento público. O Tribunal de Contas também é ouvido pela Assembleia da República no âmbito da discussão da proposta de lei do Orçamento do Estado, relativamente às recomendações constantes de pareceres do Tribunal sobre a Conta Geral do Estado. Ao final, aprovada pela comissão parlamentar especializada, é submetida a proposta à deliberação definitiva do Plenário da Assembleia da República.

Aprovada pelo Legislativo, a proposta de Lei do Orçamento do Estado deve ser promulgada e publicada pelo Presidente (art. 134º, "b", da Constituição Portuguesa), podendo este, ainda, exercer o direito de veto nos termos constitucionalmente previstos (art. 136, §1, da Constituição Portuguesa). A promulgação pelo Presidente da República está sujeita a referendo ministerial.

Encerrado este processo de elaboração, o orçamento público português assume a forma de "lei geral da República" (equivalente à lei ordinária brasileira), dando-se efetividade ao princípio da legalidade orçamentária (arts. 106º, §1, e 161º, "g", da Constituição portuguesa). Como registrado anteriormente, além da Lei do Orçamento do Estado, deve ser apresentada pelo Governo e votada pela Assembleia da República a Lei das Grandes Opções, que contempla a identificação e planejamento das opções de política econômica e a programação orçamental plurianual para os subsetores da administração central e segurança social (art. 34º da LEO).

Segundo os arts. 90º e 91º da Constituição portuguesa, os planos nacionais são elaborados de harmonia com as respectivas leis das grandes opções, podendo integrar programas específicos de âmbito territorial e de natureza setorial, sendo que os planos de desenvolvimento econômico e social têm por objetivo promover o crescimento econômico, o desenvolvimento harmonioso e integrado de setores e regiões, a justa repartição individual e regional do produto nacional, a coordenação da política econômica com as políticas social, educativa e cultural, a defesa do mundo rural, a preservação do equilíbrio ecológico, a defesa do ambiente e a qualidade de vida do povo português.

Esta estrutura orçamental confere ao orçamento português o importante caráter de diploma programático, não se resumindo a meras figuras contábeis de receitas e despesas, tal como destaca J. J. Gomes Canotilho e Vital Moreira:[52]

> A submissão do orçamento à lei do plano sublinha a concepção constitucional do orçamento como função e instrumento da política económica. Estabelecendo as grandes opções do plano as orientações básicas do plano de atividades do Estado para o ano seguinte, o orçamento deve proporcionar os necessários meios financeiros para as implementar.

Por fim, cabe ainda destacar a função exercida pelo Decreto-lei de Execução Orçamentária, aprovado anualmente pelo Conselho de Ministros e promulgado pelo Presidente da República, com a finalidade de estabelecer as disposições necessárias à execução do Orçamento do Estado. Este diploma português pode ser considerado equivalente à Lei de Diretrizes Orçamentárias (LDO) brasileira.

---

[52] CANOTILHO, J. J. Gomes; MOREIRA, Vital. *op. cit.* p. 1106.

3.3 Princípios do orçamento público português

O sistema orçamental português contempla princípios de foro constitucional e infraconstitucional (estes na Lei de Enquadramento Orçamental), que estabelecem os parâmetros para a elaboração e execução do orçamento público.

A observância e o respeito aos princípios orçamentários impõem ao administrador público uma atuação de molde a garantir o cumprimento da finalidade do orçamento público, desde sua elaboração, interpretação até sua execução. Assim, muito além da tradicional função interpretativa ou integrativa, hoje em dia os princípios jurídicos são capazes não apenas de guiar a correta aplicação do Direito à luz dos valores que concretizam, mas também são aptos a inquirir de vício os atos que forem de encontro ao seu mandamento.[53]

O primeiro princípio a ser analisado é o *princípio da discriminação orçamental*, constante do art. 105º, §1, "a" da Constituição portuguesa, o qual fixa que o "orçamento do Estado contém: a) a discriminação das receitas e despesas do Estado, incluindo as dos fundos e serviços autônomos". Tal princípio visa permitir uma melhor identificação e controle do orçamento público português a partir do minucioso detalhamento das previsões de receitas e despesas. Para João Ricardo Catarino,[54] sem este comando "o Orçamento do Estado estaria sujeito a perder sentido, por ser facilmente defraudável o princípio de clareza, de controle político e até de racionalidade que o assiste".

Esse princípio encontra-se também previsto no art. 17 da Lei de Enquadramento Orçamental, mas sob o título de *princípio da especificação*, assim expresso:

> 1 – As despesas inscritas nos orçamentos dos serviços e organismos dos subsetores da administração central e da segurança social são estruturadas em programas, por fonte de financiamento, por classificadores orgânico, funcional e econômico.
> 2 – As receitas são especificadas por classificador econômico e fonte de financiamento.
> 3 – São nulos os créditos orçamentais que possibilitem a existência de dotações para utilização confidencial ou para fundos secretos, sem prejuízo dos regimes especiais legalmente previstos de utilização de verbas que excepcionalmente se justifiquem por razões de segurança

---

[53] ABRAHAM, Marcus. *Curso de Direito Financeiro Brasileiro*. 4. ed. Rio de Janeiro: Forense, 2017. p. 291.
[54] CATARINO, João Ricardo. *op. cit.* p. 145.

nacional, autorizados pela Assembleia da República, sob proposta do Governo.

4 – A estrutura dos códigos dos classificadores orçamentais é definida em diploma próprio, no prazo de um ano após a entrada em vigor da lei que aprova a presente lei.

A Constituição portuguesa, no seu art. 105º, §2º, fixa ainda o *princípio orçamentário do planejamento*, ao prescrever que o "Orçamento é elaborado de harmonia com as grandes opções em matéria de planejamento e tendo em conta as obrigações decorrentes de lei ou de contrato". Afinal, nenhuma ação governamental que não obedeça a um planejamento minimamente elaborado e sistematizado conseguirá promover adequadamente o desenvolvimento econômico e social do país. E, dentro do modelo orçamental português, o Orçamento de Estado deve seguir as disposições da Lei das Grandes Opções, que estabelece as opções de política econômica e a programação orçamental plurianual.

Outro princípio de sede constitucional é o *princípio orçamentário da unidade*, expresso no art. 105º, §3º da Constituição portuguesa, ao estabelecer que o "Orçamento é unitário e especifica as despesas segundo a respectiva classificação orgânica e funcional, de modo a impedir a existência de dotações e fundos secretos, podendo ainda ser estruturado por programas". Ao reunir todas as receitas e despesas do Estado, permite-se a análise global, proporcionando um controle mais efetivo.

Este princípio também consta da Lei de Enquadramento Orçamental no seu art. 9º, sob a nomenclatura de *princípio da unidade e universalidade*, ao estabelecer que:

> 1 – O Orçamento do Estado é unitário e compreende todas as receitas e despesas das entidades que compõem o subsetor da administração central e do subsetor da segurança social.
> 2 – Os orçamentos das regiões autónomas e das autarquias locais são independentes do Orçamento do Estado e compreendem todas as receitas e despesas das administrações regional e local, respectivamente.

Relevante princípio de ordem constitucional é o *princípio do equilíbrio orçamental*, constante do art. 105º, §4º da Carta portuguesa, estabelecendo que o "Orçamento prevê as receitas necessárias para cobrir as despesas". Assim, o texto constitucional vincula a quantidade de receitas suficientes para atender as despesas. No art. 10º da Lei de Enquadramento Orçamental, este princípio é consagrado como *princípio da estabilidade orçamental*, como sendo uma situação de equilíbrio ou de excedente, ao dispor que:

1 – O setor das administrações públicas, incluindo todas as entidades e serviços que o integram, está sujeito, na aprovação e execução dos respectivos orçamentos, ao princípio da estabilidade orçamental.
2 – A estabilidade orçamental consiste numa situação de equilíbrio ou excedente orçamental.

Como desdobramento do princípio da estabilidade orçamental, a Lei de Enquadramento Orçamental estabelece: a) no art. 11º, o *princípio da sustentabilidade das finanças públicas*, entendido como a capacidade de financiar todos os compromissos, assumidos ou a assumir, com respeito pela regra de saldo orçamental estrutural e da dívida pública, conforme estabelecido na LEO; b) no art. 12º, o *princípio da solidariedade recíproca*, que obriga todos os subsetores, através dos respectivos serviços e entidades, a contribuírem proporcionalmente para a realização da estabilidade orçamental; c) no art. 13º, o *princípio da equidade intergeracional*, que objetiva a não onerar excessivamente as gerações futuras.

Já o *princípio da legalidade orçamentária*, como já mencionado antes, vem consagrado no art. 161º, "g" da Constituição portuguesa, o qual expressamente fixa que "Compete à Assembleia da República: (...) g) Aprovar as leis das grandes opções dos planos nacionais e o Orçamento do Estado, sob proposta do Governo".

Outro princípio orçamental de foro constitucional, previsto no art. 106º, §1º da Constituição portuguesa, é o *princípio da anualidade*, impondo que o orçamento público português seja anualmente aprovado pela Assembleia da República e executado pelo Governo. Nas palavras de João Ricardo Catarino,[55] "a anualidade orçamental cumpre a finalidade do controle popular, materializado no desejo confesso dos povos de realizar uma discussão sobre os fins da tributação e as prioridades a satisfazer com os recursos coletivos disponíveis". Este princípio também vem expressamente consagrado na LEO, ao dispor em seu art. 14º que o Orçamento do Estado e os orçamentos dos serviços e das entidades que integram o setor das administrações públicas são anuais, e o ano econômico coincide com o ano civil.

O *princípio da eficiência financeira* vem consignado no art. 18º da LEO ao estabelecer que a economia, a eficiência e a eficácia consistem na: *a)* utilização do mínimo de recursos que assegurem os adequados padrões de qualidade do serviço público; *b)* promoção do acréscimo de produtividade pelo alcance de resultados semelhantes com menor

---

[55] CATARINO, João Ricardo. *op. cit.* p. 139.

despesa; c) utilização dos recursos mais adequados para atingir o resultado que se pretende alcançar.

Por fim, merece destaque o *princípio da transparência orçamental*, que engloba o princípio da publicidade dos atos públicos constante do art. 119º da Constituição, cuja menção expressa encontra abrigo no art. 19º da LEO, ao dispor que a transparência implica a disponibilização de informação sobre a implementação e a execução dos programas, objetivos da política orçamental, orçamentos e contas do setor das administrações públicas, por subsetor; e que a informação disponibilizada deve ser fiável, completa, atualizada, compreensível e comparável internacionalmente, de modo a permitir avaliar com precisão a posição financeira do setor das administrações públicas e os custos e benefícios das suas atividades, incluindo as suas consequências econômicas e sociais, presentes e futuras. Ainda, segundo o preceito, o princípio da transparência orçamental inclui:

>a) O dever de informação pelo Governo à Assembleia da República, no quadro dos poderes de fiscalização orçamental que a esta competem;
>b) O dever de informação financeira entre os subsetores;
>c) O dever de disponibilização de informação à entidade com competência de acompanhamento e controle da execução orçamental, nos termos e prazos a definir no decreto-lei de execução orçamental.

Por fim, merece ainda menção o fato de que a LEO determina em seu art. 73º que, de acordo com o referido princípio da transparência orçamental, o Governo deve disponibilizar e publicar, através de uma plataforma eletrônica em sítio na *Internet*, de acesso público e universal, de modo simples e facilmente apreensível, a informação sobre os programas dos subsetores da administração central e da segurança social, os objetivos da política orçamental, os orçamentos e as contas do setor das administrações públicas, por subsetor e entidade.

3.4 Equilíbrio orçamental e sustentabilidade financeira na nova Lei de Enquadramento Orçamental

Portugal, em função de sua participação no Tratado sobre a Estabilidade, Coordenação e Governança da União Econômica e Monetária, conhecido por Pacto Orçamental Europeu (e do anterior Pacto de Estabilidade e Crescimento), que fixou o compromisso dos seus integrantes de que as regras de equilíbrio orçamental e de sustentabilidade financeira fossem internalizadas em cada ordenamento jurídico nacional através de disposições vinculativas e de caráter permanente, realizou recentemente a adequação normativa na sua "Lei de Enquadramento Orçamental – LEO" (Lei nº 151/2015), diploma legal que tem por objeto a fixação das normas gerais do orçamento público português.

Essa adequação encontra-se expressamente acolhida no art. 6º da LEO, o qual categoricamente estabelece que o

> quadro jurídico fundamental da política orçamental e da gestão financeira, concretizado na presente lei, resulta da Constituição da República Portuguesa e das disposições do Tratado sobre o Funcionamento da União Europeia, do Pacto de Estabilidade e Crescimento em matéria de déficit orçamental e de dívida pública e, bem assim, do disposto no Tratado sobre a Estabilidade, Coordenação e Governação da União Econômica e Monetária.

Nas palavras de Joaquim Miranda Sarmento,[56] a reforma orçamental portuguesa visou a quatro grandes objetivos:

> Por um lado, iniciar uma verdadeira orçamentação por programas em Portugal, por outro, dar continuidade às novas regras orçamentais europeias.
> Cumulativamente a estes dois grandes objetivos, a nova Lei procura simplificar e reduzir a fragmentação do processo orçamental, aumentando a responsabilidade dos ministérios setoriais e revendo profundamente o papel do Ministério das Finanças. [...] Por último, a Lei procura melhorar o relato financeiro e a qualidade da informação orçamental.

Joaquim Miranda Sarmento e Rui Marques afirmam que, nessa configuração de um novo processo orçamental, fica patente a influência das correntes e orientações de órgãos internacionais, sobretudo do Fundo Monetário Internacional (FMI) e da Organização para Cooperação e Desenvolvimento Econômico (OCDE), mesclando-se o linguajar jurídico com a linguagem econômica e orçamental, com foco cada vez mais nos aspectos contabilísticos e na eficiência do uso dos recursos (orçamentação por objetivos ou por programas).[57]

---

[56] SARMENTO, Joaquim Miranda. *A nova lei de enquadramento orçamental*. Coimbra: Almedina, 2016. p. 10.
[57] SARMENTO, Joaquim Miranda; MARQUES, Rui. As alterações orçamentais no actual panorama das finanças públicas. *Revista do Ministério Público*, Lisboa, a. 37, n. 147, jul./set. 2016. p.114.

Assim, com o objetivo de identificar as normas de governança fiscal – com a busca do equilíbrio orçamental e da sustentabilidade financeira – adotadas pela nação portuguesa, passamos a destacar os principais aspectos e características da sua nova Lei de Enquadramento Orçamental (LEO).

Antes, porém, cabe-nos destacar que a LEO estabelece expressamente os princípios e as regras orçamentais aplicáveis ao setor das administrações públicas; e o regime do processo orçamental, as regras de execução, de contabilidade e reporte orçamental e financeiro, bem como as regras de fiscalização, de controlo e auditoria orçamental e financeira, respeitantes ao perímetro do subsetor da administração central e do subsetor da segurança social (art. 1º).

Esclarece J. Albano Santos[58] que a LEO se trata de uma "lei de valor reforçado" (que subordina, pois, a Lei do Orçamento). Nas suas palavras, a Constituição remete para

> uma *lei de enquadramento* a definição do regime a que deve obedecer o processo orçamental, nomeadamente no que respeita à elaboração, organização e votação da proposta do Governo e à subsequente execução do orçamento e aos controlos que esta deve ser objeto.

Segundo a Constituição portuguesa (art. 112), as leis e os decretos-leis têm igual valor, sem prejuízo da subordinação às correspondentes leis dos decretos-leis publicados no uso de autorização legislativa e dos que desenvolvam as bases gerais dos regimes jurídicos. Porém, têm *valor reforçado*, além das leis orgânicas, as leis que carecem de aprovação por maioria de dois terços, bem como aquelas que, por força da Constituição, sejam pressuposto normativo necessário de outras leis ou que por outras devam ser respeitadas.

O seu valor reforçado – como pressuposto normativo da lei orçamental – é expresso no art. 4º da LEO, ao prever que "o disposto na presente lei prevalece sobre todas as normas que estabeleçam regimes orçamentais particulares que a contrariem". Segundo Maria D'Oliveira Martins,[59] à autoqualificação da LEO como lei de valor reforçado deve ser atribuído valor declarativo e não constitutivo, tanto por força da previsão constitucional, assim como da construção doutrinária de

---

[58] SANTOS, J. Albano. *Finanças Públicas*. 2. ed. Lisboa: INA, 2016. p. 148.
[59] MARTINS, Maria D'Oliveira. O Valor Reforçado da Lei de Enquadramento Orçamental. In: CUNHA, Paulo de Pitta e (Coord.). *Estudos Jurídicos e Económicos em Homenagem ao Prof. Doutor António de Souza Franco*. Coimbra: Coimbra Editora, 2006. v. III. p. 10.

Canotilho, que a desenvolveu para qualificar a precedência na relação entre esta e a Lei do Orçamento do Estado.

A política orçamental deve ser definida para um horizonte de médio prazo, conciliando as prioridades políticas do Governo com as condicionantes que resultam da adoção das medidas de governança orçamental. (art. 6º, 2), tendo no Conselho das Finanças Públicas a missão de pronunciar-se sobre os objetivos propostos relativamente aos cenários macroeconômico e orçamental, à sustentabilidade de longo prazo das finanças públicas e ao cumprimento da regra sobre o saldo orçamental, da regra da despesa da administração central e das regras de endividamento das regiões autônomas e das autarquias locais previstas nas respectivas leis de financiamento (art. 7º, 1).

Para tanto, a LEO prevê as projeções orçamentais subjacentes aos documentos de programação orçamental, os quais devem ser baseados no cenário macroeconômico mais provável ou num cenário mais prudente (art. 8º, 1). Em tais documentos devem estar inclusos a) o cenário macroeconômico e orçamental, explicitando-se as hipóteses consideradas; b) a comparação com as últimas previsões efetuadas pelo Governo e a explicação das revisões efetuadas; c) a comparação com as previsões de outros organismos nacionais e internacionais para o mesmo período; e, por fim, d) a análise de sensibilidade do cenário macro-orçamental a diferentes hipóteses para as principais variáveis (art. 8º, 2).

Uma das diretrizes mais relevantes da LEO para a aprovação e execução dos respectivos orçamentos do setor das administrações públicas, incluindo as entidades e serviços que o integram, é o *princípio da estabilidade orçamental* (art. 10º, 1), podendo este ser traduzido numa situação de equilíbrio ou excedente orçamental (art. 10º, 2). Para que esse princípio seja concretizado, faz-se necessário o cumprimento das regras orçamentais numéricas estabelecidas no seu Capítulo III (Regras orçamentais) do Título II (Política orçamental, princípios e regras orçamentais e relações financeiras entre administrações públicas), sem prejuízo das regras previstas nas leis de financiamento regional e local (art. 10º, 3).

Como consequência, os subsetores que constituem o setor das administrações públicas, bem como os serviços e entidades que os integram, sujeitam-se ao *princípio da sustentabilidade* (art. 11º, 1), entendida como a capacidade de financiar todos os compromissos, assumidos ou a assumir, com respeito pela regra de saldo orçamental estrutural e da dívida pública (art. 11º, 2).

Ainda, a preparação, aprovação a execução dos orçamentos desses subsetores curvam-se ao *princípio da solidariedade recíproca* (art. 12º, 1), o qual os obriga, através do respectivos serviços e entidades, a contribuírem proporcionalmente para com a realização da estabilidade orçamental referida no art. 10º e para o cumprimento da legislação europeia no domínio da política orçamental e das finanças públicas (art. 12º, 2). Assim, as medidas a serem implementadas são enviadas ao Conselho de Acompanhamento das Políticas Financeiras e ao Conselho de Coordenação Financeira, devendo constar da síntese de execução orçamental do mês a que dizem respeito (art. 12º, 3).

Em complemento ao modelo de governança orçamental e sustentabilidade financeira, estabelece-se o *princípio da equidade intergeracional*, entendendo-se que a atividade financeira do setor das administrações públicas não pode onerar excessivamente as gerações futuras, devendo, portanto, haver equidade na distribuição de benefícios e custos, pelos vários orçamentos num quadro plurianual, entre as gerações. Desse modo, é possível que restem salvaguardadas as suas legítimas expectativas (art. 13º, 1).

Consequentemente, do relatório e dos elementos informativos que acompanham a proposta de lei do Orçamento do Estado, nos termos do art. 37º, devem constar as informações sobre os impactos futuros das despesas e receitas públicas, sobre os compromissos do Estado e sobre responsabilidades contingentes (art. 13º, 2).

A fim de se averiguar o cumprimento da equidade intergeracional, deverão as seguintes matérias serem apreciadas: a) investimentos públicos; b) investimento em capacitação humana, cofinanciado pelo Estado; c) encargos com os passivos financeiros; d) necessidades de financiamento das entidades do setor empresarial do Estado; e) compromissos orçamentais e responsabilidades contingentes; f) encargos explícitos e implícitos em parcerias público-privadas, concessões e demais compromissos financeiros de caráter plurianual; g) pensões de velhice, aposentação, invalidez ou outras com características similares; h) receita e despesa fiscal, nomeadamente aquela que resulte da concessão de benefícios tributários (art. 13º, 3).

A assunção de compromissos e a realização de despesa pelos serviços e pelas entidades pertencentes aos subsetores estão sujeitas ao *princípio da economia, eficiência e eficácia* (art. 18º, 1), consistentes na utilização do mínimo de recursos que assegurem os adequados padrões de qualidade do serviço público; na promoção do acréscimo de produtividade pelo alcance de resultados semelhantes com menor despesa e, por fim, na utilização dos recursos mais adequados para atingir o resultado pretendido (art. 18º, 2).

Vale ressaltar que a avaliação da economia, da eficiência e da eficácia de investimentos públicos, que envolvam montantes totais superiores a cinco milhões de euros, deve incluir, sempre que possível, a estimativa das suas incidências orçamental e financeira líquidas ano a ano e em termos globais (art. 18º, 3).

O Pacto de Estabilidade e Crescimento (PEC) define o objetivo orçamental de médio prazo (art. 20º, 1), cuja trajetória de convergência anual consta do Programa de Estabilidade (art. 20º, 2).

Para atingi-lo, a LEO estabelece a *regra do saldo orçamental estrutural*, que corresponde ao saldo orçamental das administrações públicas, definido de acordo com o Sistema Europeu de Contas Nacionais e Regionais, corrigido dos efeitos cíclicos e líquido de medidas extraordinárias e temporárias, não pode ser inferior ao objetivo de médio prazo constante do Programa de Estabilidade, tendo por objetivo alcançar um limite de déficit estrutural de 0,5% do produto interno bruto (PIB) a preços de mercado (art. 20º, 3). Para sua apuração, a metodologia está definida no âmbito e de acordo com o Pacto de Estabilidade e Crescimento (art. 20º, 4).

Sempre que a relação entre a dívida pública e o PIB a preços de mercado for significativamente inferior a 60% e os riscos para a sustentabilidade a longo prazo das finanças públicas forem reduzidos, o limite para o objetivo de médio prazo pode atingir um déficit estrutural de, no máximo, 1% do PIB (art. 20º, 5). Enquanto não atingido o objetivo de médio prazo, o ajustamento anual do saldo estrutural não pode ser inferior a 0,5% do PIB, e a taxa de crescimento da despesa pública, excluídas as medidas extraordinárias, temporárias ou discricionárias do lado da receita, não pode ser superior à taxa de referência de médio prazo de crescimento do PIB potencial (art. 20º, 6).

Ademais, enquanto não atingido o objetivo de médio prazo, as reduções discricionárias de elementos das receitas públicas devem ser compensadas por reduções da despesa, por aumentos discricionários de outros elementos das receitas públicas ou por ambos, conforme definido no Pacto de Estabilidade e Crescimento (art. 20º, 7).

Outrossim, o *agregado da despesa* deve excluir as despesas com juros, as relativas a programas da União Europeia e as alterações não discricionárias nas despesas com subsídios de desemprego (art. 20º, 8).

O excedente do crescimento da despesa em relação à referência de médio prazo não é considerado pela LEO um descumprimento do valor de referência, na medida em que seja totalmente compensado por aumentos de receita impostos por lei (art. 20º, 9), sendo certo que a intensidade do ajustamento referido deve levar também em conta a posição cíclica da economia (art. 20º, 10).

Outra medida de relevo para a concretização da governança orçamental e a sustentabilidade financeira implementada pela nova LEO é aquela que dispõe sobre o uso dos *excedentes orçamentais*, em seu art. 21º, 1, que deverão ser aplicados, preferencialmente: a) na amortização da dívida pública, enquanto se verificar o descumprimento do limite da dívida pública prevista no art. 25º, 1 (limite de 60% na proporção entre a dívida pública e o PIB), e b) na constituição de uma reserva de estabilização, destinada a desempenhar uma função anticíclica em contextos de recessão econômica, quando se verificar o cumprimento do limite referido na alínea anterior. Os excedentes do sistema previdenciário são revertidos em favor do Fundo de Estabilização Financeira da Segurança Social, nos termos da Lei de Bases do Sistema de Segurança Social (art. 21º, 2).

Tomando-se por base a análise comparativa entre o valor verificado e o valor previsto, é possível identificar o *desvio significativo* face ao objetivo de médio prazo ou face ao saldo previsto na trajetória de convergência constantes (art. 22º, 1). O valor verificado é calculado a partir dos dados constantes da notificação do procedimento por déficits excessivos, efetuada pelas autoridades estatísticas (art. 22º, 2).

A partir daí, considera-se que há desvio significativo quando se verifique uma das seguintes situações: a) desvio apurado face ao saldo estrutural previsto, no mínimo, de 0,5% do PIB, num só ano, ou de pelo menos 0,25 % do PIB em média anual em dois anos consecutivos; b) evolução da despesa líquida de medidas extraordinárias e temporárias em matéria de receita tendo um contributo negativo no saldo das administrações públicas de, pelo menos, 0,5 % do PIB, num só ano, ou cumulativamente em dois anos consecutivos (art. 22º, 3).

Contudo, não será considerado desvio significativo se o objetivo de médio prazo tiver sido superado, tendo em conta a possibilidade de receitas excepcionais significativas, nem se os planos orçamentais estabelecidos no Programa de Estabilidade não colocarem em risco aquele objetivo ao longo do período de vigência do Programa (art. 22º, 4).

Ademais, o desvio pode não ser considerado significativo nos casos em que resulte de ocorrência excepcional não controlável pelo Governo, nos termos previstos no art. 24º, com impacto significativo nas finanças públicas, e em caso de reformas estruturais que tenham efeitos de longo prazo na atividade econômica, desde que tal não coloque em risco a sustentabilidade orçamental a médio prazo (art. 22º, 5).

O reconhecimento da existência de um desvio significativo é da iniciativa do Governo, mediante prévia consulta do Conselho das Finanças Públicas, ou da iniciativa do Conselho da União Europeia, através da apresentação de recomendação dirigida ao Governo (art. 22º, 6). Uma vez reconhecido, é ativado o *mecanismo de correção de desvio* (art. 22º, 7).

Assim sendo, constatada uma das hipóteses de desvio significativo, deve ser apresentado à Assembleia da República, pelo Governo, dentro do prazo de 30 dias, um plano de correção com as medidas necessárias a garantir o cumprimento dos objetivos estabelecidos (art. 23º, 1).

Esse plano de correção privilegia a adoção de medidas de redução da despesa pública, bem como a distribuição do ajustamento entre os subsetores das administrações públicas, em obediência ao princípio da solidariedade recíproca, devendo constar do Programa de Estabilidade, o qual deve ser precedido de parecer não vinculativo do Conselho das Finanças Públicas (art. 23º, 4 e 5).

Proclama a LEO que devem constar do Programa de Estabilidade as recomendações apresentadas pelo Conselho das Finanças Públicas, bem como a avaliação das recomendações apresentadas pelo Conselho das Finanças Públicas e a justificação da sua eventual não consideração ou aceitação (art. 23º, 6).

A *correção do desvio* será efetuada mediante redução em, pelo menos, dois terços do desvio apurado, com o mínimo de 0,5 % do PIB, até o final do ano subsequente àquele em que foi reconhecido, devendo o remanescente ser corrigido no ano seguinte, salvo se verificadas circunstâncias excepcionais, conforme previsão no art. 24º, ajustamento esse que não poderá ser inferior ao que resulta da regra prevista no art. 25º (art. 23º, 2 e 3).

A admissão de um desvio face o objetivo de médio prazo ou face o saldo previsto na trajetória de ajustamento apenas é permitida temporariamente e em situações excepcionais, não controláveis pelo Governo e desde que não coloquem em risco a sustentabilidade orçamental no médio prazo, resultantes, nomeadamente: a) de recessão econômica profunda em Portugal, na área do euro ou em toda a União Europeia; b) de catástrofes naturais ou outras situações excepcionais com significativo impacto orçamental (art. 24º, 1).

Na ocorrência de uma dessas hipóteses, a *correção da trajetória de convergência* deve ser efetuada, no máximo, nos quatro exercícios orçamentais subsequentes e mediante a incorporação no Programa de Estabilidade das medidas necessárias à garantia do cumprimento dos objetivos.

O reconhecimento da situação de excepcionalidade deve ser objeto de proposta do Governo e de apreciação pela Assembleia da

República, precedida de parecer não vinculativo do Conselho das Finanças Públicas (art. 24º, 2).

E, para efeitos desta verificação, quando a relação entre a dívida pública e o PIB exceder o valor de referência de 60%, o Governo estará obrigado a reduzir o montante da dívida pública, na parte em excesso, devendo ser considerada a influência do ciclo econômico e variação anual da dívida pública corrigida dos efeitos decorrentes da alteração do perímetro das administrações públicas efetuada pelas autoridades estatísticas (art. 25º, 1 a 3). Considera-se, pois, a *dívida pública* o valor nominal da totalidade das responsabilidades brutas em curso no final do ano do setor administrações públicas, com a exceção das responsabilidades cujos ativos financeiros correspondentes são detidos pelo setor das administrações públicas. A dívida pública é constituída pelas responsabilidades das administrações públicas nas categorias seguintes: numerário e depósitos, títulos exceto ações, excluindo derivados financeiros e empréstimos.

Sobre os *saldos orçamentais*, o art. 27º, 1 da LEO dispõe que os serviços e entidades integrados nas missões de base orgânica do subsetor da administração central devem apresentar na elaboração, aprovação e execução, um saldo global nulo ou positivo, bem como resultados positivos antes de despesas com impostos, juros, depreciações, provisões e perdas por imparidade, salvo se a conjuntura do período a que se refere o orçamento, justificadamente, o não permitir. Além disso, também o subsetor da segurança social deve apresentar um saldo global nulo ou positivo, salvo se a conjuntura do período a que se refere o orçamento, justificadamente, o não permitir (art. 27º, 2). Excluem-se do cálculo as receitas e despesas relativas a ativos e passivos financeiros, conforme definidos para efeitos orçamentais, bem como exclui-se o saldo da gerência do ano anterior apurado na contabilidade orçamental (art. 27º, 3).

Mas nos casos em que, durante o ano, a execução orçamental do conjunto das administrações públicas o permitir, pode o Governo, através do membro do Governo responsável pela área das finanças, dispensar, em situações excepcionais, a aplicação da regra de equilíbrio, sendo que a justificação para tal deverá constar dos relatórios da proposta de lei do Orçamento do Estado e da Conta Geral do Estado (art. 27º, 4 e 5). Para tanto, o decreto-lei de execução orçamental deverá prever os mecanismos de correção adequados para as entidades públicas que se encontrem em situação de descumprimento (art. 27º, 6 e 7).

CAPÍTULO IV

TRATADO SOBRE ESTABILIDADE, COORDENAÇÃO E GOVERNAÇÃO DA UNIÃO EUROPEIA

Em 2 de março de 2012, foi assinado o *Tratado sobre Estabilidade, Coordenação e Governança na União Econômica e Monetária* pelos Estados-Membros da União Europeia (excetuando-se República Tcheca e Reino Unido, e a Croácia, que ingressou na União Europeia após a assinatura do Tratado). O referido Tratado ficou conhecido em língua portuguesa pela nomenclatura genérica de *Pacto Orçamental Europeu*, entrando em vigor no dia 1º de janeiro de 2013.

São diretrizes principais do Tratado a promoção de disciplina fiscal-orçamentária; o fortalecimento da coordenação das políticas econômicas dos Estados signatários; a melhoria da governança fiscal na zona do euro.[60] Essas metas estão alinhadas com a consecução dos objetivos da União Europeia em relação ao desenvolvimento sustentável, geração de empregos, ampliação da competitividade e manutenção da coesão social.

O ponto fulcral do Tratado consiste no estabelecimento de uma "regra de ouro" de equilíbrio orçamental e medidas corretivas, almejando a que a situação orçamentária dos Estados signatários seja equilibrada ou superavitária, evitando-se déficits orçamentais excessivos.

Em termos concretos, fixaram-se parâmetros numéricos nesse Tratado, partindo da necessidade de evitar o crescimento do déficit orçamentário. Na dicção do Pacto Orçamental, considera-se atualmente alcançada a desejada situação de estabilidade orçamental se o saldo

---

[60] SARMENTO, Joaquim Miranda. O tratado orçamental, semestre europeu, "six-pack" e "two-pack": a arquitectura orçamental da União Europeia. *Revista de Finanças Públicas e Direito Fiscal*, Coimbra, ano 8, n. 2 (verão 2015). p. 81.

estrutural anual das administrações públicas (*grosso modo*, a diferença entre receitas e gastos públicos, sem levar em conta efeitos de medidas excepcionais e de variações cíclicas da economia) tiver atingido o objetivo de médio prazo específico de cada país, com um limite de déficit estrutural de 0,5% do PIB a preços de mercado.[61] Ademais, o outro limite numérico veiculado no Pacto Orçamental diz respeito ao limite da dívida pública, que não deve exceder a 60% do PIB.

Dando um exemplo simplificado para compreensão, se o PIB de um Estado-Membro é de 200 bilhões de euros, e suas receitas são de 50 bilhões de euros, deverá gastar, no máximo, 51 bilhões de euros (0,5% de 200 bilhões de euros = 1 bilhão de euros).

Ademais, sempre que a relação entre a dívida pública e o PIB for significativamente inferior a 60% e os riscos para a sustentabilidade a longo prazo das finanças públicas forem reduzidos, o limite para o objetivo de médio prazo fixado pode atingir um déficit estrutural de, no máximo, 1,0% do PIB, como uma espécie de *sanção premial* ou estímulo àquelas nações que controlarem o crescimento de sua dívida pública. Valendo-nos do exemplo simplificado anterior, se o PIB de um Estado-membro é de 200 bilhões de euros, e suas receitas são de 50 bilhões de euros, mas sua dívida pública é de apenas 100 bilhões de euros (50% do PIB), então poderá gastar, no máximo, 52 bilhões de euros (1% de 200 bilhões de euros = 2 bilhões de euros).

Outrossim, existe também previsão de acionamento automático de mecanismo de correção caso constatado um desvio significativo do objetivo de médio prazo ou da trajetória de ajustamento. Se a relação entre a dívida pública e o PIB de uma Parte Contratante exceder o valor de referência de 60%, a Parte Contratante deve reduzir tal valor a uma taxa média de um vigésimo por ano como padrão de referência, até alcançar o limite desejado.

O acompanhamento das metas será realizado pela Comissão Europeia, que apresentará periodicamente às Partes Contratantes um relatório sobre as disposições adotadas por cada uma delas para manter o equilíbrio orçamental nos percentuais estabelecidos. Se a Comissão concluir no seu relatório, após ter dado à Parte Contratante em causa oportunidade de apresentar as suas observações, que essa Parte Contratante não cumpriu as metas, uma ou mais Partes

---

[61] Anteriormente ao Pacto Orçamental, o déficit não deveria exceder 3% do Produto Interno Bruto. Posteriormente, por força do Regulamento nº 1005/2005 (que alterou a redação original do Pacto de Estabilidade e Crescimento), foi inserido um limite de déficit estrutural de 1,0% do PIB para os países que adotaram o euro.

Contratantes proporão uma ação no Tribunal de Justiça da União Europeia. Independentemente do relatório da Comissão, uma Parte Contratante, se considerar que outra Parte Contratante não cumpriu as metas, pode igualmente propor uma ação no Tribunal de Justiça. Em ambos os casos, o acórdão do Tribunal de Justiça é vinculativo para as partes no processo, as quais tomam as medidas necessárias à execução do acórdão no prazo fixado pelo Tribunal de Justiça, sendo certo que o seu descumprimento pode levar à propositura de uma ação no Tribunal de Justiça para requerer a imposição de sanções pecuniárias sobre a Parte Contratante inadimplente, que não pode ser superior a 0,1% do seu PIB.

Em complemento, são instituídas as *Cimeiras do Euro* informais, com participação dos Chefes de Estado ou de Governo das Partes Contratantes cuja moeda seja o euro, juntamente com o Presidente da Comissão Europeia, sendo convidado o Presidente do Banco Central Europeu. Tais encontros realizam-se quando necessário (mas ao menos duas vezes por ano) a fim de serem debatidas questões relacionadas com as responsabilidades específicas que as Partes Contratantes cuja moeda seja o euro partilham no tocante à moeda única, outras questões relativas à governança da área do euro e às regras que lhe são aplicáveis, e as orientações estratégicas para a condução das políticas econômicas para uma maior convergência na área do euro.

Interessante registrar o compromisso de que as regras de equilíbrio orçamental fossem (e assim o foram) internalizadas em cada ordenamento jurídico nacional, através de disposições vinculativas e de caráter permanente, de preferência a nível constitucional, no prazo de um ano a partir da vigência do Tratado, devendo seu cumprimento ser observado em todo o ciclo orçamentário interno.

4.1 Histórico das medidas antecedentes ao Pacto Orçamental Europeu

O Pacto Orçamental Europeu de 2012 é, na verdade, resultado de uma evolução no direito da integração europeia, sendo apenas uma tentativa mais recente de implantação de metas fiscais buscando a estabilidade orçamental na Europa.

Aqui faremos um brevíssimo escorço histórico das normas europeias que tangenciaram o tema orçamental e que precederam o atual Pacto Orçamental, objeto deste estudo.

Desde já se faz necessário o esclarecimento de que as normas apresentadas nesta seção, por constituírem normas de direito comunitário europeu, tanto na vertente de direito primário (formado pelos tratados que definem o quadro normativo da UE) como de direito secundário (composto por atos unilaterais e acordos tais como regulamentos, diretivas, decisões, pareceres e recomendações da UE), são aplicáveis na ordem interna portuguesa, consoante expresso no art. 8º, 4, da Constituição da República Portuguesa, e afetaram diretamente o atual modelo orçamental português.

Em primeiro lugar, o *Tratado de Maastricht*, cujo nome oficial é *Tratado da União Europeia* (TUE),[62] assinado em 7 de fevereiro 1992 (entrada em vigor em 1 novembro de 1993), fundou a União Europeia e lançou as bases para a criação da moeda única (o euro). Em seu Título I, Artigo B, é previsto como um dos objetivos desta União a promoção de um progresso econômico e social *equilibrado* e *sustentável*.

Por sua vez, insere o art. 104º-C no Tratado de Roma (que instituiu a Comunidade Econômica Europeia, firmado em 1957), prevendo que "Os Estados-Membros devem evitar déficits orçamentais excessivos". Aqui fica clara a preocupação com a questão dos déficits dos Estados-Membros, sendo também encarregado *à* Comissão Europeia (órgão da UE com atribuição de assegurar o funcionamento e o desenvolvimento do mercado comum europeu)[63] acompanhar a evolução da situação orçamental e do montante da dívida pública nos Estados-Membros, a fim de identificar desvios importantes. A Comissão passa a examinar o cumprimento da disciplina orçamental com base em dois critérios:

> Art. 104º-C, 2
> a) Se a relação entre o déficit orçamental programado ou verificado e o produto interno bruto excede um valor de referência, exceto:
> – se essa relação tiver baixado de forma substancial e contínua e tiver atingido um nível que se aproxime do valor de referência;
> – ou, em alternativa, se o excesso em relação ao valor de referência for meramente excepcional e temporário e se aquela relação continuar perto do valor de referência.

---

[62] Disponível em língua portuguesa em: <http://europa.eu/european-union/sites/europaeu/files/docs/body/treaty_on_european_union_pt.pdf>.

[63] À Comissão Europeia, segundo o art. 155 do Tratado de Roma, compete: 1. supervisionar a aplicação das disposições do Tratado e das disposições adotadas pelas instituições nos termos do Tratado; 2. formular recomendações ou pareceres nas áreas definidas pelo Tratado, quando este o prevê explicitamente ou quando a Comissão o considere necessário; 3. possui poder próprio de decisão e participa na formação dos atos do Conselho e da Assembleia, nas condições previstas no Tratado; 4. exerce as atribuições que lhe são conferidas pelo Conselho para a aplicação das regras por ele estabelecidas. Disponível em língua italiana em: <http://eur-lex.europa.eu/legal-content/IT/TXT/PDF/?uri=CELEX:11957E/TXT&from=PT>

b) Se a relação entre a dívida pública e o produto interno bruto excede um valor de referência, exceto se essa relação se encontrar em diminuição significativa e se estiver a aproximar, deforma satisfatória, do valor de referência.

O Tratado da União Europeia veicula em Anexo um protocolo relativo ao procedimento aplicável em caso de déficit excessivo, no qual os valores de referência encontram-se especificados. Uma vez constatado e decidido pelo Conselho da UE, sob recomendação da Comissão Europeia, que o déficit de um signatário é excessivo, dirigirá recomendações ao Estado-membro com o objetivo de pôr fim *àquela* situação num dado prazo. Se um Estado-Membro persistir em não pôr em prática as recomendações do Conselho, este pode decidir notificar esse Estado-Membro para, num dado prazo, tomar medidas destinadas a reduzir o déficit para um nível que o Conselho considerar necessário para obviar *à* situação. Se um Estado-Membro não cumprir a decisão, o Conselho pode decidir aplicar, ou eventualmente reforçar, uma ou mais das seguintes medidas:

Art. 104º-C, 11
– exigir que o Estado-Membro em causa divulgue informações complementares, a determinar pelo Conselho, antes de emitir obrigações e títulos;
– convidar o Banco Europeu de Investimento a reconsiderar a sua política de empréstimos em relação ao Estado-Membro em causa;
– exigir do Estado-Membro em causa a constituição, junto da União, de um depósito não remunerado de montante apropriado, até que, na opinião do Conselho, o déficit excessivo tenha sido corrigido;
– impor multas de importância apropriada.

O Protocolo sobre o procedimento relativo aos déficits excessivos, por sua vez, inaugura os seguintes limites: a) 3% para a relação entre o déficit orçamental programado ou verificado e o produto interno bruto a preços de mercado; b) 60% para a relação entre a dívida pública e o produto interno bruto a preços de mercado.

Com a assinatura do Tratado de Lisboa de 2007 (Tratado sobre o Funcionamento da União Europeia – TFUE), que reformulou o funcionamento da UE, a sistemática prevista no art. 104º-C do Tratado da União Europeia foi mantida, apenas sendo renumerado para art. 126º, bem como foram mantidos os limites anteriores do protocolo sobre o procedimento relativo aos déficits excessivos (que passou a ser numerado como *Protocolo nº 12 sobre o procedimento relativo aos déficits excessivos*).

Em 1997, por meio de Resolução do Conselho da UE (Amsterdã, 17.06.1997), foi introduzido o Pacto de Estabilidade e Crescimento com o objetivo de preservar a higidez das finanças públicas nos países da UE após a introdução da moeda única, comprometendo-se os Estados-Membros a respeitar o objetivo orçamental a médio prazo de assegurar situações próximas do equilíbrio ou excedentárias. Materializou-se veiculando atribuições aos Estados-Membros, à Comissao Europeia e ao Conselho da UE.[64]

Algumas das características principais dessa repartição de competências são as de que os Estados-Membros assumem o compromisso de tomar as medidas de correção orçamental que considerem necessárias para alcançar os objetivos dos seus programas de estabilidade ou de convergência, bem como de não invocar o carácter excepcional de um déficit ligado a uma descida anual do PIB de menos de 2%, a menos que se encontrem em situação de grave recessão (descida anual do PIB real de, pelo menos, 0,75%).

Já a Comissão Europeia fica responsável por elaborar um relatório sempre que houver risco de déficit excessivo ou sempre que o déficit orçamental programado ou verificado exceda o valor de referência de 3% do PIB, comprometendo-se, mediante pedido do Conselho, a apresentar uma recomendação de decisão do Conselho relativa à existência de um déficit excessivo.

Por sua o vez, o Conselho da UE é instado a considerar como limites máximos os prazos para a aplicação do procedimento relativo aos déficits excessivos, bem como a impor sempre sanções se um Estado-Membro participante não tomar as medidas necessárias para pôr termo a uma situação de déficit excessivo e a aplicar rigorosamente todas as sanções previstas.

---

[64] "O PEC (1997) obrigou os Estados-Membros da União Económica e Monetária a desenvolver proativamente programas anuais de estabilidade (convergência), através dos quais deveriam desenvolver políticas de aproximação aos objetivos de estabilidade e consolidação das contas públicas tendo em vista alcançar ou manter um quadro orçamental sólido a médio prazo, tendo em conta os vários impactos orçamentais negativos conhecidos (v. g. os défices excessivos, as dívidas públicas acima do limite fixado). Os programas apresentados pelos Estados-Membros deveriam ser objeto de avaliação pela Comissão Europeia e submetidos ao parecer do Conselho. Por outro lado, foram criados, com caráter preventivo dois instrumentos políticos que podem ser utilizados para evitar a ocorrência ou a prolação no tempo de défices excessivos. Assim, no Âmbito destas preocupações o PEC veio a prescrever dois procedimentos específicos: a) Por um lado o Conselho Europeu, com base numa proposta da Comissão, poderia enviar um alerta precoce ao Estado-Membro em causa para prevenir a ocorrência de um défice excessivo; b) Por outro, a Comissão passou a poder igualmente apresentar uma primeira recomendação a um Estado-Membro para que respeite as obrigações do Pacto de Estabilidade e Crescimento". (CATARINO, João Ricardo; FONSECA, Jaime. Sustentabilidade Financeira e Orçamental em Contexto de Crise Global numa Europa de Moeda Única. *Seqüência*, Florianópolis, n. 67, dez. 2013. p. 26-27).

O Pacto de Estabilidade e Crescimento incluiu, nessa fase inicial, dois regulamentos adotados conjuntamente no dia 7 de julho de 1997. O primeiro foi o Regulamento do Conselho da UE nº 1466/1997, chamado de *regulamento preventivo (preventive arm)*, com entrada em vigor em 01.07.1998, relativo ao reforço da supervisão das situações orçamentais e à supervisão e coordenação das políticas econômicas. Em matéria orçamental, destacam-se as normas deste Regulamento referentes ao objetivo a médio prazo de uma situação orçamental próxima do equilíbrio ou excedentária e a uma trajetória de ajustamento que conduza ao objetivo fixado para o excedente/déficit orçamental (rácio máximo de 3% do PIB para o déficit orçamental), bem como relativas à evolução prevista do rácio da dívida pública (60% para a relação entre a dívida pública e o PIB a preços de mercado). O segundo foi o Regulamento do Conselho da UE nº 1467/1997, denominado de *regulamento corretivo (corrective arm)*, com entrada em vigor em 01/01/1999, relativo à aceleração e clarificação da aplicação do procedimento relativo aos déficits excessivos, estabelecendo prazos específicos para a aplicação das medidas previstas no art. 104º-C do Tratado da União Europeia (atual art. 126º do TFUE).

Em 27 de junho de 2005, o Pacto de Estabilidade e Crescimento sofreu revisão pelo Regulamento do Conselho da UE nº 1055/2005 e nº 1056/2005 para flexibilizar seus critérios de aplicação, de modo a serem consideradas as circunstâncias peculiares de cada Estado-membro (sobretudo em razão de pressões da França e Alemanha, que, apesar de terem descumprido o Pacto, não foram sancionadas pelo Conselho da UE).[65] Embora as metas de déficit orçamental de 3% do PIB e de limite

---

[65] "Uma condição necessária, embora não suficiente, para que o estabelecido em Maastricht funcionasse era a de que as partes tinham que cumprir as regras, especialmente aquelas relacionadas com a política econômica, uma vez que era nesse contexto que a UE fortemente dependia de formas mais suaves de governança formuladas em termos de coordenação e afins. A fragilidade do sistema foi exposta por eventos entre 2002 e 2003, em relação aos déficits registrados pela França, Alemanha, Portugal e Itália. Esses países comprometeram-se a equilibrar seus orçamentos no médio prazo, mas se afastaram de seus programas corretivos. Isso levou a Comissão [Europeia] a recorrer a uma ação judicial quando o Ecofin [Conselho dos Assuntos Econômicos e Financeiros] colocou o procedimento de déficit excessivo em suspenso para a França e a Alemanha. O Tribunal de Justiça da União Europeia (TJUE) declarou que a decisão do Conselho de suspender o procedimento relativo ao déficit excessivo era ilegal, uma vez que não havia autoridade para isso no Tratado. Contudo, rejeitou o outro pedido da Comissão, de que a omissão do Conselho em adotar as recomendações da Comissão em conformidade com o que era o art. 104º, n. 8 e 9, do Tratado da Comunidade Europeia (TCE), era uma decisão que deveria ser anulada. Considerou que, quando a maioria necessária para a implantação das recomendações da Comissão não foi alcançada no Conselho, não havia nenhuma decisão que pudesse ser revista nos termos do art. 230º do TCE. Este desrespeito do sistema pela França e pela Alemanha trouxe descrédito ao

da dívida pública em 60% do PIB tenham sido mantidas, a decisão de declarar que um país se encontrava em situação de déficit excessivo deveria tomar em consideração novos parâmetros, como o orçamento ciclicamente ajustado, o nível da dívida pública, a existência de recessão ou período prolongado de crescimento anual muito reduzido do volume do PIB relativamente ao seu crescimento potencial.

Nessa revisão de 2005 surge a regra de que o Estado-Membro declarado em déficit excessivo deve realizar uma melhoria anual mínima de 0,5% do PIB, como valor de referência, do seu saldo corrigido de variações cíclicas, líquido de medidas pontuais ou temporárias, a fim de assegurar a correção da situação de déficit excessivo (art. 1º, 2, "b", Regulamento do Conselho da UE nº 1056/2005). Além disso, para os Estados-Membros da UE que adotaram o euro, seria especificado um intervalo de variação definido para os objetivos de médio prazo específicos de cada país entre déficit de 1,0% do PIB e uma situação de equilíbrio ou excedentária, em termos corrigidos de variações cíclicas e líquidos de medidas pontuais e temporárias (art. 2º-A, Regulamento do Conselho da UE nº 1466/1997, alterado pelo Regulamento do Conselho da UE nº 1055/2005).

Como se vê, esta é a origem da previsão constante do art. 3º do atual Pacto Orçamental Europeu acerca do limite de déficit estrutural de 0,5% do PIB a preços de mercado, uma vez que o saldo estrutural é definido no Pacto Orçamental Europeu precisamente como "o saldo anual corrigido das variações cíclicas e líquido de medidas extraordinárias e temporárias" (art. 3º, 3, "a").

Posteriormente, para tentar fazer frente à chamada "crise das dívidas soberanas", tais normas tiveram de ser novamente alteradas em 2011, por um grupo de seis medidas legislativas (5 regulamentos e uma diretiva) que ficou conhecido como *"Six Pack"*. Em matéria orçamental, destaca-se a Diretiva 2011/85 do Conselho da UE, de 8 de novembro de 2011, que estabelece requisitos aplicáveis aos quadros orçamentais dos Estados-Membros.

Pacto de Estabilidade e Crescimento (PEC). A Comissão foi colocada em um dilema. Se as reformas não fossem feitas, então a resistência ao PEC provavelmente continuaria. Se, no entanto, a reforma enfraquecesse significativamente o regime pré-existente, então sua futura eficácia diminuiria correspondentemente. Mudanças foram feitas nos Regulamentos do Pacto de Estabilidade e Crescimento, tendo por resultado final suavizar e tornar mais discricionários os procedimentos de vigilância multilateral e déficit excessivo, tornando assim mais improvável que fossem impostas sanções suaves ou duras". (tradução livre – CRAIG, Paul. *The Lisbon Treaty*: law, politics, and treaty reform. London: Oxford University, 2013. p. 462-463).

Algumas das principais regras da referida Diretiva são as de que os Estados-Membros devem criar sistemas contabilísticos que abranjam, de forma integral e coerente, todos os subsetores da administração pública e contenham as informações necessárias para gerar dados de exercício acerca das receitas e despesas, bem como tais sistemas devem estar sujeitos a procedimentos internos de controle e auditoria; dar publicidade aos dados fiscais, sendo tal disponibilização feita mensalmente para o governo central e regional e o setor de segurança social, e trimestral para o governo local; assegurar que seu planejamento fiscal baseie-se em previsões macroeconômicas e orçamentárias realistas, utilizando os dados mais atualizados (incluindo-se as últimas previsões da Comissão Europeia e, se for o caso, de organismos independentes); criar regras fiscais específicas para garantir que o orçamento geral atenda às normas europeias, objetivando evitar déficits ou dívidas públicas excessivas, com fiscalização do cumprimento das regras por organismos independentes; estabelecer um quadro orçamental eficaz e credível a médio prazo que facilite a adoção de um horizonte de planejamento orçamental de, pelo menos, três anos, incluindo objetivos orçamentais plurianuais, projeções de despesas importantes e itens de receita e avaliação da sustentabilidade a longo prazo das finanças públicas; assegurar a consistência e a coordenação de todas as regras e procedimentos contábeis em todas as áreas da atividade do governo.

Refira-se que, em 2013 (portanto, já após a assinatura do Pacto Orçamental Europeu em 2012), sobreveio o denominado *"Two Pack"*, composto por dois regulamentos da UE que passaram a integrar o Pacto de Estabilidade e Crescimento. O primeiro é o Regulamento do Parlamento Europeu e do Conselho da UE nº 472/2013, de 21 de maio de 2013, relativo ao reforço da supervisão econômica e orçamental dos Estados-Membros da área do euro afetados ou ameaçados por graves dificuldades no que diz respeito à sua estabilidade financeira. Seu objetivo principal foi o de assegurar a estabilidade fiscal buscando evitar que potenciais efeitos negativos da crise nesses países se espalhassem pela zona do euro.

Já o Regulamento do Parlamento Europeu e do Conselho da UE nº 473/2013, também de 21 de maio de 2013, estabeleceu disposições comuns para o acompanhamento e a avaliação dos projetos de planos orçamentais e para a correção do déficit excessivo dos Estados-Membros da área do euro. Seus objetivos principais foram: 1) aperfeiçoar a supervisão das políticas orçamentais nos países da zona do euro, por meio de avaliação coordenada dos seus projetos de orçamento realizada anualmente, no outono, pela Comissão Europeia; 2) introduzir uma avaliação europeia de projetos de planos orçamentais num prazo coordenado, no outono, para os países da zona do euro; 3) aperfeiçoamento dos enquadramentos orçamentais nacionais, exigindo a criação de organismos independentes.

Este, portanto, o brevíssimo panorama da situação de busca da estabilidade orçamental na União Europeia quando da implantação do Pacto Orçamental Europeu, o qual será estudado adiante.

4.2 Aspectos do Pacto Orçamental Europeu

O Tratado sobre Estabilidade, Coordenação e Governação na União Econômica e Monetária é um conjunto de regras que regem a coordenação das políticas fiscais – sobretudo no seu aspecto orçamental – dos países da União Europeia,[66] com o objetivo de salvaguardar a solidez das finanças públicas dos seus signatários.

Assinado em Bruxelas, em 02 de março de 2012 e passando a viger a partir de 1º de janeiro de 2013, o Tratado versa sobre a estabilidade, coordenação e governança na união econômica e monetária entre os seus signatários, possuindo dois aspectos que se destacam: o de prevenção e o de correção. O aspecto *preventivo* assegura que a política fiscal dos países da UE seja executada de forma sustentável e o *corretivo* estipula de que forma os países devem atuar caso a sua dívida pública ou o seu déficit orçamental sejam considerados excessivos.

São partes no Tratado a Bélgica, a Bulgária, a Dinamarca, a Alemanha, a Estônia, a Irlanda, a Grécia, a Espanha, a França, a Itália, a República de Chipre, a Letônia, a Lituânia, o Grão-Ducado do Luxemburgo, a Hungria, Malta, o Reino dos Países Baixos, a Áustria, a Polônia, Portugal, Romênia, Eslovênia, Eslováquia, Finlândia e a Suécia.

Considerando suas políticas econômicas uma questão de interesse comum e com o objetivo de estreitar a coordenação das políticas econômicas na área do euro, promover condições favoráveis ao fortalecimento do crescimento econômico na União Europeia, além de preservar a estabilidade de toda a área do euro por meio da manutenção, por parte dos governos, de finanças públicas sãs e sustentáveis, sem déficits orçamentais excessivos, com a introdução de regras específicas, como uma "regra de equilíbrio orçamental" e um mecanismo automático para a adoção de medidas corretivas, foi celebrado o Tratado em questão pelas partes mencionadas.

---

[66] Com exceção do Reino Unido (em fase de saída), da Croácia (que entrou na zona do Euro na vigência do acordo) e da República Checa.

O objetivo expresso no Tratado, que se aplica tanto aos signatários que adotam o euro como moeda, quanto aos demais signatários que tenham moeda própria (art. 1º), foi o de

> reforçar o pilar econômico da união econômica e monetária, adotando um conjunto de regras destinadas a promover a disciplina orçamental mediante um pacto orçamental, a reforçar a coordenação das suas políticas econômicas e a melhorar a governança da área do euro, apoiando assim a realização dos objetivos da União Europeia em matéria de crescimento sustentável, emprego, competitividade e coesão social

A compatibilidade do Tratado com o direito da União Europeia e os respectivos ordenamentos jurídicos é um de seus pressupostos. Assim, nos termos de suas disposições, o Tratado deve ser aplicado e interpretado em conformidade com os tratados em que se funda a UE e com o direito da mesma, não colidindo com as competências da União Europeia para atuar no domínio da união econômica (art. 2º).

Contudo, deve-se salientar que o Pacto Orçamental não é integrante do direito comunitário europeu, pois, segundo Paul Craig, uma alteração ao Tratado sobre Funcionamento da União Europeia (direito comunitário europeu primário) para prever as regras hoje presentes no Pacto Orçamental exigiria quórum unânime. Todavia, em dezembro de 2011, no encontro do Conselho Europeu, tal proposta foi vetada pelo Reino Unido. Não sendo obtida a unanimidade, a Alemanha e a França insistiram na necessidade de regras mais austeras, sendo que a possibilidade de fazê-lo seria mediante um Tratado novo, fora do quadro do direito comunitário europeu e que não exigisse unanimidade para sua aprovação. Esta teria sido a razão para a criação do Pacto Orçamental europeu. Assim, aquilo que era juridicamente factível de ser realizado no âmbito do Tratado sobre Funcionamento da União Europeia não o era politicamente, em razão do veto e oposição do Reino Unido, o qual, a propósito, não assinou o Pacto Orçamental europeu.[67]

Sob o título denominado de Pacto Orçamental (Título III), o Tratado considera que a situação orçamental das administrações públicas dos países signatários deve ser equilibrada ou excedentária (art. 3º, item 1, alínea "a"), assim considerada quando "o saldo estrutural anual das administrações públicas tiver atingido o objetivo de médio prazo específico desse país, tal como definido no Pacto de Estabilidade

---

[67] CRAIG, Paul. *op. cit.* p. 485.

e Crescimento revisto, com um limite de déficit estrutural de 0,5% do produto interno bruto a preços de mercado" (art. 3º, item 1, alínea "*b*").

Ainda no mesmo dispositivo, o Tratado estipula que as partes devem convergir rapidamente em direção a tais objetivos, sendo que o prazo para convergência estipulado pela Comissão Europeia levará em conta os riscos para a sustentabilidade específicos de cada país. Os progressos realizados para atingir o objetivo de médio prazo e seu cumprimento são apreciados com base numa avaliação global que tenha como referência o saldo estrutural, incluindo uma análise da despesa líquida de medidas discricionárias em matéria de receitas, em linha com o Pacto de Estabilidade e Crescimento revisto (art. 3º, item 1, alínea "*b*").

Mas, cientes das dificuldades a serem enfrentadas, há previsão de ressalva para que as Partes Contratantes possam, de maneira excepcional e apenas em certas circunstâncias, se desviar temporariamente do respectivo objetivo de médio prazo ou da respectiva trajetória de ajustamento (art. 3º, item 1, alínea "c").

Sempre que a relação entre dívida pública e o produto interno bruto a preços de mercado for significativamente inferior a 60% e os riscos para a sustentabilidade a longo prazo das finanças públicas forem reduzidos, o limite para o objetivo de médio prazo fixado – tal como definido no Pacto de Estabilidade e Crescimento revisto – poderá atingir um *déficit* estrutural de, no máximo, 1,0% do produto interno bruto a preços de mercado, sendo certo que, se for constatado um desvio significativo do objetivo de médio prazo ou da respectiva trajetória de ajustamento, é automaticamente acionado um mecanismo de correção, sendo obrigação da respectiva Parte Contratante aplicar medidas para corrigir o desvio dentro de um determinado prazo (art. 3º, item 1, alíneas "*d*" e "*e*").

Consignou-se no Tratado, como objetivo dos Chefes de Estado ou de Governo dos Estados-Membros da área do euro e de outros Estados-Membros da União Europeia, a incorporação de suas normas referentes aos limites numéricos no respectivo direito nacional no prazo de até 1 ano da entrada em vigor do Tratado. Assim, o Tratado dispôs que as regras de que versam sobre o pacto orçamental devem ser incluídas no direito interno, através de disposições vinculativas e de caráter permanente – de preferência a nível constitucional – , ou cujo respeito e cumprimento possam ser plenamente assegurados ao longo dos respectivos processos orçamentais nacionais (art. 3º, item 2).

Definiu-se em relação aos *déficits excessivos*, para fins de conceituação, que se entende por "saldo estrutural anual das administrações públicas" o saldo anual corrigido das variações cíclicas e líquido de medidas extraordinárias e temporárias; e por "circunstâncias excepcionais" o caso de ocorrência excepcional não controlável pela Parte Contratante em causa e que tenha um impacto significativo na situação das finanças públicas ou períodos de recessão econômica grave tal como constam do Pacto de Estabilidade e Crescimento revisto, desde que o desvio temporário da Parte Contratante em causa não ponha em risco a sustentabilidade das finanças públicas a médio prazo (art. 3º, item 3).

Acerca dos *objetivos de médio prazo* estipulados no Tratado, ficou registrado que deverão ser regularmente atualizados com base numa metodologia acordada em comum, cujos principais parâmetros devem igualmente ser revistos com regularidade, refletindo adequadamente os riscos para as finanças públicas decorrentes de passivos explícitos e implícitos, conforme consubstanciado nos objetivos do Pacto de Estabilidade e Crescimento. Ademais, a realização de progressos suficientes para atingi-los dever ser apreciada com base numa avaliação global que tenha como referência o saldo estrutural, incluindo uma análise da despesa líquida de medidas discricionárias em matéria de receitas, em linha com as disposições especificadas ao abrigo do direito da União Europeia, sendo que o mecanismo de correção a ser eventualmente introduzido deverá ter por objetivo corrigir os desvios face ao objetivo de médio prazo ou à respectiva trajetória de ajustamento, incluindo o seu efeito acumulado sobre a dinâmica da dívida pública.

Quando a relação entre a dívida pública e o produto interno bruto de uma Parte Contratante exceder o valor de referência de 60%, esta assume a obrigação de reduzi-la à taxa média de um vigésimo por ano como padrão de referência, sendo certo que a existência de um déficit excessivo em razão da violação do critério da dívida ensejará o procedimento previsto no art. 126º do Tratado sobre o Funcionamento da União Europeia (art. 4º).

Dentro deste procedimento, o Conselho da União Europeia pode decidir aplicar, ou eventualmente reforçar, uma ou mais das seguintes medidas: a) exigir que o Estado-Membro em causa divulgue informações complementares, a determinar pelo Conselho, antes de emitir obrigações e títulos; b) convidar o Banco Europeu de Investimento a reconsiderar a sua política de empréstimos em relação ao Estado-Membro em causa; c) exigir do Estado-Membro em causa a constituição, junto da União Europeia, de um depósito não remunerado de montante apropriado, até que, na opinião do Conselho, o déficit excessivo tenha sido corrigido; d) impor multas de importância apropriada. Ao final, o Presidente do Conselho informará o Parlamento Europeu das decisões tomadas.

O Tratado ainda prevê que, caso um país signatário sujeite-se a um procedimento relativo aos *déficits* excessivos, este deverá instituir um programa de parceria orçamental e econômica que especifique as reformas estruturais a serem adotadas a fim de assegurar uma correção efetiva e sustentável do seu déficit excessivo, cujo teor e formato, devem ser definidos no direito da União Europeia, e serão acompanhados pelo Conselho da União Europeia e pela Comissão Europeia (art. 5º).

Com o objetivo de coordenar melhor o planejamento da emissão de dívida nacional, os países signatários devem, ainda, comunicar previamente ao Conselho da União Europeia e à Comissão Europeia os respectivos planos de emissão da dívida pública (art. 6º).

Os países signatários manifestaram sua disponibilidade para apoiar as propostas que a Comissão Europeia venha a apresentar a fim de reforçar o Pacto de Estabilidade e Crescimento, quanto ao reforço da supervisão econômica e orçamental dos Estados-Membros afetados ou ameaçados por graves dificuldades de estabilidade financeira, assim como quanto ao estabelecimento de disposições comuns para o acompanhamento e a avaliação dos projetos de planos orçamentais e para a correção do déficit excessivo dos Estados-Membros (art. 7º).

Nesse sentido, o Tratado prevê que a Comissão Europeia deve apresentar às partes signatárias um relatório sobre as disposições adotadas por cada uma delas. Concluindo a Comissão que o país não cumpriu as disposições do Tratado, é prevista que uma ou mais Partes Contratantes proporão ação junto ao Tribunal de Justiça da União Europeia, sendo facultado também a qualquer outra parte que entender ter havido descumprimento, independentemente do relatório da Comissão, a proposição de mesma referida ação.[68] Em ambos os

---

[68] Para Paul Craig, numa interpretação literal do art. 8º do Pacto Orçamental, havendo parecer da Comissão Europeia concluindo que um país signatário não cumpriu as disposições do Tratado, existirá uma obrigatoriedade (e não uma faculdade) de propositura da ação contra o país violador da norma. Somente haveria faculdade de propor a ação na ausência de parecer da Comissão Europeia, ou seja, quando um Estado-parte detectasse por si só o descumprimento de outro Estado signatário: "Se a Comissão produzir um relatório negativo sobre um Estado contratante, isso desencadeia uma obrigação imperiosa para outra parte contratante de levar o Estado recalcitrante ao Tribunal de Justiça da UE. Isto fica claro a partir da redação do art. 8º do Pacto Orçamental Europeu, o qual estabelece que o Estado contratante 'promoverá' tal ação. Esta redação demonstra uma clara obrigação, conforme aceito pelo Serviço Jurídico do Conselho. Esta conclusão é, além disso, reforçada pelo contraste entre a primeira e a segunda partes do art. 8º, n. 1, do Pacto Orçamental: se houver um relatório negativo da Comissão, um Estado contratante 'promoverá" uma ação, ao passo que, na falta de intervenção da Comissão, o Estado contratante 'pode' processar outro Estado por descumprimento do art. 3º, n. 2 do Pacto Orçamental. O primeiro claramente consagra uma obrigação legal, pois, de outra forma, a distinção entre a primeira e segunda partes do art. 8º, n. 1, do Pacto Orçamental não ficaria de pé. Esta interpretação ganha força

casos, o acórdão do Tribunal de Justiça é vinculativo para as partes no processo, as quais tomam as medidas necessárias à execução do acórdão no prazo fixado pelo Tribunal de Justiça. O Tribunal de Justiça pode condenar a parte que não cumpriu o Tratado ao pagamento de uma quantia fixa ou de uma sanção pecuniária compulsória, adequada às circunstâncias, que não pode ser superior a 0,1% do seu produto interno bruto, a ser paga ao Mecanismo Europeu de Estabilidade – para os países cuja moeda seja o euro – ou ao orçamento geral da União Europeia para os demais (art. 8º).

O Tratado versa também sobre a *coordenação das políticas econômicas* que promovam o bom funcionamento da união econômica e monetária, além do crescimento econômico, com os objetivos de promover a competitividade, incentivar o emprego, contribuir para a sustentabilidade das finanças públicas e reforçar a estabilidade financeira, e tudo isso sem que prejudiquem o mercado interno, nem a coesão econômica, social e territorial, não podendo constituir uma restrição, nem uma discriminação ao comércio entre os Estados-Membros, nem provocar distorções de concorrência entre eles. E, a fim de definirem um método de aferição das melhores práticas e atuarem no sentido de uma coordenação mais estreita das políticas econômicas, as Partes Contratantes asseguram que todas as reformas significativas de política econômica a que planejam proceder serão previamente debatidas e, quando adequado, coordenadas entre elas, envolvendo as instituições da União Europeia (arts. 9º a 11º).

Sob o título de Governação da Área do Euro (Título V), os chefes de Estado ou Governo dos países signatários que adotam o euro como moeda, juntamente com o Presidente da Comissão Europeia, comprometem-se a promover encontros regulares – Cimeiras do Euro – a fim de debater os temas relacionados ao Tratado. O Presidente do Banco Central Europeu é convidado a participar nessas reuniões e a presença dos chefes de Estado e Governo dos países signatários

---

adicional pelo Anexo ao Pacto Orçamental acerca das disposições em relação a qual Estado promoverá a ação nos termos do art. 8º do Pacto Orçamental. O Anexo prevê que os Estados contratantes autores da ação 'serão' os Estados que ocupam a Presidência do Conselho em conformidade com o art. 1º, n. 4, do Regulamento Interno do Conselho, e que o pedido, nos termos do art. 273º do Tratado sobre o Funcionamento da UE, 'será protocolado' por esses Estados na secretaria do Tribunal de Justiça da UE no prazo de três meses a contar da recepção do relatório da Comissão informando que um Estado contratante não cumpriu o art. 3º, n. 2 do Pacto Orçamental. Assim, a redação do art. 8º do Pacto Orçamental, lida em conjunto com o Anexo, leva inexoravelmente à conclusão de que os Estados contratantes que ocupam a Presidência do Conselho são obrigados a promover uma ação com base em um relatório negativo da Comissão e que esse mesmo relatório será a base da ação". (tradução livre – CRAIG, Paul. *op. cit.* p. 500).

fora da zona do Euro é bem-vinda. Ainda, o Parlamento Europeu e os parlamentos nacionais das Partes Contratantes definirão em conjunto a organização e promoção de uma conferência de representantes das comissões relevantes do Parlamento Europeu e de representantes das comissões relevantes dos parlamentos nacionais, a fim de debaterem as políticas orçamentais e outras questões abrangidas pelo Tratado (arts. 12º e 13º).

Finalmente, em disposições gerais e finais, o Tratado registra a sua vigência a partir de 1º de janeiro de 2013 com 12 Partes Contratantes, podendo outras aderirem ao mesmo em momento futuro, sendo que, até o ano de 2018, com base numa avaliação da experiência adquirida com a sua aplicação, serão adotadas as medidas necessárias, em conformidade com o Tratado da União Europeia e com o Tratado sobre o Funcionamento da União Europeia, com o objetivo de incorporar o teor do Tratado no quadro jurídico da União Europeia (arts. 14º a 16º).

4.3 Federalismo fiscal na União Europeia e no Brasil

A União Europeia (UE) é uma união econômica e política que conta atualmente com 28 Estados-Membros[69] soberanos situados no continente europeu, em que residem cerca de 500 milhões de pessoas e cujas origens remontam à Comunidade Europeia do Carvão e do Aço (1951) e à Comunidade Econômica Europeia (1957). Em 1992, o Tratado de Maastricht (*Tratado da União Europeia*) instituiu a União Europeia com o nome atual, conferindo ao Parlamento da UE uma participação mais ampla na tomada de decisões e adicionando novos domínios políticos de cooperação.[70] A UE vale-se, para sua atuação, de um conjunto de organismos supranacionais independentes, bem como de ajustes e acordos entre os Estados-Membros.

Alguns de seus objetivos principais, de acordo com o art. 3º do Tratado sobre o Funcionamento da União Europeia (TFUE), são: assegurar a livre circulação de pessoas; estabelecer um mercado interno e empenhar-se no desenvolvimento sustentável da Europa, assente num crescimento econômico equilibrado e na estabilidade dos preços, numa economia social de mercado altamente competitiva que tenha como meta o pleno emprego e o progresso social, e num elevado nível de proteção

---

[69] Por referendo de 23 de junho de 2016, o Reino Unido decidiu por sua retirada da UE, processo que está previsto para findar em 30 de março de 2019.
[70] COMISSÃO EUROPEIA. *Como funciona a União Europeia*: guia das instituições da União Europeia. Luxemburgo: Serviço das Publicações da União Europeia, 2014. p. 3-4.

e de melhoramento da qualidade do ambiente; fomentar o progresso científico e tecnológico; combater a exclusão social e as discriminações; promover a coesão econômica, social e territorial, e a solidariedade entre os Estados-Membros; respeitar a riqueza da sua diversidade cultural e linguística e velar pela salvaguarda e pelo desenvolvimento do patrimônio cultural europeu; estabelecer uma união econômica e monetária cuja moeda é o euro (a chamada *Zona Euro*, criada em 1999 e atualmente composta por 18 Estados-Membros).

Como bem assentou José F. F. Tavares,[71] "as finanças europeias, tal como hoje as conhecemos, são fruto de uma longa, complexa e profunda evolução, coincidente com a natureza e os conteúdos das Comunidades Europeias e do seu desenvolvimento até a União Europeia na sua forma atual".

O ordenamento jurídico-fiscal da União Europeia é estruturado com base nos seguintes diplomas: o *Tratado da União Europeia* (TUE), de 7 de fevereiro de 1992 (assinado em Maastricht), com as alterações posteriores, a última das quais introduzida pelo Tratado de Lisboa, de 13 de dezembro de 2007, com destaque para os arts. 4º, 5º, 13º, 14º e 16º; o *Tratado sobre o Funcionamento da União Europeia* (TFUE), designação dada pelo Tratado de Lisboa, que contém o quadro jurídico-financeiro fundamental aplicável, conforme os arts. 119º a 133º, 136º a 138º e a Parte IV (arts. 223º e 334º) relativa às disposições institucionais e financeiras; o *Regulamento Financeiro da União Europeia* (regulamento CE/EURATOM nº 1605/2002, do Conselho, de 25 de junho – JOCE, nº L248/1, de 16-09-2002, com as alterações posteriores, até sua revogação pelo Regulamento UE/Euratom nº 966/2012), que pode ser comparado a uma lei de enquadramento orçamental; e o *Regulamento nº 2342/2002*, da Comissão, de 23 de dezembro de 2002, com as alterações posteriores, que estabelece as normas de execução do Regulamento financeiro (JOCE, nº L357/1, de 31-12-2002).[72]

Na sua composição, a União Europeia contempla as seguintes principais instituições: a) *Parlamento Europeu*: composto por 751 deputados eleitos pelos cidadãos europeus a cada 5 anos, sendo o órgão com função eminentemente legislativa, incluindo a orçamental e de supervisão; b) *Conselho Europeu*: é o órgão político por excelência, que reúne trimestralmente (cimeira) os Chefes de Estado e de Governo

---

[71] TAVARES, José F.F. Linhas de Evolução das Finanças Públicas Europeias. In: CATARINO, João Ricardo; TAVARES, José F. F. (Coord.). *Finanças Públicas da União Europeia*. Coimbra: Almedina, 2012. p. 36.
[72] *Ibidem*. p. 37.

dos Estados-Membros para orientar e definir a agenda política da UE; c) *Conselho da União Europeia*: composto pelos ministros dos governos dos Estados-Membros, com a função de discutir, alterar e aprovar legislação e coordenar políticas, com base nas orientações do Conselho Europeu; d) *Comissão Europeia*: composto por uma equipe de comissários representantes de cada Estado-Membro, é um órgão tipicamente executivo, que apresenta proposta legislativas e executa a legislação e as decisões do Parlamento Europeu e do Conselho da UE, dentre elas a definição das prioridades de despesa da UE (juntamente com o Conselho e o Parlamento), a elaboração dos orçamentos anuais que devem ser aprovados pelo Parlamento e pelo Conselho e o controle das despesas, que são verificadas pelo Tribunal de Contas; e) *Tribunal de Justiça da União Europeia*: composto por um juiz de cada Estado-Membro e de advogados-gerais, este órgão interpreta o direito europeu para determinar a sua aplicação de maneira uniforme em todos os integrantes da UE, cabendo, inclusive, a anulação de atos legislativos europeus e a aplicação de sanções; f) *Banco Central Europeu*: instituição eminentemente financeira, que tem a finalidade de gerir o euro, manter a estabilidade do mercado financeiro e conduzir a política econômica e monetária da UE; g) *Tribunal de Contas Europeu*: é um órgão independente de controle externo da UE, que audita as receitas e despesas da UE e apresenta relatórios sobre a situação fiscal das instituições e Estados-Membros.

Além destas instituições, há outras com funções setoriais, como: o *Serviço Europeu para a Ação Externa*, que apoia o Alto Representante da União Europeia para a Política Externa e de Segurança Comum; o *Comitê Econômico e Social Europeu*, que representa a sociedade civil, os empregadores e os trabalhadores; o *Comitê das Regiões Europeias*, que representa as entidades regionais e locais; o *Banco Europeu de Investimento*, que financia projetos de investimento da UE; o *Provedor de Justiça*, que investiga as queixas relativas a casos de alegada má administração por parte das instituições ou dos organismos da UE; a *Autoridade Europeia para a Proteção de Dados*, que salvaguarda a confidencialidade dos dados pessoais dos cidadãos; o *Serviço das Publicações Oficiais*, que publica informações sobre a UE; o *Serviço Europeu de Seleção do Pessoal*, que recruta pessoal para as instituições e outros organismos da UE; a *Escola Europeia de Administração*, cuja função é dar formação em áreas específicas a membros do pessoal da UE; além de uma série de outras agências e organismos com tarefas técnicas, científicas e de gestão.[73]

---

[73] Conforme informações disponibilizadas no site oficial da União Europeia.

Conforme relata José F. F. Tavares,[74] nos cerca de 60 anos de vida de integração europeia, podem ser identificados quatro fases de evolução (ainda que não se possa precisar com exatidão o momento que as separa), cuja evolução acompanhou o movimento de construção europeia e as fases de integração econômica: zona de comércio livre, união aduaneira, mercado comum, união econômica, monetária e política. Houve, segundo ele, duas etapas de integração – uma, com a eliminação de obstáculos e a consagração das liberdades de circulação de pessoas, mercadorias, serviços e capitais, da harmonização de legislações, nomeadamente no domínio fiscal; outra, através da instituição de um sistema de órgãos e de uma ordem jurídica, bem como de políticas econômicas e financeiras convergentes e orientadas para objetivos comuns. Nesse sentido, as quatro fases de evolução nas finanças europeias são assim delimitadas:

> 1ª Fase inicial (desde o início até aprox. 1970), com um modelo semelhante ao das organizações internacionais; 2ª Fase de construção dos alicerces de finanças próprias (1970 a 1977); 3ª Consolidação do sistema de finanças próprias (1977 a 1987/88); 4ª Fase atual, a que alguns autores chamam "no caminho de uma Europa federal".

Percebe-se, assim, que a União Europeia dispõe, hoje, de um sistema jurídico-financeiro próprio e autônomo, a partir de processo de integração em vários níveis, dentro de objetivos de coordenação e governação econômica e orçamental, na busca de uma maior estabilidade das economias europeias, para estabelecer as bases de um crescimento sustentado.

Por sua vez, o Brasil, contando com cerca de 200 milhões de habitantes, é estruturado como Estado Federal desde a formação da República, quando a Constituição de 1891, inspirada no modelo norte-americano, adotou o arquétipo federativo dual (União e Estados), ao afirmar: "a República Federativa, proclamada a 15 de novembro de 1889, constitui-se, por união perpétua e indissolúvel das suas antigas Províncias, em Estados Unidos do Brasil" (art. 1º). A Constituição Federal de 1988 estabeleceu nossa atual estrutura federativa contemplando a União, os Estados, o Distrito Federal e os Municípios, ao prescrever que: "A República Federativa do Brasil, formada pela união indissolúvel dos Estados e Municípios e do Distrito Federal, constitui-se em Estado Democrático de Direito..." (art. 1º). Todos os entes federativos são dotados de autonomia na sua organização político-administrativa (art.

---

[74] TAVARES, José F. F. *op. cit.* p. 30-41.

18), manifestada pela capacidade de auto-organização, de autogoverno e de autoadministração, inserida, nesta última, a necessária autonomia financeira.

Esclareça-se que a federação brasileira não nasceu de uma coalizão, como no fenômeno histórico das 13 colônias que gestou a federação americana, mas do desdobramento de um Estado unitário monárquico. Até hoje essa característica da federação brasileira fica saliente no reduzido espaço de autonomia dos Estados-Membros se comparado com o que ocorre em terras norte-americanas.

Já quanto aos Estados-Membros da UE, estes gozam do atributo da *soberania*, um grau de autonomia ainda maior que a dos entes estaduais norte-americanos. De fato, apesar da ressignificação que o conceito de soberania vem sofrendo em um mundo globalizado, os Estados-Membros da UE são formalmente qualificados como "soberanos", característica que não é predicável dos Estados tanto na federação brasileira como na norte-americana.[75]

Esse talvez seja o maior obstáculo para aqueles que não aceitam a qualificação da UE como federação (preferindo denominá-la de *confederação* ou *associação de Estados*).[76] Na definição clássica, nos Estados

---

[75] A soberania dos Estados-Membros da UE, conquanto não anulada, é *de facto* mitigada pela existência de organismos comunitários supranacionais: "De destacar, a este propósito, são as importantes limitações à soberania decorrentes da integração comunitária europeia, relativamente aos países membros da União Europeia, apresentando-se esta como uma verdadeira instância de decisão supranacional, a qual limita a soberania no seu vector interno, afectando a própria característica conceitual da unidade através da primazia do direito comunitário, da aplicabilidade directa das normas comunitárias, da decisão por maioria dos órgãos comunitários e da obrigatoriedade das decisões do Tribunal de Justiça, e restringe a expressão externa da soberania, na medida em que, em termos exclusivos ou em concorrência com os Estados membros, assume a competência da política externa economicamente relevante. Limitações que, por não terem atingido um '*point of no return*', que torne a transferência da soberania para a União completa e irreversível, não põem em causa a soberania dos Estados. De facto a estes assiste o direito de saída voluntária". (NABAIS, José Casalta. A soberania fiscal no quadro da integração europeia. In: *Por um Estado fiscal suportável*: estudos de direito fiscal. Coimbra: Almedina, 2008. v. II. p. 14).

[76] "A Europa, hoje, é uma associação de Estados soberanos, e nada mais. [...] Como a União Européia ainda é, como já mencionado acima, apenas uma associação de Estados soberanos, não podemos dizer que ela tenha rompido completamente com os padrões anteriores e criado algo novo. Apesar das imensas mudanças que a simples existência da União Européia trouxe para o relacionamento dos Estados europeus entre si e como mundo, a Europa de hoje ainda é um continente de Estados-nação soberanos. O grande divisor de águas, na Europa, será o momento de transferência de soberania dos Estados nacionais para a União. Será a partir desse momento que surgirá, ou não, algo radicalmente novo no continente. [...] O momento crítico de qualquer projeto europeu, portanto, será o da transferência real de soberania dos Estados europeus para a União, com a unificação dos sistemas judicial e eleitoral, da polícia, das forças armadas, da política externa, de imigração, etc. Claro que esse passo radical pode muito bem não se dar e, nesse caso, a Europa continuará a ser a associação de Estados que ela é hoje, ou, no máximo, se tornará uma firme Confederação,

Federados, *não há soberania das suas unidades*, mas apenas autonomia política e administrativa de cada ente integrante, organizados e estruturados, essencialmente, a partir de uma repartição de competências constitucionalmente distribuídas, de maneira equilibrada e harmônica.[77] Como decorrência dessa ausência de soberania, a possibilidade de secessão é, em regra, vedada (o que não ocorre com os Estados-Membros da UE, que podem sim retirar-se), como pontua Paulo Gustavo Gonet Branco[78] ao distinguir o modelo federativo do confederativo:

> Na medida em que os Estados-membros não são soberanos, é comum impedir que os Estados se desliguem da União – no que o Estado Federal se distingue da confederação. É frequente, nos textos constitucionais, a assertiva de ser indissolúvel o laço federativo (caso do art. 12 da Constituição [brasileira] de 1988).

Em geral, trabalha-se com um conceito típico para facilitar a compreensão do objeto explicado, contudo, deve-se saber que é admissível uma certa elasticidade, não havendo um conceito unívoco que esgote todas as manifestações possíveis do fenômeno federal.[79] Aliás, J. Albano Santos[80] parafraseia R. Rhodes para dizer que "neste domínio a terminologia é tão profusa quanto confusa".

Neste sentido é que se admite falar de uma "federação europeia" (ainda que se excluindo a característica típica de ausência de soberania), embora se tendo claro que tal nomenclatura não quer significar um processo de formação de federação idêntico ao dos EUA ou do Brasil (e mesmo entre esses dois últimos países há diferenças notáveis).[81]

---

na qual os Estados membros manterão a sua soberania, associada a fortes vínculos entre si." (BERTONHA, João Fábio. Federação, Confederação ou Império: Qual o futuro da União Européia? *Meridiano 47* – Journal of Global Studies, v. 7, n. 67, fev. 2006. p. 3.

[77] ZIMMERMANN, Augusto. *Teoria Geral do Federalismo Democrático*. Rio de Janeiro: Lumen Juris, 2005. p. 15.

[78] MENDES, Gilmar Ferreira; BRANCO, Paulo Gustavo Gonet; COELHO, Inocêncio Mártires. *Curso de Direito Constitucional*. 4. ed. São Paulo: Saraiva, 2009. p. 851.

[79] Também salienta este aspecto José F. F. Tavares: "Como já sublinhámos, os conceitos de *federalismo* (ou sistema federal) e de *Estado federal* não têm, na doutrina, um sentido unívoco, sendo, nalguns casos, associados, total ou parcialmente, a realidades afins, tais como descentralização, Estado unitário regional, integração e outras..." (TAVARES, José F. F. O federalismo – sua caracterização. In: *Estudos de Administração e Finanças Públicas*. Coimbra: Almedina, 2004. p. 58).

[80] SANTOS, J. Albano. *Economia Pública*. 2. ed. Lisboa: Instituto Superior de Ciências Sociais e Políticas, 2012. p. 269.

[81] Aqui não entramos na discussão cultural e sociológica da unidade da língua e da história, uma vez que é possível que diversos grupos culturais, étnicos e linguísticos convivam sob uma mesma federação ou Estado, como o caso da Espanha, que sequer é uma federação

Embora não haja um só arquétipo de federação ou de Estado Federativo, inegável que o conceito de federação traz ínsitas as ideias de união, no sentido de confluência de objetivos comuns e harmonização de interesses, sob a égide de uma mesma normatização – uma Constituição – e de descentralização, mormente política, caracterizando-se pela liberdade dos entes que compõem a federação dentro de sua esfera de competência.

Assim, embora não se trate de uma federação pelos cânones tradicionais, inegável que a UE é dotada de diversas características típicas do federalismo, a saber: 1) o Tratado da União Europeia se assemelha a uma Carta Constitucional e não se prevê tempo limite para a duração da UE; 2) existem mecanismos de transferências financeiras de Estados-Membros a instituições comunitárias (bem como de instituições comunitárias a Estados-Membros), recordando os instrumentos federais de transferências intergovernamentais; 3) sistema institucional de decisão por maioria, como nos sistemas federais; 4) existe um poder legislativo a cargo das instituições europeias distinto do Legislativo nacional de cada Estado-Membro; 5) primazia e aplicabilidade direta da norma comunitária em face do direito interno (tal como a primazia da lei federal de abrangência nacional em face das leis locais típica do sistema federado); 6) existência de moeda única.[82]

Tem-se, assim, como correto atribuir ao processo de formação da comunidade europeia um *federalismo regional atípico*, indicando uma federação formada por Estados e resultando de uma intensa busca histórica da união pela paz, tanto pelo fortalecimento econômico quanto pelo fortalecimento de bases sociais.

Suplantado este ponto, cabe-nos aqui discorrer sobre a vertente do federalismo que interessa a um estudo de direito financeiro, a saber, o *federalismo fiscal*, entendido como expressão financeira da forma com que os entes que compõem a federação se organizam e se relacionam na realização do seu *munus*, enfrentando e harmonizando as tensões decorrentes de uma multiplicidade de interesses e das diferenças regionais – culturais, sociais e econômicas – na busca da implementação

---

(trata-se de Estado unitário) em que convivem bascos, galegos, catalães etc. Portanto, não reputamos que as diferenças linguísticas e culturais no âmbito de cada país membro da União Europeia sejam relevantes a ponto de afastar o enquadramento em um modelo federal.

[82] Tais características comparativas com as federações podem ser encontradas em LOBATO, Caroline; AZEVEDO NETO, A. O. A construção do federalismo na Europa integrada e no Brasil: a evolução do pacto federativo de seu conceito teórico à versão internacional e sua potencial importação pelo sistema brasileiro. In: DAL RI JR., Arno *et al* (Coord.). *Teoria e história do direito internacional*. Florianópolis: CONPEDI, 2014. v. 1. p. 15.

de um modelo federal cooperativo, a fim de realizar um objetivo comum para toda a nação.

No Brasil, este federalismo fiscal se consubstancia na distribuição constitucional da partilha de recursos patrimoniais e das competências financeiras e tributárias para legislar, fiscalizar e cobrar recursos, assim como a redistribuição de receitas entre os entes federados, no sentido de conferir a cada ente condições para realizar suas respectivas atribuições públicas, igualmente estabelecidas na Carta Constitucional.[83]

A estrutura de Estado Federal de um país com as dimensões do Brasil e com consideráveis diferenças socioeconômicas regionais impõe atenção para alguns aspectos tidos para nós como extremamente sensíveis, tais como: a) o equilíbrio entre atribuições distribuídas aos entes federativos e os recursos financeiros para a sua realização (fins e meios); b) critérios justos e ideais de distribuição de recursos entre entes desiguais; c) a excessiva concentração de poder fiscal nas mãos da União em prejuízo dos Estados e Municípios; d) o balanceamento entre as competências tributárias e as transferências financeiras intergovernamentais; e) o imprescindível exercício da competência tributária pelos entes federativos; f) o jogo democrático no processo orçamentário; e g) o imperioso respeito ao instrumento de lei complementar como veículo instituidor de normas gerais em matéria financeira.

A distribuição das competências tributárias entre Estados e Municípios, fixada nos arts. 145 a 156 da Constituição, foi desenhada a partir de critérios históricos e políticos e com alguma racionalidade fiscal. Todavia, ao estabelecer homogeneamente as competências, em que todos os entes têm direito igualmente a instituir determinados tributos, deixa de levar em consideração as realidades próprias e as disparidades existentes entre eles, especialmente aquelas de ordem econômica e demográfica. Isto é, na medida em que é horizontalmente atribuída a competência de forma homogênea, porém, incidente em bases econômicas e demográficas distintas, e sem levar em consideração elementos como renda *per capita*, densidade populacional e desenvolvimento urbano, econômico e social, origina-se uma clara desigualdade arrecadatória entre os entes federativos, diante da existência de diferenças entre as unidades economicamente mais fracas e as que detêm maior desenvolvimento da base econômica e maior potencial arrecadatório.

---

[83] ABRAHAM, Marcus. *As Emendas Constitucionais Tributárias e os Vinte Anos da Constituição Federal de 1988*. São Paulo: Quartier Latin, 2009. p. 230-231.

As dificuldades inerentes ao modelo de distribuição de competência tributária são bem sintetizadas por Manoel Gonçalves Ferreira Filho:[84]

> Tal técnica, porém, apresenta como inconveniente o fato óbvio de que a diferença de condições econômicas entre regiões de um mesmo todo faz com que a mesma matéria tributável seja rendosa para um Estado e não o seja para outro. Com efeito, um imposto sobre produção agrícola, por exemplo, não renderá num Estado industrializado e assim por diante.

Igual preocupação temos em relação aos critérios de distribuição de recursos das transferências intergovernamentais, mecanismo instituído para, ao reconhecer as disparidades regionais e a incapacidade arrecadatória de alguns entes, reduzir financeiramente o desequilíbrio fiscal entre eles e permitir que possam exercer suas atribuições mais adequadamente. Entretanto, ainda que sejam levados em consideração critérios como renda e população, como ocorre com os Fundos de Participação dos Estados (FPE) e Municípios (FPM), apenas estas variáveis, a nosso ver, não são suficientes para atender as peculiaridades de cada região e ente.

Destacamos, também, a preocupação quanto ao desequilíbrio do poder fiscal entre os três entes federativos, uma vez que a indesejada concentração do poder no federalismo fiscal brasileiro em favor da União, em detrimento dos Estados e Municípios, propicia negativas consequências, tais como: a) o enfraquecimento do processo democrático decorrente da luta entre as forças políticas regionais e a central; b) uma indesejada competição fiscal – vertical e horizontal – entre os entes federativos, conhecida como "guerra fiscal"; c) a incapacidade de o governo central exercer satisfatoriamente sua função coordenadora em todo o território, gerando práticas autônomas dos governos regionais e locais incompatíveis com o interesse nacional; d) a minimização dos processos de redução das desigualdades regionais e do estímulo ao desenvolvimento social e econômico local.

Por sua vez, a União Europeia enfrenta também desafios de grande monta na gestão de suas finanças. Os dilemas enfrentados pela União Europeia como comunidade formada por Estados soberanos de tão diversas culturas, populações e realidades econômicas, são semelhantes ao de uma federação. Como salienta João Ricardo Catarino

---

[84] FERREIRA FILHO, Manoel Gonçalves. *Curso de Direito Constitucional*. 31. ed. São Paulo: Saraiva, 2005. p. 71.

ao falar sobre a criação de uma nova área de estudos denominada *fiscal federalism*, seus "limites se têm vindo a alargar sucessivamente visando agora tratar não apenas dos problemas dos Estados federais [...], mas também das especificidades da comunidade dos Estados".[85]

É que, como salientam José Casalta Nabais e Suzana Tavares da Silva, o advento da análise *federalista fiscal* surge como uma forma de responder à premência na obtenção de recursos para satisfazer as exigências das comunidades locais, independentemente de ser acompanhada por uma estrutura política federal (não sendo, pois, aplicável apenas a Estados federados *stricto sensu*).[86] Recordam também que, com a crise da configuração tradicional dos Estados nacionais e soberanos, ocorre a

> transferência do centro de decisão de algumas políticas importantes para entidades supranacionais, como acontece com particular amplitude e intensidade no seio da União Europeia em sede das políticas econômicas com importantes reflexos no domínio fiscal. Num tal quadro, compreende-se que as estruturas do poder local, pressionadas pela proximidade relativamente aos problemas e sobrecarregadas perante a "diluição do poder público governativo" e a "fuga de serviços desconcentrados do Estado", ao mesmo tempo que assumem tarefas novas, reclamem um acréscimo do poder tributário para poder fazer face ao aumento dos encargos comunitários com tais tarefas.[87]

Ademais, os Estados-Membros apresentam distintos níveis de desenvolvimento social e econômico, obrigando as autoridades europeias, frequentemente, a uma adaptação e flexibilização das regras a cada realidade nacional. Nazaré da Costa Cabral recorda o problema na UE da falta de convergência entre as economias nacionais e a manutenção de importantes disparidades regionais, sendo relevante definir as transferências financeiras com as quais os Estados-Membros poderão contar para o planejamento de suas políticas estruturais, de modo a delimitar a extensão da solidariedade entre os países membros.[88]

---

[85] CATARINO, João Ricardo. *Finanças públicas e direito financeiro*. 3. ed. Coimbra: Almedina, 2016. p. 187.

[86] NABAIS, José Casalta; SILVA, Suzana Tavares da. O Estado pós-moderno e a figura dos tributos. In: OTERO, Paulo; ARAÚJO, Fernando; GAMA, João Taborda da. (Org.). *Estudos em memória do Prof. Doutor J. L. Saldanha Sanches*. v. 3: Direito fiscal: parte geral. Coimbra: Coimbra Editora, 2011. p. 273.

[87] Ibidem. p. 273-274.

[88] CABRAL, Nazaré da Costa. *A teoria do federalismo financeiro*. 2. ed. Coimbra: Almedina, 2015. p. 19.

Da perspectiva das receitas tributárias, na Federação Brasileira, os entes que a compõem – União, Estados e Municípios – detêm todos competências tributárias e, assim, rendas próprias. No caso da União Europeia, os Estados soberanos gozam cada um de seu sistema tributário independente, a lhes permitir livremente o exercício de suas competências, seja como entes subnacionais ou estados soberanos.

A União Europeia procura mecanismos para, em um contexto em que se prestigie o crescimento sustentável, emprego e coesão social de todo o bloco – seja em relação aos países que adotam o euro como moeda, seja em relação ao demais –, integrar a diversidade de seus membros e coordenar suas políticas fiscais salvaguardando a solidez das finanças públicas dos países soberanos que o integram, bem como de todo o bloco.

Nesse sentido, tal como na federação brasileira, que tem cada ente subnacional como parte de um todo que precisa se desenvolver em conjunto, o bloco trata as políticas econômicas de cada país como uma questão de interesse comum, procurando estreitar a coordenação das políticas econômicas na área do euro, promovendo condições favoráveis à estabilidade e ao fortalecimento do crescimento de todo o bloco.

Para alcançar tais objetivos, o bloco trabalha para manter as finanças públicas dos países hígidas e sustentáveis, sem déficits orçamentais excessivos ou sem crescimento acelerado da dívida pública. O chamado Pacto de Estabilidade e Crescimento (PEC) da UE (1997), assim como o Tratado sobre Estabilidade, Coordenação e Governação (2012) são importantes instrumentos no sentido de enfrentar os desafios do que se pode chamar de federalismo fiscal europeu.

Vê-se, com isso, que o poder central efetivamente interfere em aspectos relevantes da política orçamental dos países membros e nos limites dos gastos públicos. Como salienta Federico Fabbrini, os Estados-Membros da UE acabam sendo obrigados pelo Pacto Orçamental Europeu a assumir uma "regra de ouro" de estabilidade e a ter de submeter seus procedimentos orçamentais a limitações impostas por organismos supranacionais. Este autor registra que isso não deixa de apresentar uma certa ironia, pois nos EUA, exemplo clássico de federalismo, não há por parte do poder central tal imposição aos Estados, o que faria da UE (uma federação *sui generis* e atípica), nesse aspecto, mais centralizada que um modelo federativo tradicional.[89]

---

[89] FABBRINI, Federico. The Fiscal compact, the "golden rule", and the paradox of European federalism. *Boston College International & Comparative Law Review*, vol. 36, issue 1, Winter 2013. p. 33.

Também Kenneth Armstrong[90] indica uma tendência de se clamar pelo fortalecimento da governança econômica na União Europeia baseada na hierarquia "como resposta às falhas percebidas na coordenação descentralizada de políticas e na intergovernamentalidade". Assim, os pacotes de medidas legislativas na área econômica e fiscal adotadas no âmbito da UE e impostos aos países-membros seriam um símbolo desse estilo de governança baseada em regras oriundas do poder central, tendo como máximo exemplo a norma do Pacto Orçamental que impõe a adaptação das regras internas de cada país (preferencialmente a nível constitucional) para incorporar os limites de austeridade fiscal estabelecidos naquele Tratado.

Outra característica dos mecanismos fiscais europeus são as transferências de órgão da UE para auxiliar Estados-Membros em situação de crise financeira, tal como ocorre no sistema federado em que o poder central socorre os entes regionais e locais. Como exemplo, pode-se citar o auxílio de 78 bilhões de euros recebidos por Portugal em 2011.[91] Contudo, tais transferências são sempre acompanhadas de exigências de austeridade fiscal a serem implementadas por parte dos países que receberam o auxílio.

Cabe destacar ainda outro tema candente que diz respeito à questão se todos os Estados-Membros, em razão da heterogeneidade de suas características, serão capazes de levar a cabo da mesma forma as políticas de austeridade fiscal, bem como o grau de aporte de recursos e partilha de riquezas que os membros economicamente mais desenvolvidos estariam dispostos a realizar em favor dos membros mais frágeis da UE. Para José Pedro Teixeira Fernandes, a maior pujança econômica de certos países do bloco, como Alemanha e França, traria consigo o risco de transformar a UE numa união em que "um núcleo restrito de estados, sob a fachada de um governo econômico europeu ou outra [fachada], pode obter poderes institucionais e legitimidade para definir uma orientação compulsiva geral."[92]

Como se pode ver, independentemente da nomenclatura que desejarmos dar para a forma de organização política assumida pela UE, não há como negar que alguns de seus arranjos institucionais

---

[90] ARMSTRONG, Kenneth. Differentiated economic governance and the reshaping of dominium law. In: ADAMS, Maurice; FABBRINI, Federico; LAROUCHE, Pierre (ed.). *The Constitutionalization of European Budgetary Constraints*. Oxford: Hart, 2014. p. 66-67.
[91] FERNANDES, José Pedro Teixeira. Federalismo: solução para a crise na União Europeia? Uma perspetiva portuguesa. *Relações Internacionais*, n. 44, dez.2014. p. 88.
[92] *Ibidem*. p. 90.

mimetizam aqueles aplicados em Estados federais clássicos, razão pela qual o estudo dos mecanismos aplicáveis à UE pode ser útil como base de comparação a um modelo federal como o brasileiro. Nas palavras de José F. F. Tavares:

> O que se verifica é que a União Europeia dispõe, hoje, de um ordenamento jurídico-financeiro próprio e autônomo com todos os ingredientes da ordem financeira de um Estado (orçamento, conta, regras de execução, responsabilidade financeira, sistema de fiscalização, o Parlamento como autoridade orçamental...). Não é possível, porém, ainda falar de uma ordem jurídica financeira global compreendendo a União e os Estados membros. Na realidade, o processo que se tem desenvolvido é de uma profunda integração, a vários níveis, em especial, a programação financeira, o regime sobre déficits orçamentais excessivos e a cooperação crescente na execução financeira por parte das Administrações dos Estados membros e até entre os Estados membros.
> Tudo isto configura, na verdade, um fenómeno de integração. Muito embora o federalismo exija integração, pode haver integração sem federalismo.
> Estamos, porém, num processo federalizante. Atualmente, o ordenamento jurídico-financeiro da União Europeia não é, em bom rigor, federal. Ainda pode falar-se deste ordenamento e dos ordenamentos jurídico-financeiros dos Estados membros, num processo crescente de integração, ainda que num ambiente de grave crise econômica e financeira, cujo fim ainda não se vislumbra.[93]

4.4 Austeridade fiscal e o Pacto Orçamental Europeu

A palavra "austeridade" significa rigidez, pouca flexibilidade, baixo índice de maleabilidade. Na seara fiscal, austeridade significa controle nas contas públicas, envolvendo tanto o viés arrecadatório, como o da despesa e do endividamento. Visa, essencialmente, a evitar que se gaste mais do que se arrecade, dentro do ideal de superávit fiscal, bem como não deixar a dívida pública crescer de maneira insustentável e que se torne impagável, prejudicando a geração atual com elevados gastos financeiros para a sua manutenção e as futuras gerações que não se beneficiaram da sua formação.

Como já tivemos oportunidade de mencionar, o Tratado da União Europeia, a partir do Tratado de Maastrich de 7 de fevereiro de 1992, já previa no seu art. 104 que os Estados-Membros devem evitar déficits

---

[93] TAVARES, José F. F. Linhas de Evolução das Finanças Públicas Europeias. *op. cit.* p. 55-56.

orçamentais excessivos, sendo que a Comissão Europeia acompanharia a evolução da situação orçamental e do montante da dívida pública nos Estados-Membros, a fim de identificar desvios importantes. Naquele instrumento, constaram em Anexo (Protocolo nº 20, sobre o procedimento relativo aos déficits excessivos) os valores de referência de 3% para a relação entre o déficit orçamental programado ou verificado e o produto interno bruto a preços de mercado; e 60% para a relação entre a dívida pública e o produto interno bruto a preços de mercado. Estas disposições constaram também do Regulamento (CE) nº 1466/97, do Conselho, de 7 de julho, relativo ao reforço da supervisão das situações orçamentais e à supervisão e coordenação das políticas econômicas, com a redação que lhe foi dada pelo Regulamento (UE) nº 1175/2011, do Parlamento Europeu e do Conselho, de 16 de novembro (Pacto de Estabilidade e Crescimento revisto).

Já o Pacto Orçamental Europeu, seguindo estas diretrizes, consignou as seguintes providências:

a) no seu artigo 3º: que a situação orçamental das administrações públicas de uma Parte Contratante deve ser equilibrada ou excedentária, assim entendida se o saldo estrutural anual das administrações públicas tiver atingido o objetivo de médio prazo específico desse país, tal como definido no Pacto de Estabilidade e Crescimento revisto, com um limite de déficit estrutural de 0,5% do produto interno bruto a preços de mercado.

b) no seu artigo 4º: quando a relação entre a dívida pública e o produto interno bruto de uma Parte Contratante exceder o valor de referência de 60%, esta deverá reduzi-la a uma taxa média de um vigésimo por ano como padrão de referência.

c) no seu artigo 5º: caso seja sujeita a um procedimento relativo aos déficits excessivos a Parte Contratante deverá instituir um programa de parceria orçamental e econômica que especifique as reformas estruturais que tem de adotar e aplicar para assegurar uma correção efetiva e sustentável do seu déficit excessivo, tudo acompanhado pelo Conselho da União Europeia e pela Comissão Europeia.

d) no seu artigo 8º: o descumprimento dos compromissos poderá ensejar uma ação no Tribunal de Justiçada União Europeia, cujo acórdão do Tribunal será vinculativo, podendo-se, inclusive, requerer a imposição de sanções pecuniárias, e condenação em sanção pecuniária compulsória.

Segundo Olívio Mota Amador,[94] a adoção da estabilidade orçamental fundamenta-se numa dupla perspectiva: econômica e

---

[94] AMADOR, Olívio Mota. A Estabilidade Orçamental e os Poderes do Ministro das Finanças. In: CUNHA, Paulo de Pitta e (Coord.). *Estudo Jurídicos e Econômicos em Homenagem ao Prof. Doutor António de Souza Franco*. v. III. Coimbra: Coimbra Editora, 2006. p. 524.

comunitária. A perspectiva econômica assenta no diagnóstico de que a estabilidade macroeconômica é afetada por políticas orçamentais que fomentem déficits demasiado elevados, geradores de acumulação de dívida pública e de manutenção de uma elevada carga fiscal. Já na perspectiva comunitária, o déficit orçamental de um Estado pode repercutir nos restantes e colocar a estabilidade monetária do bloco em risco.

Inequivocamente, a busca do desenvolvimento econômico muitas vezes vem acompanhada com políticas de austeridade fiscal que envolvem o aumento na arrecadação tributária e o corte orçamentário de gastos, sobretudo como mecanismo de superação de crises financeiras que abalam os alicerces econômicos e elevam sobremaneira o endividamento estatal.

A disciplina fiscal, além de favorecer o controle na arrecadação e nos gastos públicos, tem um efeito positivo perante o mercado financeiro e, em especial, para com os grandes credores privados das dívidas soberanas, reduzindo o risco em honrar o seu pagamento e, por consequência, diminuindo os custos com esta.

Relata-nos Eduardo Paz Ferreira[95] que, na sequência da crise financeira de 2007/2008, a União Europeia pôs de pé políticas expansionistas que tiveram reflexos no desequilíbrio das contas públicas nacionais. Aproveitando a crise grega, os defensores da ortodoxia financeira viriam, todavia, a inverter radicalmente esse caminho, avançando no sentido da austeridade e do equilíbrio orçamental, entendidos como única forma para superar a crise. Porém, de maneira contundente, o Catedrático da Faculdade de Direito de Lisboa critica a austeridade excessiva presente no Tratado e com um modelo único de resposta para todos os signatários sem levar em conta os diferentes graus de desenvolvimento, nos seguintes termos:

> A austeridade nos países deficitários deveria sempre ser compensada por políticas expansionistas nos países excedentários, de forma a permitir uma expansão das exportações daqueles. (...) As regras, em vez de terem um enviesamento no sentido das políticas orçamentais restritivas, que limitam o crescimento econômico, deveriam não só permitir, mas até impor, políticas orçamentais expansionistas aos países com excedentes substanciais e persistentes, de modo a reduzir

---

[95] FERREIRA, Eduardo Paz. A Crise do Euro e o Papel das Finanças Públicas. In: CATARINO, João Ricardo; TAVARES, José F. F. (Org.). *Finanças Públicas da União Europeia*. Coimbra: Almedina, 2012. p. 27-31.

os desequilíbrios financeiros no interior da Zona do Euro e facilitar o ajustamento nos países com maiores déficits externos.

No mesmo sentido, Paulo de Pitta e Cunha[96] critica a austeridade excessiva, ponderando se de fato são equitativos a distribuição dos sacrifícios exigidos e os seus previstos efeitos e se trilham o caminho da efetiva recuperação.

De fato, dependendo do nível de austeridade adotada, além dos questionamentos de natureza econômica (pela redução na demanda de bens e serviços) e a natural impopularidade que elas geram perante a sociedade, sobretudo quando envolvem cortes na máquina pública, reformas no sistema de previdência (especialmente com o aumento da idade para a aposentadoria) e no modelo do funcionalismo público (com estabelecimento de redução ou de tetos salariais), tais medidas podem dificultar a oferta de serviços públicos tidos como essenciais que envolvem direitos fundamentais e sociais como saúde, educação, previdência e segurança pública.[97]

A crítica a tais mecanismos de restrição fiscal como diretamente atingindo o Estado de bem-estar social europeu provém de várias partes. A organização não governamental *Caritas Europa*, em seu relatório de 2015 sobre a crise europeia, indica que a introdução do Pacto Orçamental se deu com pouquíssimo debate nacional, apesar do impacto que terá sobre as políticas públicas na área social, promovendo uma separação entre o processo democrático e o econômico. Segundo o relatório, as diretivas provenientes da União Europeia priorizam a temática macroeconômica, esquecendo-se dos investimentos para combater a pobreza.[98]

Ademais, o relatório aponta que as políticas de contenção fiscal são guiadas por uma lógica de redução de custos (e não de aumento de receitas), com seu necessário impacto sobre mulheres, crianças, idosos, desempregados, imigrantes ou pessoas com deficiências, vistos como

---

[96] CUNHA, Paulo de Pitta e. Em torno do Tratado Europeu sobre a disciplina orçamental. In: CUNHA, Paulo de Pitta e (Coord.). *Estudo Jurídicos e Econômicos em Homenagem ao Prof. Doutor António de Souza Franco*. Vol. III. Coimbra: Coimbra Editora, 2006. p. 639.

[97] Segundo Vani Borooah, algumas das principais medidas de austeridade fiscal levadas a cabo foram: 1. redução nos benefícios pecuniários e nas pensões e aposentadorias; 2. aumento de tributos diretos e outras contribuições; 3. aumento de tributos indiretos; 4. redução na oferta de serviços públicos; 5. redução nos gastos com bens públicos; 6. cortes na remuneração dos funcionários públicos; 7. cortes na oferta de empregos públicos. (BOROOAH, Vani K. *Europe in an Age of Austerity*. New York: Palgrave Macmillan, 2014. p. 102)

[98] CARITAS EUROPA. *Crisis Monitoring Report 2015*: Poverty and inequalities on the rise; Just social systems needed as the solution. Brussels: Caritas Europa, 2015. p. 13-14.

"danos colaterais" na busca pelo equilíbrio fiscal e pagamento da dívida pública. A política de austeridade imposta no curto prazo, especialmente nos países com proteção social mais débil, estaria colocando o peso do ajuste fiscal sobre os ombros daqueles que não criaram a crise na Europa e que possuem menos condições para suportar tal fardo.[99]

Contudo, apesar do diagnóstico genérico lançado por *Caritas Europa* de que a austeridade fiscal se dá sempre pelo lado da redução de despesas, João Ricardo Catarino e Rui Salvador comprovam com dados da Direção-Geral do Orçamento, do Portal do Governo português e do Instituto Nacional de Estatística que, no caso de Portugal, a redução do déficit orçamental nos anos de 2010 a 2013 foi baseada primariamente no lado do aumento de receitas fiscais (de 31,6% para 34,9% do PIB, representando uma subida de 10,4%). Por sua vez, Portugal procurou evitar o quanto possível os cortes nos programas sociais, pois, segundo os mesmos autores, "registou-se assim, nas funções sociais, uma redução inferior à que ocorreu com a despesa fiscal total, ao contrário do que sucedeu com a despesa fiscal associada a funções econômicas".[100]

Mark Blyth,[101] professor de política econômica internacional na Brown University, uma das principais vozes que vergasta a austeridade fiscal como método de retomada do crescimento, analisa a crise e chega à conclusão de que o corte de gastos na área social, além de sacrificar a população, não resolve o problema de crescimento dos países que os implementam.

Para ele, a crise tem origem no socorro dado pelos entes estatais ou supranacionais ao sistema bancário, evitando a falência geral dos bancos mas aumentando a dívida dos entes públicos. Assim, é o auxílio oferecido às instituições financeiras na esteira da crise do *subprime americano* de 2008 que seria o principal fator gerador do endividamento, e não os gastos sociais, não sendo os mecanismos de austeridade eficazes.[102]

---

[99] *Ibidem*. p. 16 e 72.

[100] Os dados econômicos que comprovam tais afirmações podem ser encontrados em CATARINO, João Ricardo; SALVADOR; Rui Miguel Alcario. Consolidação orçamental nas economias em crise: o contributo da despesa fiscal em Portugal entre 2011 e 2014. *Novos Estudos Jurídicos*, v. 21, n. 2, maio/ago. 2016. p. 474-483.

[101] BLYTH, Mark. *Austerity*: the history of a dangerous idea. New York: Oxford University Press, 2013. p. 229 e ss.

[102] No mesmo sentido, cf. CORIAT, Benjamin. Building on institutional failures: the European Treaty on Stability, Coordination and Governance. *LEM Working Paper Series*. Dec. 2014. Disponível em: <https://www.econstor.eu/bitstream/10419/119846/1/814440177.pdf>: "On one level, the choice of these new rules is a tacit acceptance of the idea that the crisis afflicting the Eurozone is not primarily the result of deregulated, globalized finance, but a problem of public finances. Without regard for the undeniable facts, in particular that the explosion in

A solução proposta por este autor é drástica: o sistema bancário deveria ser abandonado à sua própria sorte, e exemplifica com o caso da Islândia após a crise de 2008, que deixou seus bancos quebrarem, mas hoje apresenta índices de crescimento superiores a países europeus que assumiram uma postura de austeridade. Também advoga por uma maior taxação dos estratos financeiramente mais abonados como forma de gerar receita para diminuição da dívida pública e do déficit orçamental.[103]

Dissemos acima *solução drástica* (quiçá utópica?), pois não se pode ignorar que, numa época de globalismo e alta volatilidade de capitais, como apontou Zygmunt Bauman,[104] a facilidade de deslocalização de empresas e de instituições financeiras faz com que a responsabilização do setor bancário pelos custos da crise (mormente pela via da tributação majorada acima da média mundial) gere o risco de trasladação da sede destas instituições. Exemplo concreto e recente dessa volatilidade transnacional do capital foi a "fuga" de sedes de empresas e bancos da Catalunha após esta declarar sua "independência" em relação ao restante da Espanha.[105] Como assevera Nuno Florindo D'Assunção Silva,

> Existem outras situações inerentes a circulação de capital e de gestão de activos que se consubstanciam noutros factores de globalização

---

public debts and deficits was subsequent to and a direct result of the financial crisis of 2008-2010, the implicit idea underpinning the Treaty is that the main threat to the Eurozone stems from the existence of national governments that are 'overindulgent' and living beyond their means. Consequently, the 'disciplining' of these governments is seen as the solution to the crisis. The implications of this view are well-known. It calls for budget cuts applied both to the number and pay of public employees and to social spending (pensions, health, benefits, etc.) with the risk, as explained above, that the recessionary impact of these cuts will create an endless vicious circle. The examples of Greece, Spain and Italy are there to remind us that this is not just a theoretical hypothesis. Quite apart from the highly questionable nature of the idea that the current crisis was caused by excessive public spending, the solution proposed by the Treaty is very paradoxical. From the observation that member states have not been able to respect the 3% limit, the conclusion has been drawn that a limit of 0.5% will be more likely to succeed. As if tightening a constraint that it had been impossible to respect in the past might increase the chances of success in the future!".

[103] Veja-se nessa linha de ampliar a tributação, por exemplo, a proposta da UE de criação de um imposto sobre transações financeiras (ITF), cujo objetivo, nas palavras da Comissão Europeia, é o de que "Estados-membros e seus cidadãos garantam que o setor financeiro realize uma contribuição justa e substancial às finanças públicas. Ademais, este setor deveria devolver ao menos parte do que os contribuintes europeus já pré-financiaram no contexto das operações de resgate dos bancos." (Disponível em: <http://ec.europa.eu/taxation_customs/taxation-financial-sector_en>).

[104] BAUMAN, Zygmunt. *Globalização*: as consequências humanas. Rio de Janeiro: Jorge Zahar, 1999.

[105] Notícia disponível em: <http://www.dn.pt/mundo/interior/mais-de-500-sedes-de-empresas-disseram-adeu-a-catalunha-8841688.html>.

financeira. [...] Os factores humanos são mais ou menos estáveis, os Estados perderam capacidades para controlar os factores de capitais. Por exemplo, a tributação de capitalização de capital pode levar a transferência de capital de um país para outro de forma instantâneo, com prejuízo para o país residente.[106]

Também John Quiggin,[107] professor de economia na Universidade de Queensland (Austrália), assevera que, com o prosseguimento da crise, o foco saiu da evidente falha dos mercados financeiros para ser colocado sobre as falhas dos governos no controle dos gastos e da dívida pública. Esta ênfase revolve sobre dois elementos: 1. a manutenção da confiança dos credores de títulos da dívida pública; 2. os cortes nos déficits orçamentais como forma de fomentar a confiança dos mercados, sobretudo na via de redução de despesas (e não no aumento de receitas). No âmbito europeu, a pressão maior pela austeridade provém da Alemanha e do Banco Central Europeu. Mas, segundo este autor, embora a institucionalização da austeridade acalme, no curto prazo, os credores da dívida pública, esta terá o potencial de causar danos à economia europeia e de destruir a legitimidade política ao não estimular o crescimento da economia e da empregabilidade.

Na mesma linha de Quiggin, o Relatório Mundial de Proteção Social da Organização Internacional do Trabalho (2014/2015)[108] indica que, a partir de 2010, as despesas com políticas públicas na área social diminuíram como resultado da crise, como se o gasto governamental fosse a real origem desta. Na verdade, a OIT atribui a causa principal da crise ao aumento do débito público contraído para salvar o sistema bancário de um colapso total e à desaceleração da economia. Os países mais vulneráveis da União Europeia, entre os quais se encontrava Portugal, não teriam suportado o baque financeiro, necessitando posteriormente de auxílio da UE.

Este auxílio da UE veio com a contrapartida de que os países receptores das transferências financeiras adotassem políticas de austeridade fiscal, com diminuição do Estado e dos gastos públicos

---

[106] SILVA, Nuno Florindo d'Assunção. Um sistema fiscal no dealbar da troika: caso de Portugal. In: FERREIRA, Eduardo Paz; TORRES, Heleno Taveira; PALMA, Clotilde Celorico (Org.). *Estudos em Homenagem ao Professor Doutor Alberto Xavier*. Coimbra: Almedina, 2013. v. II. p. 489.

[107] QUIGGIN, John. What Have We Learned from the Global Financial Crisis? *The Australian Economics Review*, v. 44, n. 4. p. 361.

[108] INTERNATIONAL LABOUR ORGANIZATION. *World Social Protection Report 2014/15*: building economic recovery, inclusive development and social justice. Geneva: ILO, 2014. p. 128-129.

como a principal receita para remediar o déficit, acalmar os mercados e revitalizar a economia. Para a OIT, iniciou-se assim o desmonte do modelo de Estado social europeu, naquilo que Daniel Vaughan-Whitehead convencionou chamar de "perda da alma da Europa".[109] O *welfare state* europeu passaria a ser visto a partir de agora como pesado e de manutenção excessivamente custosa, características que reduziriam a competitividade e desencorajariam o crescimento.

Na visão da OIT, essa mudança de paradigma colocou o pagamento do serviço da dívida e o equilíbrio fiscal como prioridades, relegando a um segundo plano as questões do emprego e da proteção social, sendo efetuados cortes nas áreas sociais mesmo com a majoração nos indicadores sociais de desemprego e pobreza. Segundo estatísticas desse órgão, o desemprego cresceu mais de 45% nos países de alta renda da OCDE, com mais de 44 milhões de desempregados neste de 2008 para 2013, havendo nos países da Europa mais 9,5 milhões de pobres de 2008 para 2012, com especial incremento da pobreza entre crianças.

Assim, para a OIT, o avanço do desemprego e da pobreza nos países europeus deveria ter sido contrabalançado por certas medidas de fomento à proteção social, e não por cortes que tivessem objetivos de equilíbrio fiscal. Também constata que a redução da proteção social ocorreu sobremaneira em países com déficits orçamentais mais elevados, como o caso de Grécia, Portugal e Irlanda. Além disso, as medidas de ajuste fiscal privilegiariam o lado do corte de despesas, e não do aumento de receitas, como se pode ver no Gráfico 1:

---

[109] VAUGHAN-WHITEHEAD, Daniel. Is Europe losing its soul? The European social model in times of crisis. Conference organized by the International Labour Office in collaboration with the European Commission. In: VAUGHAN-WHITEHEAD, Daniel (Ed.): *The European social model in times of economic crisis and austerity policies*. Geneva: ILO, 2014. p. 1-52.

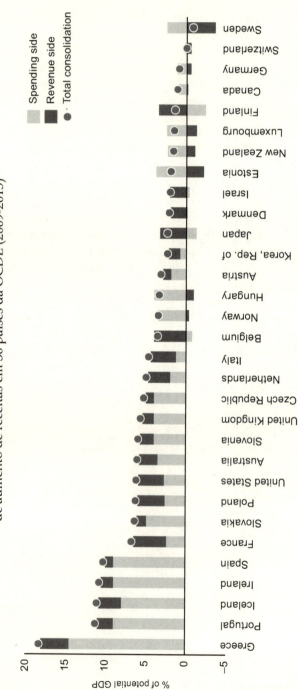

Gráfico 1 – Distribuição de ajuste fiscal por medidas de corte de gastos e de aumento de receitas em 30 países da OCDE (2009-2015)

Podem-se apresentar exemplos práticos de cortes na área social envolvendo o Estado português. O primeiro se refere aos investimentos públicos em saúde[110] e, segundo dados de Marina Karanikolos *et alii* sobre a austeridade fiscal e o impacto no setor da saúde, o Programa de Ajuste Econômico para Portugal[111] (2011-2014) do FMI, União Europeia e Banco Central Europeu (a chamada *troika*) exigiu o corte de € 670 milhões no sistema público de saúde português. Foi estabelecida uma meta de diminuição do gasto com medicamentos de 1,55% do PIB em 2010 para 1,25% do PIB em 2012 e 1% em 2013. Houve congelamento e redução de salários dos servidores públicos, incluindo na área de saúde. A coparticipação dos cidadãos portugueses no custeio dos serviços de saúde prestados foi aumentada, indo de €2·25 para €5·00 nas consultas de atenção primária à saúde, enquanto as visitas de emergência subiram de €3·80 para €10·00 na atenção primária à saúde e de €9·60 para €20·00 na atenção secundária à saúde.[112]

Em relação aos investimentos públicos de caráter social que afetam a proteção da família, estudo publicado pela UNICEF indica que, em Portugal, como resultado das medidas de austeridade fiscal implementadas a partir de 2009, houve decréscimo dos investimentos nessa área,[113] como se pode ver no Gráfico 2.[114]

O relatório de indicadores sociais da OCDE para 2016[115] também aponta que, em razão das medidas fiscais de contenção de despesas públicas, houve decréscimo de 3% nos investimentos em educação entre 2010 e 2012 nos países da OCDE, sendo registradas quedas de mais de 8% na Austrália, Estônia, Hungria, Noruega, Portugal e Espanha, conforme Gráfico 3.

---

[110] "The most vulnerable people are those in countries facing the largest cuts to public budgets and increasing unemployment. Both job loss and fear of job loss have adverse effects on mental health, and income reduction, growing health-care costs, and cuts in services prevent patients from accessing care in time. Such effects have been noted in Greece, Spain, and Portugal (panels 3–5)." KARANIKOLOS, Marina et al. Financial crisis, austerity, and health in Europe. *The Lancet*, v. 381, issue 9874, p. 1.328.

[111] Este Programa veiculava uma série de exigências que visavam à diminuição do déficit orçamental português de 9.8% do PIB em 2010 para 5.9% em 2011, 4.5% em 2012 e 3% em 2013 como condição para que Portugal recebesse auxílio financeiro do FMI e da União Europeia de € 78 bilhões.

[112] KARANIKOLOS, Marina *et al. op. cit.* p. 1.328.

[113] CANTILLON, Bea et al. *Children of austerity*: impact of the Great Recession on child poverty in rich countries. Oxford: UNICEF / Oxford University Press, 2017. p. 23.

[114] *Ibidem.* p. 25.

[115] OECD. *Society at a Glance 2016*: OECD Social Indicators. Paris: OECD Publishing, 2016. p. 96-97.

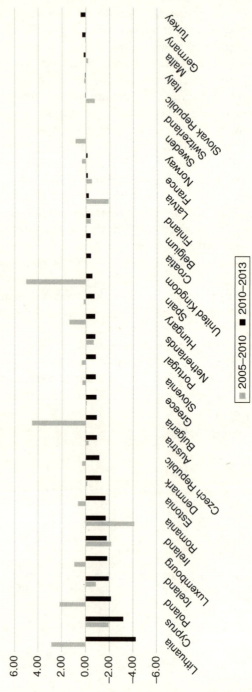

Gráfico 2 – Alteração no gasto com benefícios em favor das famílias em parcela das despesas totais com proteção social (2005–2013) em 32 países

CAPÍTULO IV
TRATADO SOBRE ESTABILIDADE, COORDENAÇÃO E GOVERNAÇÃO DA UNIÃO EUROPEIA | 125

Gráfico 3 – Declínio nas despesas públicas com educação em percentual do PIB entre 2010 e 2012

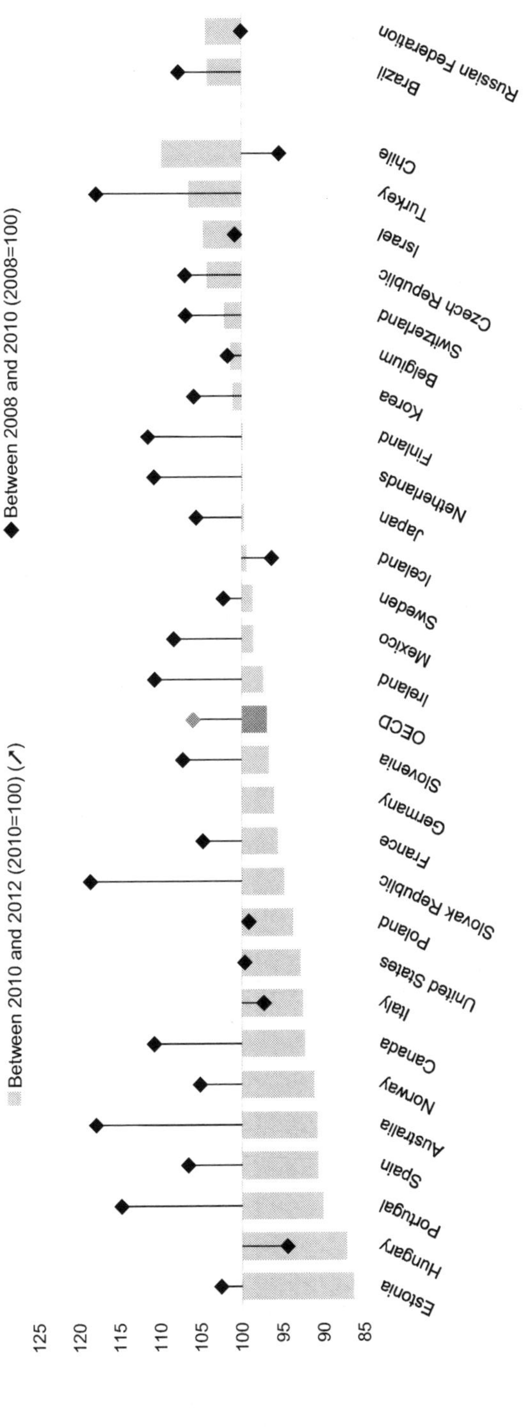

Se por um lado as críticas realmente tocam um calcanhar de Aquiles (a saber, o de que também haverá reduções de investimentos nas áreas sociais), por outro, é impossível fugir da pressão que os mercados e os organismos europeus fazem sobre os países integrantes do bloco para que implementem tais medidas. A condição mesma para que a União Europeia libere verbas para auxílio aos países em situação de crise econômica é que reduzam gastos, bem como existem instrumentos sancionatórios para os países que descumprirem as metas.

Ninguém ignora que um Estado de bem-estar social somente se realiza com vultosos gastos públicos. Formou-se um consenso relativamente uniforme em boa parte dos Estados democráticos ocidentais no sentido de que certas prestações que compõem o mínimo existencial e a dignidade da pessoa humana devem ser ofertadas pelo Estado.

Não obstante, até alguns séculos atrás, no Ocidente, os serviços de saúde, por exemplo, eram prestados privadamente ou em regime caritativo por organizações religiosas, já que não se considerava como uma obrigação essencial do Estado oferecer prestações de serviços relativos à saúde. O mesmo ocorria na educação, na assistência aos pobres, idosos e desvalidos (*seguridade social*), atividades que também restavam tradicionalmente nas mãos de entidades religiosas ou associações privadas.[116] Por óbvio, a transferência paulatina para o Estado de tais atividades não se fez sem exercer forte pressão sobre as contas públicas.

Contudo, concentrar-se apenas na crítica de que os investimentos no campo social sofrerão, sem tentar oferecer meios para contrabalançar os dois polos desta discussão, configura-se uma utopia. A radicalização do discurso, buscando ignorar a forma como atualmente os mercados estão estruturados mundialmente no capitalismo financeiro, acaba por gerar uma fuga de capitais e ausência de investimentos que redunda em prejuízo da própria população.

Como assevera Miguel Poiares Maduro, a célere transferência de capitais de uma nação para outra configura uma verdadeira "forma de externalidades democráticas transnacionais impostas aos Estados. Em outras palavras, os movimentos transnacionais de capital têm um profundo impacto dentro de um Estado, mas sem estarem sujeitos

---

[116] Para uma breve análise deste tema histórico em Portugal e no Brasil, cf. ALMEIDA, Suely Creusa Cordeiro de. O Estado, a Igreja e a Caridade. In: *Simpósio Nacional de História*, 2005, Londrina. Anais do XXIII Simpósio Nacional de História – História: guerra e paz. Londrina: ANPUH, 2005. Disponível em: <http://anais.anpuh.org/wp-content/uploads/mp/pdf/ANPUH. S23.0969.pdf>.

a seu controle democrático".[117] Os mercados possuem seus próprios mecanismos para "colocar de joelhos" aquelas nações que se recusarem a, em alguma medida, ceder a metas de austeridade fiscal.

Inobstante os debates ideológicos entre liberalismo e intervencionismo que permeiam a questão como pano de fundo, aliados ao entrechoque conceitual que contrapõem a austeridade ao desenvolvimentismo, fato é que as diretivas adotadas no Pacto Orçamental Europeu, sobretudo por este deter mecanismos de controle realizados por um "agente externo", como é o caso da Comissão Europeia, sinalizam aos seus signatários que a governança fiscal é um caminho com sacrifícios, mas que se bem conduzido, pode oferecer um retorno satisfatório.[118]

---

[117] MADURO, Miguel Poiares. New Governance for the European Union and the Euro: Democracy and Justice. *Yearbook of Polish European Studies*, 16/2013. p. 113.

[118] José Casalta Nabais, sob a forma de questionamentos para a reflexão aos quais não oferece respostas prontas, apresenta esse dilema da seguinte forma: "De todo o modo, a troca de argumentos entre partidários e críticos desta acepção de austeridade deixa-nos algumas dúvidas quanto ao quadro em que vem sendo discutida, a saber: i) o modelo de desenvolvimento económico para a retoma há-de ser ainda o do crescimento da economia à maneira do século XX, independentemente do que a mesma venha a produzir? Isto é, basta fazer girar o dinheiro sem atender ao que se produz, a quem se destina e que redistribuição de capital pode proporcionar?; ii) o elevado nível de endividamento público e privado que se atingiu não revela que a nossa economia não estava estruturalmente bem organizada? Por outras palavras, basta reanimá-la e pô-la a crescer, repetindo a receita, se bem que agora aplicada a uma doença diferente?; iii) a austeridade aliada ao aumento da carga e esforço fiscais não está a agravar o fosso entre ricos e pobres? E um tal resultado é uma decorrência directa da redução da despesa pública (todos os novos pobres eram, directa ou indirectamente, dependentes de dinheiro público) ou a revelação de que a redistribuição do rendimento no actual modelo social está pervertida?
Na verdade, é nossa intuição que a crise veio agravar e pôr em evidência algumas fragilidades estruturais das políticas económicas e sociais adoptadas nas últimas décadas e cujo rumo importa agora alterar radicalmente. A austeridade é, nesta medida, indissociável de uma profunda reforma do Estado, a qual, adequando-o à nova Sociedade em que actualmente vivemos, bem diferente da do século passado, lhe há-de proporcionar uma configuração capaz de assegurar a respectiva *sustentabilidade* económico-financeira e social. Por conseguinte, antes e para além da aceitação ou não da austeridade e da medida e conformação com que venha a ser implementada, se imponha confrontar a Sociedade com algumas perplexidades decorrentes das profundas alterações sofridas pelo quadro da modernidade que suportou o sucesso do Estado até finais do século XX. Com efeito, não nos podemos esquecer que a modernidade se baseou numa profunda confiança no progresso, assente, em larga medida, na pré-compreensão racional da Sociedade. Um pressuposto falacioso, como a história acabaria por demonstrar, mas do qual as ideologias construídas sobre os valores do humanismo acabaram por não cuidar devidamente. Embriagados pelo 'bom viver' do crescimento económico, políticos, indivíduos, organizações, empresas e até os intelectuais, poucos teorizaram o 'bem viver', e ninguém cuidou dos limites ao crescimento ou das políticas alternativas de desenvolvimento. Não admira, portanto, que sejam hoje escassos os recursos financeiros, e, em igual medida, as ideias para a dinamização de políticas públicas diferentes." (NABAIS, José Casalta. Crise e sustentabilidade do Estado fiscal. In: *Por um Estado fiscal suportável*: estudos de direito fiscal. Coimbra: Almedina, 2015. v. IV. p. 132-133).

4.5 Soberania nacional e o Pacto Orçamental Europeu

Em matéria orçamentária, como em poucos outros temas, o Poder Legislativo exerce sua função típica e histórica de deliberar sobre a arrecadação e dispêndio dos recursos públicos, evocando a Magna Carta de 1215 e os primórdios do constitucionalismo ocidental. O "poder da bolsa" (*the power of the purse*) continua, após oito séculos, a compor uma das mais nobres atividades dos Parlamentos mundo afora.

Justamente a partir dessa constatação de que os Parlamentos nacionais surgiram historicamente para tratar de questões envolvendo receitas e despesas públicas, coloca-se a crítica de que o Pacto Orçamental Europeu retiraria do Poder Legislativo nacional a autonomia na resolução de uma de suas mais excelsas atividades,[119] transferindo-a para a União Europeia.

Ademais, o Pacto Orçamental exige que as metas de estabilidade orçamental sejam incorporadas ao direito nacional, preferencialmente em nível constitucional, ou ao menos em uma lei cuja alteração exija quórum qualificado (conhecidas genericamente na realidade europeia como *leis orgânicas*, isto é, leis cujas matérias são reservadas pela Constituição para serem aprovadas por um quórum especial de votação, distinto daquele exigido para as leis ordinárias).

Isso faz surgir problemas específicos, pois alguns países membros ostentam uma rigidez constitucional considerável, como o caso da Bélgica e da Holanda, em que não basta que a emenda constitucional seja votada com quórum especial em cada casa do Parlamento, mas

---

[119] "The Fiscal Compact, however, strikes at the heart of the institutions of parliamentary democracy by dislocating as a matter of constitutional principle the budgetary autonomy of the member states. It affects the power of the purse of national parliaments (and also for the European Parliament!), historically the primary spring of development of their powers." (LB/JHR. The Fiscal Compact and the European constitutions: 'Europe speaking German'. *European Constitutional Law Review*, 8, issue 1, 2012. p. 5-6). No mesmo sentido, DAWSON, Mark; WITTE, Floris de. Constitutional Balance in the EU after the Euro-Crisis. *The Modern Law Review*, 76 (5), 2013. p. 827: "In addition to the absence of a forum for the articulation of the citizens' voice, and of any mediation between diverse policy alternatives on the European level, the austerity drive, in particular through the obligations provided for under the European Semester, also sidelines national parliaments from the budgetary control that constitutes their most traditional and symbolic prerogative. It goes without saying that this structural bias for austerity overlooks the Member States' sovereignty in redistributive policies, limits the incorporation of the plurality of different conceptions of the good, and as such threatens the most elementary commitment to self-determination, which, as the German constitutional court has put it, at a bare minimum requires citizens to be free to make decisions as to the fiscal burden imposed on them,43 as well as the social conditions under which they are to live".

também deve haver eleições prévias à votação de tal alteração.[120] Por isso houve a necessidade de flexibilização da previsão de inserção na Constituição, tal como ocorre com a Lei Fundamental alemã.

Da perspectiva da autonomia do Parlamento, as regras do Tratado, por serem estritas quanto ao limite de gastos, são acusadas de diminuir o poder de decisão do Legislativo nacional em relação a que tipos de despesas devem ser feitas, sobretudo quanto ao Estado de Bem-Estar Social europeu. Para se alcançar o índice de déficit estrutural de 0,5%, bem como para reduzir a dívida pública para até 60% do PIB (limites impostos desde fora aos Parlamentos por força do Pacto Orçamental), cortes terão de ser feitos, inclusive em políticas públicas de atendimento a direitos sociais de cidadãos desses países. Em termos econômicos, marca-se a tendência de fim de uma perspectiva keynesiana de investimento público.

As razões elencadas para a internalização de tais medidas no ordenamento jurídico nacional são as de que a incorporação da estabilidade orçamental ao direito constitucional interno tornaria tais compromissos mais visíveis para a Administração Pública e sociedade de cada país que se estivessem apenas no direito da União Europeia. Com isso, dá-se a impressão de que é o próprio povo, por meio de seu Parlamento, que se autoconcede tal norma, conservando o valor simbólico e retórico de que é a Nação, por meio de seus representantes, que gere suas finanças (evocando a máxima da democracia moderna de *self representation*). Assim, diante da necessidade de contenção de gastos públicos para se atingir as metas do Pacto Orçamental, agora já incorporadas ao direito interno, nem a sociedade nem os políticos nacionais poderiam culpar as organizações da União Europeia por tais atos, uma vez que voluntariamente aceitos pelo Parlamento nacional.

Por fim, a incorporação no direito interno também facilitaria aos agentes públicos nacionais, especialmente nas coletividades menores,

---

[120] "The wish to have the implementation duty toned down was undoubtedly supported by the Netherlands for the following reasons. In accordance with its Article 14(2), the Fiscal Compact has entered into force on 1 January 2013. Already a year later, on 1 January 2014, the budgetary arrangement has to be implemented. If inserting the budget rule in the constitution requires two readings in parliament and in between them the dissolution (of one of the chambers) of parliament and thus new elections, as is the case in the Netherlands [Art. 137(3) *Grondwet*; it is the same in Belgium (Art. 195 Belgian constitution)], it would have been practically impossible to write the balanced budget rule into the constitution in due time". (REESTMAN, Jan-Herman. The Fiscal Compact: Europe's Not Always Able to Speak German – On the Dutch Implementing Act and the Hazardous Interpretation of the Implementation Duty in Article 3(2) Fiscal Compact. *European Constitutional Law Review*, vol. 9, issue 3, dec. 2013. p. 496.

em que nem sempre o direito comunitário é amplamente conhecido, obter na própria legislação nacional o parâmetro para atuação, sem dúvidas de qualquer natureza sobre a aplicabilidade do Tratado.[121]

Em perspectiva crítica, Jan-Herman Reestman sustenta que a previsão de inserção das regras do Pacto Orçamental nos ordenamentos nacionais seria uma confissão da União Europeia de sua inépcia no combate à crise da zona do euro, transferindo a tarefa de cumprimento das metas para os próprios Estados-Membros.[122]

Também Angelos Dimopoulos critica a argumentação da necessidade de que um Tratado que não faz parte do direito comunitário europeu (o Pacto Orçamental) crie a obrigação de inserção das regras de austeridade fiscal nos ordenamentos nacionais. Segundo ele, bastaria que o direito comunitário europeu fosse alterado para que já tivesse aplicabilidade imediata sobre todos os membros da União Europeia, e que o retorno ao paradigma de que os Parlamentos nacionais teriam de aprovar e incorporar tais regras, na verdade, apenas enfraquece a unidade e primazia do direito comunitário europeu, diretamente aplicável aos países membros sem necessidade de internalização de normas.[123]

O questionamento da perda de autonomia do Parlamento nacional na determinação do orçamento de cada país integrante do Pacto Orçamental Europeu foi posto à prova, por exemplo, por meio de uma ação de constitucionalidade perante o *Bundesverfassungsgericht* (Tribunal Constitucional alemão).[124]

Nessa ação, julgada em caráter preliminar em 12 de setembro de 2012 e em definitivo em 18 de março de 2014, o Tribunal Constitucional alemão enfrentou o argumento de que o Pacto Orçamental Europeu violaria o direito dos cidadãos de participarem nas decisões acerca dos rumos políticos do país, violando a liberdade política e o direito à democracia presente no art. 38 da Lei Fundamental alemã.

---

[121] Essas razões, conquanto com alguma diferença de apresentação, também estão expostas em LB/JHR. The Fiscal Compact and the European constitutions: 'Europe speaking German'. *op. cit.* p. 5-6.
[122] REESTMAN, Jan-Herman. *op. cit.* p. 480-481.
[123] DIMOPOULOS, Angelos. The use of International Law as a tool for enhancing governance in the eurozone and its impact on EU institutional integrity. In: ADAMS, Maurice; FABBRINI, Federico; LAROUCHE, Pierre (ed.). *The Constitutionalization of European Budgetary Constraints*. Oxford: Hart, 2014. p. 61.
[124] Cf. relato contido em JHR/WTE. Watching Karlsruhe/Karlsruhe Watchers. *European Constitutional Law Review*, 8, issue 3, 2012. p. 367-374.

A razão disso estaria em que, embora o Pacto Orçamental não veiculasse regras mais rigorosas que aquelas da Lei Fundamental acerca da estabilidade orçamental, por se tratar de um Tratado internacional sem previsão de retirada do país, impediria que a Alemanha tomasse uma decisão parlamentar interna que alterasse o teto da dívida pública previsto na Constituição. Com isso, a limitação fiscal, embora matéria meramente econômica, tornar-se-ia implicitamente uma norma a compor o cerne imutável da Constituição, pois a Alemanha não poderia mais modificar o texto constitucional sem descumprir o compromisso com os demais países signatários do Tratado.

O outro argumento era o de que a Constituição alemã apenas obrigava a Alemanha a realizar reduções do déficit anual, mas não da dívida pública para 60% do valor do PIB (como previsto no art. 4º do Pacto Orçamental Europeu), o que obrigaria a uma mudança na Constituição do país para prever essa hipótese. Por fim, alegava-se que a autonomia orçamental do Parlamento nacional era violada pela previsão do art. 5º do Pacto Orçamental, pois este determina que o Conselho da União Europeia e a Comissão Europeia deveriam homologar programas de parceria orçamental e econômica que especifiquem as reformas estruturais a serem adotadas e aplicadas para assegurar uma correção efetiva e sustentável do déficit nacional excessivo.

Em primeiro lugar, o Tribunal salientou que o objetivo do Pacto Orçamental é o fomento da disciplina orçamental, por meio de medidas que coincidem parcialmente com os requisitos previstos no próprio texto constitucional alemão (arts. 109, 115 e 143d) de equilíbrio no orçamento alemão, bem como parcialmente com as medidas previstas no Tratado sobre o Funcionamento da União Europeia (em seu art. 126 e Protocolos suplementares, especialmente o Protocolo nº 12/2012 sobre o procedimento relativo aos déficits excessivos e o Protocolo nº 13/2012 sobre os critérios de convergência econômica para os integrantes da área do euro).[125]

---

[125] Os critérios são: *1) estabilidade dos preços*: cada Estado-Membro deve registrar uma estabilidade dos preços sustentável e, no ano que antecede a análise, uma taxa média de inflação que não exceda em mais de 1,5 % a verificada, no máximo, nos três Estados-Membros com melhores resultados em termos de estabilidade dos preços; *2) situação orçamental estável*: o Estado-Membro não deve estar em situação de défice excessivo, isto é, o défice orçamental não pode exceder 3% do PIB e a dívida pública não pode ultrapassar 60% do PIB; *3) estabilidade das taxas de câmbio*: cada Estado-Membro deve respeitar as margens de flutuação normais previstas no mecanismo de taxas de câmbio do Sistema Monetário Europeu, sem tensões graves durante pelo menos os últimos dois anos anteriores à análise, e não desvalorizar por iniciativa própria a taxa de câmbio central bilateral da sua moeda em relação ao euro durante o mesmo período; *4) estabilidade da taxa de juros de longo prazo*: durante o ano que antecede a

Na verdade, a própria Constituição alemã já havia sido emendada em 2009 para passar a prever internamente mecanismos de equilíbrio orçamental consagrados no âmbito da União Europeia, como aqueles presentes no Pacto de Estabilidade e Crescimento de 1997 e em sua versão revisada. Além disso, uma série desses instrumentos de equilíbrio fiscal, tal como a redução da dívida pública para 60% do PIB, embora não presentes na Constituição alemã, já constavam do direito da União Europeia aplicável. Portanto, a simples implementação de medidas de austeridade fiscal com base em Tratados celebrados no âmbito da União Europeia não configura uma novidade no sistema constitucional alemão.

Um exemplo dado pela própria Corte é o de que a Constituição alemã, no art. 109, 3 e 115, 2, já prevê que, em situações excepcionais, como desastres naturais, situações de emergência ou desenvolvimentos econômicos desviantes das condições normais, é permitido afastar-se dos limites de déficit estabelecidos. Esta previsão constitucional se amolda ao disposto no art. 3º, 3, "b" do Pacto Orçamental, ao prever a ocorrência de circunstâncias excepcionais não controláveis pela Parte Contratante e que tenham um impacto significativo na situação das finanças públicas ou períodos de recessão econômica grave. Quando isso ocorre, as Partes Contratantes podem desviar-se temporariamente dos limites previstos no Pacto Orçamental (art. 3º, 1, "c"), tal como ocorre na Constituição alemã, não havendo nenhuma ofensa à ordem constitucional interna.

Quanto à obrigação constante do art. 5º do Pacto Orçamental de que o Conselho da União Europeia e a Comissão Europeia devem homologar programas de parceria orçamental e econômica que especifiquem as reformas estruturais a serem adotadas e aplicadas para assegurar uma correção efetiva e sustentável do déficit nacional excessivo, tal previsão já se encontrava no art. 126 do Tratado sobre o Funcionamento da União Europeia, tampouco configurando uma inovação.

A Corte Constitucional alemã também asseverou que o Pacto Orçamental Europeu não confere poderes a órgãos da União Europeia que afetem a responsabilidade geral do *Bundestag* (Parlamento alemão) na elaboração e implementação do orçamento, bem como não força a República Federal da Alemanha a um compromisso irrevogável em relação à sua política orçamental, o qual pode ser revertido. A estabilidade orçamental exigida pelo Pacto, ao ser incorporada ao direito

análise, cada Estado-Membro deve ter registrado uma taxa de juro nominal média a longo prazo que não exceda em mais de 2% a verificada, no máximo, nos três Estados-Membros com melhores resultados em termos de estabilidade dos preços.

alemão, não obriga os parlamentares a não alterarem o teto da dívida (*Schuldenbremse*) no futuro pelo simples fato de ter como base um Tratado internacional. O Estado alemão mantém o poder tanto de extinguir consensualmente um Tratado, como denunciá-lo unilateralmente caso as circunstâncias se alterem de forma significativa, nos termos do art. 62 da Convenção de Viena sobre o Direito dos Tratados, inclusive para retirar a Alemanha da zona do euro, caso isso fosse reputado necessário.[126]

Contudo, o Tribunal também asseverou que, caso se façam necessárias medidas corretivas na hipótese de as metas não serem alcançadas, o art. 3º, 2 do Pacto Orçamental Europeu já prevê que a Comissão Europeia terá apenas poderes de propor provisões institucionais, mas não o poder de implementar e criar diretrizes sobre matérias orçamentais

---

[126] BVerfG, Judgment of the Second Senate of 12 September 2012 – 2 BvR 1390/12, paragraphs 214 and 215: "Finally, in ratifying the Treaty on Stability, Coordination and Governance in the Economic and Monetary Union the Federal Republic of Germany is not entering into an irreversible commitment to a particular budget policy. Under Article 3 (2) sentence 1 TSCG, the provisions under paragraph 1 (deficit limits, adjustment path and correction mechanism) are to take effect in the national law of the Contracting Parties through provisions of binding force and permanent character, preferably constitutional, or otherwise guaranteed to be fully respected and adhered to throughout the national budgetary processes, at the latest one year after the entry into force of the Treaty on Stability, Coordination and Governance in the Economic and Monetary Union. Irrespective of whether Article 3 (2) sentence 1 TSCG actually prevents the constitution-amending legislature from later removing the existing "debt brake" under Article 109 (3), Article 109a, Article 115 (2) and Article 143d of the Basic Law, there is no question of the Federal Republic of Germany being irreversibly bound by these requirements if only because it is possible to leave the Treaty on Stability, Coordination and Governance in the Economic and Monetary Union. It is true that the Treaty does not provide for a right of withdrawal or termination for the Contracting Parties. Whether the Treaty is intended, notwithstanding the evaluation provision contained in Article 16 TSCG – this provides that on the basis of the experience obtained in the next five years, there shall be an attempt to incorporate it into European Union law – to permanently exclude this is not necessary to decide; the same applies to the question as to whether treaties which affect the core of the Contracting Parties' economic and social constitutions do not, for reasons of democracy alone, already have an inherent right of termination under Article 56 (1) point (b) of the Vienna Convention on the Law of Treaties – VCLT (see Fulda, *Demokratie und pacta sunt servanda*, 2002, p. 209). It is recognised in customary international law that the withdrawal by mutual agreement from a treaty is always possible, and a unilateral withdrawal is possible at least if there is a fundamental change of the circumstances which applied when the treaty was entered into (see Article 62 VCLT). In this connection it is of particular importance that the Treaty on Stability, Coordination and Governance in the Economic and Monetary Union also presupposes membership of the European Union (recitals 1 and 5; Article 1 (1), (2) sentence 1, Article 15 sentence 1 TSCG). If a Member State left the European Union (see BVerfGE 123, 267 <350, 396>), the basis for the further participation in the mutual obligations of the Member States of the European Union would cease to exist as a result of the Treaty on Stability, Coordination and Governance in the Economic and Monetary Union (see Article 1 TSCG). The continuing membership of the common currency is also a fundamental basis for the commitment of the Federal Republic of Germany to the requirements of Article 3 ff. TSCG (see Article 14 (5) TSCG) which would cease to apply if it left the monetary union (on this, see BVerfGE 89, 155 <205>)." Disponível em: <http://www.bundesverfassungsgericht.de/SharedDocs/Entscheidungen/EN/2012/09/rs20120912_2bvr139012en.html>.

substantivas, reservado aos Parlamentos nacionais (por exemplo, não poderá decidir qual a despesa que será efetivamente cortada por uma nação). Esta foi a interpretação dada pela Corte ao texto do referido artigo do Pacto Orçamental, transcrito abaixo:

> As Partes Contratantes instituem, a nível nacional, o mecanismo de correção referido no nº 1, alínea e) [e] Se for constatado um desvio significativo do objetivo de médio prazo ou da respetiva trajetória de ajustamento, é automaticamente acionado um mecanismo de correção. Esse mecanismo compreende a obrigação de a Parte Contratante em causa aplicar medidas para corrigir o desvio dentro de um determinado prazo], com base em princípios comuns a propor pela Comissão Europeia quanto, designadamente, ao caráter, dimensão e escalonamento no tempo das medidas corretivas a adotar, mesmo no caso de circunstâncias excecionais, e ao papel e independência das instituições responsáveis, a nível nacional, por controlar o cumprimento das regras que constam do nº 1. *Esse mecanismo de correção respeita integralmente as prerrogativas dos parlamentos nacionais.*

Contrario sensu, nessa interpretação, o Pacto Orçamental Europeu somente seria inconstitucional se transferisse para a Comissão Europeia a tarefa de definir como o orçamento efetivo deve ser estruturado,[127] e em que despesas ou programas deve ser imposto o corte, pois isto violaria o direito fundamental dos cidadãos de elegerem seus representantes para o Parlamento (art. 38, 1, *Grundgesetz*), o qual é protegido como cláusula pétrea pela Lei Fundamental alemã (art. 79, 3 *Grundgesetz*). São os representantes do povo os responsáveis perante os eleitores pelas

---

[127] *Ibidem.* paragraph 211. "(1) On summary review, Article 3 (2) sentence 2 TSCG has no adverse effect on the overall budgetary responsibility of the German *Bundestag*. Under this provision, the Contracting Parties, in establishing the corrective mechanism, rely on common principles, to be proposed by the European Commission, concerning in particular the nature, size and time-frame of the corrective action to be taken, also in the case of exceptional circumstances, and the role and independence of the institutions responsible at national level for monitoring compliance with the deficit and indebtedness criteria. Article 3 (2) sentence 3 TSCG, however, emphasises that this corrective mechanism must fully preserve the prerogatives of the national parliaments. Article 3 (2) sentence 2 TSCG can therefore only be understood to the effect that it is restricted to the institutional provisions and gives the European Commission no authority to impose specific substantive requirements for the structuring of the budgets (see also Conseil constitutionnel, Décision n°2012-653 DC of 9 August 2012, cons. 25). Thus a partial transfer of the budget responsibility to the European Commission is excluded from the outset (for a similar view, see also Commission communication of 20 June 2012, KOM <2012> 342 final, according to BTDrucks 17/10069 transferred to a number of *Bundestag* committees on 26 June 2012)." Disponível em: <http://www.bundesverfassungsgericht.de/SharedDocs/Entscheidungen/EN/2012/09/rs20120912_2bvr139012en.html>.

decisões que tomam em temática orçamentária (enquanto a Comissão Europeia não o é).

Por fim, o Tribunal Constitucional alemão decidiu que a atuação do Tribunal de Justiça da União Europeia prevista no art. 8º do Pacto Orçamental não é inconstitucional. O procedimento, na verdade, já estaria estabelecido nos arts. 259 e 260 do Tratado sobre o Funcionamento da União Europeia, não sendo uma inovação do Pacto Orçamental.

Ademais, na interpretação da Corte alemã, o Tribunal de Justiça teria recebido poderes apenas para declarar a incorporação ou não no direito nacional de leis prevendo os limites de déficit, o ajuste da dívida pública e o mecanismo de correção quando as metas não forem atingidas (art. 3º, 2 do Pacto Orçamental), mas não a concreta aplicação desses mecanismos. Tratar-se-ia de uma mera salvaguarda procedimental das obrigações previstas no referido artigo. Caso o Tribunal de Justiça constate que o Estado-parte não incorporou a seu direito interno tais medidas, então poderia condenar o Estado ao pagamento de uma quantia fixa ou de uma sanção pecuniária compulsória, adequada às circunstâncias, que não pode ser superior a 0,1 % do seu produto interno bruto. Mas, mesmo neste caso, não poderia obrigar o país a efetivamente criar leis prevendo tais medidas (não poderia se substituir à vontade do Parlamento, mas meramente valer-se de um meio coercitivo indireto que o estimulasse a atuar).

CAPÍTULO V

GOVERNANÇA FISCAL

A raiz etimológica da palavra *governança* é, em língua portuguesa, a mesma de *governo* e *governação*, a saber, o latim *"gubernatio"*, o ato ou prática de pilotar, conduzir, dirigir, controlar ou administrar.[128] Encontra-se registrada em língua portuguesa desde o século XV, por exemplo, nas Ordenações Afonsinas.[129]

Embora contemporaneamente o uso de "governança" pareça ter sido resgatado como caudatário da palavra inglesa *"governance"*, não se pode acusar o termo de ser um neologismo ou anglicismo, razão pela qual será normalmente utilizado no presente trabalho como sinônimo da palavra "governação".

De acordo com as características que se pretenda salientar, a definição pode variar, não se tratando de conceito unívoco. Para a Comissão Europeia, posto que admitindo não existir uma definição de governança internacionalmente acordada, a governança diz respeito "às regras, processos e comportamentos segundo os quais são articulados os interesses, geridos os recursos e exercido o poder na sociedade", bem como, em termos latíssimos, "significa a capacidade do Estado de

---
[128] OXFORD DICTIONARY OF LATIN. Verbetes *gubernatio* e *guberno*. Oxford: Clarendon Press, 1968. p. 778.
[129] AFONSO V. *Ordenações Afonsinas*. Livro I, Título 58, 2: "O Camareiro Moor nosso deve teer geeralmente em todo o caso toda a hordenaça da nossa Camara, e guarda especial do nosso corpo continuadamente despois que Nós ao seraaõ dermos boas noites, e mandar, que todos deixem a Camara ataa outro dia, que nos acabemos de vestir; e durando o dito tempo, nom entrará algũu na Camara, ainda que seja de grande estado, sem nosso especial mandado, ou do nosso Camareiro Moor, ou daquel, que seu logo tever, e passado o dito tempo, deve seer a *governança* da Camara do nosso Camareiro Moor." (Texto facsimilar disponível em: <http://www.ci.uc.pt/ihti/proj/afonsinas/pagini.htm>. Para outros registos antigos do termo "governança" em língua portuguesa, cf. VIEIRA, Domingos. *Grande diccionario portuguez ou Thesouro da lingua portugueza*. Verbete *governança*. Porto: Ernesto Chardron e Bartolomeu de Moraes, 1873. v. 3. p. 886-887.

servir os cidadãos".[130] Apesar dessas definições genéricas, a Comissão Europeia salienta se tratar de conceito útil e prático vinculado à noção de qualidade no desempenho de um sistema político-administrativo:

> No entanto, apesar do seu carácter aberto e abrangente, trata-se de um conceito extremamente útil e prático, que permite analisar os aspectos básicos do funcionamento de qualquer sociedade e de qualquer sistema político e social. Pode ser descrito como uma forma básica de aferir a estabilidade e o desempenho de um modelo de sociedade. À medida que os conceitos de direitos humanos, democratização e democracia, Estado de direito, sociedade civil, partilha descentralizada do poder e administração pública sólida vão assumindo cada vez mais importância à medida que essa sociedade se vai transformando num sistema político mais sofisticado, o conceito de governança evolui para "boa governança". O conceito de governança é hoje geralmente utilizado para avaliar a qualidade e desempenho de qualquer sistema político/administrativo.[131]

Por sua vez, a ONU define governança como sendo o "exercício da autoridade econômica, política e administrativa para administrar os negócios de um país em todos os níveis. Compreende os mecanismos, processos e instituições pelas quais os cidadãos e grupos articulam seus interesses, exercem seus direitos e medeiam suas diferenças".[132]

Para o Banco Mundial, a governança pode ser entendida como "o modo como o poder é exercido na administração dos recursos econômicos e sociais de um país em favor do desenvolvimento", sendo a "boa governança" sinônimo de uma "sadia administração do desenvolvimento". Para esta instituição,

> a boa governança é vital para criar e sustentar um ambiente que promova um desenvolvimento forte e equitativo, e é um complemento essencial para políticas econômicas hígidas. Os governos desempenham um papel na oferta de bens públicos. Eles estabelecem as regras que fazem os mercados operar eficientemente e, mais problematicamente, eles corrigem as falhas de mercado. Para cumprir esse papel, os governos necessitam de receitas e de agentes para obter as receitas e produzir os bens públicos. Por sua vez, isso exige sistemas de prestação de contas,

---

[130] COMISSÃO DAS COMUNIDADES EUROPEIAS. *Governança e Desenvolvimento*. Bruxelas, 20.10.2003. p. 3. Disponível em: <http://www.europarl.europa.eu/meetdocs/committees/deve/20031125/com(2003)0615PT.pdf>.

[131] *Ibidem*. p. 4.

[132] UNITED NATIONS. *Definition of basic concepts and terminologies in governance and public administration*. New York, Committee of Experts on Public Administration Fifth session, 27-31 March 2006. p. 3.

informações adequadas e confiáveis e eficiência na administração de recursos e na oferta de serviços públicos.[133] (tradução livre)

Tampouco existe um elenco ou rol taxativo de elementos que compõem o conceito de *boa governança*, mas a literatura especializada aponta algumas características, como aquelas compendiadas por João Ricardo Catarino *et alii* em apurada análise do tema: 1) participação e envolvimento dos cidadãos no processo decisório (estando a ausência da representatividade na tributação na gênese de revoluções, tendo como mote o *"no taxation without representation"* como critério básico de legitimação do poder tributário); 2) transparência nas instituições públicas e na atuação dos agentes públicos, tornando o conhecimento de seus atos disponíveis, acessíveis e compreensíveis aos cidadãos, bem como exigindo-se prestação de contas; 3) respeito pelas regras jurídicas estabelecidas conferindo estabilidade e segurança; 4) colaboração entre setor público e privado, bem como estabelecimento de canais de diálogo entre os agentes públicos, sociais e econômicos; 5) busca da satisfação das necessidades dos cidadãos de forma equitativa e inclusiva, em prazo adequado e com uso eficiente e eficaz dos recursos sociais.[134]

Aplicados tais elementos à seara fiscal, pode-se dizer que a *boa governança fiscal* diz respeito àqueles mecanismos de gestão democrática e transparente das finanças públicas capazes de, em respeito às normas jurídicas pré-estabelecidas, buscar atender às necessidades dos cidadãos efetivando direitos humanos e racionalizando o uso dos recursos públicos.

A propósito, Karina Ramos Travaglia e Luís Filipe Vellozo Nogueira de Sá,[135] em estudo sobre a necessidade do fortalecimento da governança no setor público no Brasil,[136] ao destacarem que os princípios

---

[133] WORLD BANK. *Governance and Development*. Washington, D.C.: The World Bank, 1992. p. 1.
[134] CATARINO, João Ricardo et al. A boa governança e a competitividade fiscal. In: CATARINO, João Ricardo; GUIMARÃES, Vasco Branco (Coord.). *Lições de fiscalidade*. v. II – Gestão e Planeamento fiscal internacional. Coimbra: Almedina, 2015. p. 419-421.
[135] TRAVAGLIA, Karina Ramos; SÁ, Luís Felipe Vellozo Nogueira de. Fortalecimento da governança: uma agenda contemporânea para o setor público brasileiro. *Revista Controle*, Fortaleza, v. 15, n.1, p. 22-53, jan./jun. 2017. p. 25 e 38.
[136] Relatam que o TCU em parceria com outros 28 Tribunais de Contas brasileiros, realizou, por meio de um acordo de cooperação, firmado no ano de 2014, um levantamento sobre a situação da governança pública em âmbito nacional, de modo a identificar pontos vulneráveis que possam merecer maior atenção para aperfeiçoamento de suas ações. O resultado desse levantamento consta no processo TC 020.830/2014-9 do TCU. De forma resumida, aponta-se que das informações obtidas junto a 7.770 organizações públicas, sendo 380 da esfera federal, 893 estaduais e 6.497 organizações municipais, foi diagnosticado que 48% das organizações estariam em estágio inicial de capacidade de governança, 36% estariam no

e práticas que regem a governança corporativa aplicam-se a qualquer tipo de organização, incluindo o setor público, e conceituarem a governança pública como sendo a "capacidade que os governos têm de avaliar, direcionar e monitorar a gestão das políticas e serviços públicos, visando atender, de forma efetiva, às demandas dos cidadãos", afirmam que:

> Boas práticas de governança pública estão associadas, inclusive, à avaliação da imagem da organização e à satisfação das partes interessadas com seus serviços e produtos, bem como com a garantia de que os indícios de irregularidades sejam apurados e que, como consequência, haja promoção da responsabilização em caso de comprovação.

No âmbito da UE, usa-se a expressão "governação económica" como "conjunto de regras que visam detetar, prevenir e corrigir tendências económicas problemáticas como défices orçamentais ou níveis de dívida pública excessivos, que podem prejudicar o crescimento e colocar em risco as economias".[137] A ênfase para alcançar a boa governação econômica na UE centra-se, em especial no Tratado que instituiu o Semestre Europeu como sistema de coordenação das políticas econômicas dos Estados-Membros, buscando assegurar regras mais transparentes, uma coordenação mais adequada das políticas nacionais e o acompanhamento regular e a aplicação de sanções quando os países não garantam a observância das regras. O principal instrumento de implementação dessa governação econômica foi o Tratado sobre Estabilidade, Coordenação e Governação (Pacto Orçamental Europeu), desenvolvido na esteira do Pacto de Estabilidade e Crescimento (1997) e suas alterações levadas a cabo pelos pacotes *Six Pack, Two Pack*.[138]

Não obstante, há quem faça a distinção entre governança fiscal (*fiscal governance*) e governança orçamental (*budgetary governance*). Assim, no entendimento de Paulo Roberto Rimão Bijos,[139] haveria uma sutil diferenciação entre ambas, a partir da percepção de que há duas grandes dimensões do gasto público: a quantitativa e a qualitativa. Enquanto a primeira se ocupa de temas como equilíbrio das contas

---

estágio intermediário, enquanto apenas 16% das organizações pesquisadas encontravam-se em estágio aprimorado de capacidade de governança. O diagnóstico apresentado revelou que quase 84% das organizações públicas brasileiras pesquisadas encontram-se deficientes na adoção de boas práticas de governança, o que pode contribuir para o mau uso dos recursos públicos e, consequentemente, comprometer a efetividade das ações governamentais.

[137] Disponível em: <http://eur-lex.europa.eu/summary/glossary/economic_governance.html>.
[138] *Loc. cit.*
[139] BIJOS, Paulo Roberto Simão. Governança orçamentária: uma relevante agenda em ascensão. *Caderno Orçamento em Discussão* n. 12. Brasília: Senado Federal, 2014. p. 11.

públicas, resultado fiscal, volume e trajetória da dívida pública, a segunda lida com questões como eficiência, eficácia e efetividade da ação governamental. Não obstante, reconhece que há uma nítida relação de interdependência entre ambas, as quais, afinal, representam lados de uma mesma moeda. Segundo ele:

> O desequilíbrio das contas públicas, por exemplo, pode impor contingenciamentos orçamentários que comprometam a capacidade de entrega do governo, com prejuízo direto à eficácia da ação governamental. E a má gestão das políticas públicas pode trazer reflexos negativos ao quadro fiscal do Estado, quando, por ilustração, políticas públicas ineficientes e inefetivas implicam redução desnecessária de espaço fiscal.

Em nossa concepção, o conceito de boa governança fiscal repousa sobre dois pilares intimamente interligados: o *equilíbrio orçamental* e a *sustentabilidade financeira*, implementados por medidas que envolvem o equilíbrio entre as receitas e despesas públicas, objetivo que se efetiva através de mecanismos de ampliação da base arrecadatória (sem implicar aumento da carga fiscal individual) e do controle da qualidade nos gastos (através de escolhas adequadas e eficiência no emprego dos recursos), bem como através da busca pela sustentabilidade da dívida pública no longo prazo, nos termos que desenvolveremos a seguir.

5.1 O equilíbrio orçamental

O equilíbrio orçamental como pilar da boa governança fiscal aponta para o fato de que toda despesa deve possuir uma receita a financiá-la, a fim de evitar o surgimento de déficits orçamentários crescentes ou descontrolados, que possam prejudicar as contas públicas presentes e futuras.

Tal equilíbrio é considerado a "regra de ouro" tanto na Lei de Responsabilidade Fiscal brasileira (LC nº 101/2000) como na legislação portuguesa, com destaque para a nova Lei de Enquadramento Orçamental e o Pacto Orçamental Europeu, que o denominam de "estabilidade orçamental". Este parâmetro representa a fórmula para que o Estado possa dispor de recursos necessários e suficientes à realização da sua atividade, sem ter de sacrificar valores tão importantes como a estabilidade nas contas públicas com contenção da inflação, a credibilidade do país no mercado financeiro internacional pela administração do endividamento público externo e, principalmente, a efetividade do orçamento, como verdadeiro instrumento de planejamento e não como "peça de promessas fictícias", em que, num passado não muito remoto, se incluíam todas as pretensões governamentais sem a preocupação de se identificarem os recursos para viabilizar a sua realização.

Não se trata, contudo, de uma equação matemática rígida, em que a diferença numérica entre o montante de receitas e de despesas deva ser sempre igual a zero, mas sim que essa equação contenha valores estáveis e equilibrados, a fim de permitir a identificação dos recursos necessários à realização dos gastos. Representa uma relação dinâmica e balanceada entre meios e fins.

Mateo Kaufmann, já em 1964, aduzia que

> a maioria dos autores contemporâneos reconhece que o princípio do equilíbrio resulta útil na medida em que freia as demandas que o orçamento suscita, e impede aprovar gastos cujo valor econômico ou político resulte duvidoso. BRUNO MOLL, ex-catedrático de Economia e Finanças da Universidade de Leipzig e professor honorário da Universidade Nacional de San Marcos, Lima (Peru), por sua vez, insiste na necessidade de sustentar o nível do orçamento com o fim de evitar catástrofes financeiras e sociais. Parece-me – diz MOLL – que a razão não pode ser eliminada a longo prazo. As tristes experiências feitas com moedas destruídas e finanças desequilibradas já conduziram, em alguns casos, agrega, a uma atitude mais crítica. Estão aumentando as vozes dos economistas que veem o perigo das nacionalizações e investimentos públicos que se realizam a qualquer custo, e há cada vez mais economistas que se atrevem a dizer que aquelas doutrinas que os keynesianos chamam com certo desprezo de "clássicas" correspondem ao bom senso e ao princípio econômico.[140] (tradução livre)

O equilíbrio fiscal representa a verdadeira estabilidade financeira e é um dos pilares do crescimento sustentado do Estado. Isso porque, antes de ser mera equação financeira em que se busca uma igualdade numérica ou um "empate" entre receitas e despesas, esse princípio deve ser encarado como um conjunto de parâmetros que confiram às contas públicas a necessária e indispensável estabilidade, a fim de permitir ao Estado a realização das suas finalidades,[141] embasando-se tanto no dever essencial ou fundamental de contribuir como no poder-dever de arrecadar, pelo lado da receita, como no dever de gastar adequadamente e conforme previsto no orçamento público, pelo lado da despesa.

---

[140] KAUFMANN, Mateo. *El equilibro del presupuesto*. Madrid: Derecho Financiero, 1964. p. 17-18.
[141] FIGUEIREDO, Carlos Mauricio; NÓBREGA, Marcos. *Responsabilidade Fiscal*: Aspectos Polêmicos. Belo Horizonte: Fórum, 2006. p. 138.

5.1.1 O dever fundamental de contribuir e o poder-dever de arrecadar

A contemporaneidade, como reação à barbárie ocorrida durante a Segunda Guerra Mundial, iniciou um movimento de forte preocupação com a retomada dos valores no mundo jurídico, tendo como chave do sistema a consagração dos direitos humanos como irradiações concretas da dignidade da pessoa humana. Até o presente momento, podemos qualificar nosso tempo, desde o ponto de vista político, institucional e jurídico, como uma "era dos direitos humanos".

Assim, logo após encerrada a Segunda Guerra Mundial, entrou em vigor a Carta (ou Estatuto) das Nações Unidas (internalizada no Brasil por meio do Decreto nº 19.841, de 22 de outubro de 1945, do então presidente Getúlio Vargas). Esta Carta, em seu preâmbulo, já estabelece um verdadeiro programa teórico para as futuras gerações, buscando evitar o "flagelo da guerra", que "trouxe sofrimentos indizíveis à humanidade", e faz uma profissão de fé nos direitos fundamentais do homem, na dignidade e no valor do ser humano. Logo em seu art. 1º, afirma ser propósito da ONU "conseguir uma cooperação internacional para resolver os problemas internacionais de caráter econômico, social, cultural ou humanitário, e para promover e estimular o respeito aos direitos humanos e às liberdades fundamentais para todos".

Contudo, esta reação contra as violações da dignidade humana ocorridas de modo incomensurável ao longo do século XX teve um efeito colateral: foi obliterado um aspecto que, em séculos anteriores, sempre foi reputado como parte integrante essencial de qualquer discussão de ciência e filosofia política, a saber, a temática dos encargos e deveres fundamentais necessários à coexistência social,[142] dentre os quais desponta o dever de aportar recursos para a vida em comunidade.

Parece-nos acertada a tese de Vítor Faveiro de que a pessoa humana, por ser um ente com vocação natural à sociabilidade (*zoon politikon*, isto é, *animal social*, no dizer aristotélico), possui um dever inato de contribuir para a sociedade em que está inserido. Esta é a contraparte necessária da consagração da pessoa humana como ponto fulcral do ordenamento jurídico, assumindo, na esfera tributária, o contorno de

---

[142] Ver, para uma discussão mais aprofundada sobre o tema dos deveres fundamentais, PECES-BARBA, Gregorio Martínez. Los deberes fundamentales. *Doxa*, n. 04, 1987. p. 329-341.

pessoa-contribuinte ou, melhor ainda, *cidadão-contribuinte*.[143] Daí decorre que o *dever de contribuir* configura-se como um pressuposto

> componente da ordem constitucional, em todas as disposições que ao sistema fiscal se referem, obviamente que se trata de um pressuposto inerente à própria ordem constitucional, subjacente à Constituição formal, e decorrente da natureza social das pessoas humanas que se constituem em sociedade política para a realização integral da colectividade e das pessoas por que ela se forma.[144]

Nenhuma experiência histórica concreta de sociedade foi capaz de afastar tal imperativo de contribuição – pelo contrário, uma acentuada distinção entre membros da sociedade no *quantum* de carga tributária a ser suportada foi frequentemente causa de insurreições e revoluções por violar o ideal de *justiça* na partição dos deveres sociais.

Não há nisso um *ontologismo tributário*, como se o tributo estivesse radicado na estrutura constitutiva da pessoa, mas apenas uma constatação sociológica de que qualquer forma de organização humana coletiva necessariamente exigirá contribuições das pessoas (pecuniárias ou não) que nela tomam parte. Na feliz síntese de Faveiro, que aqui merece ser transcrita, correlacionando pessoa humana, sua dimensão social, o Estado e poder tributário:

> [...] é da *pessoa humana* como ser social que partem todas as instituições que conduzem à habilitação e justificação de todas as acções e poderes do Estado: o *dever de contribuir*, inato e imanente na qualidade das pessoas humanas como seres sociais; a *criação do Estado* pelos cidadãos nessa mesma qualidade de pessoas humanas, para a realização integral da colectividade e de todas as pessoas que a constituem ou dela participam; a íntima relação entre o dever de contribuir e a capacidade contributiva em termos de direito natural; a conversão desse dever jusnaturalista em dever jurídico através da criação e aplicação da lei tributária; a acção administrativa de satisfação das necessidades colectivas e outros fins

---

[143] "É da pessoa humana que tudo parte, na vida colectiva e na sua organização. Não sendo possível realizar-se como tal senão em sociedade devidamente organizada, o contributo para a realização integral da sociedade e dos seus fins – e designadamente do fim e objecto da própria sociedade, de promover e assegurar a realização integral das pessoas que a constituem – é um *dever inato* da pessoa como tal, em termos de direito natural subjectivado na qualidade de cidadão, que o acompanha em todos os actos da vida que tenham projecção ou dependência da ordem social." FAVEIRO, Vítor António Duarte. *O Estatuto do Contribuinte*: a pessoa do contribuinte no Estado Social de Direito. Coimbra: Coimbra Editora, 2002. p. 101-102.

[144] *Ibidem*. p. 87

do Estado, e a cobertura financeira dos encargos de tal acção através da cobrança dos tributos pecuniários.

[...]

E se "a soberania reside no povo", a plenitude da sociedade política, no plano tributário só se atinge como tal se entre o Estado e o "povo" existir e decorrer uma relação integrada e inter-delimitada dos dois componentes unitários entre si: um *"povo"* ciente e consciente de que sem o imposto nunca a sociedade poderá atingir os fins de *plena realização da pessoa humana;* e um Estado igualmente firmado no pressuposto de que é da pessoa como ser social que emerge o poder soberano de tributar; e que a realização da pessoa constitui, assim, cumulativamente a causa e o limite desse mesmo poder.[145]

Na seara tributária, como outro lado da moeda do dever do cidadão de contribuir, também o agente público e seu respectivo órgão têm o poder-dever de agir, não lhes sendo facultando, como regra geral, realizar ou não o ato administrativo de natureza tributária.[146]

O Estado não teria como realizar seus fins sem dispor de recursos econômicos suficientes. Para tanto, lança mão do poder soberano de criar normas que vêm a regular as formas de arrecadação, de gestão e de aplicação de recursos financeiros de acordo com os interesses da sociedade. Esse poder soberano, no Estado democrático, limita-se a criar as normas jurídicas. A partir daí, nasce outra relação, agora já não derivada da soberania, mas sim fundada em uma pura *relação jurídica*, decorrente dos fundamentos do Estado de Direito.

Esclarecendo essa relação, Rubens Gomes de Sousa[147] afirma que

o Estado utiliza-se da sua soberania tão somente para fazer lei; até esse ponto, trata-se efetivamente de uma relação de soberania, porque somente o Estado tem o poder de fazer lei; mas uma vez promulgada a lei, cessam os efeitos da soberania, porque o Estado democrático, justamente por não ser autoritário, fica ele próprio submetido às leis que promulga.

---

[145] *Ibidem.* p. 101; 121.
[146] Embora esta seja a regra geral, deve-se estar atento que tal princípio não significa que a efetiva cobrança de todos os tributos devidos sempre seja a melhor solução da perspectiva da racionalidade econômica. É que, em certas situações, como débitos tributários de valor reduzido, o custo com o aparato estatal para cobrança pode suplantar o próprio valor do crédito a ser cobrado (nestas situações, o interesse público está precisamente em não realizar tal cobrança). Em outras hipóteses, tais como a anistia (como forma de ampliar a arrecadação), tampouco significa que se esteja dispondo do interesse público ao dispensar o pagamento de multas para se obter recolhimento espontâneo do valor do tributo propriamente dito.
[147] SOUSA, Rubens Gomes de. *Compêndio de Legislação Tributária.* 2. ed. Rio de Janeiro: Edições Financeiras, 1954. p. 49.

Se, por um lado, o cidadão deve contribuir pagando tributos, ele o fará de acordo com a lei. E, por outro, o Estado somente poderá utilizar esses recursos conforme estabelecido na norma. Portanto, o *poder financeiro* no Estado de Direito decorre da lei e à lei se submete.

Nesse sentido, para Bernardo Ribeiro de Morais,[148]

> O Estado possui dupla fisionomia: em primeiro lugar, apresenta-se como criador do direito, como elaborador e tutelador da norma jurídica no interesse da coletividade; em segundo lugar, apresenta-se como sujeito de direitos e obrigações, submetendo-se à ordem jurídica por ele criada.

A dualidade existente entre as funções do Estado como criador do ordenamento jurídico e como sujeito de direito deste é exposta por Ezio Vanoni:[149]

> A natureza daquela dualidade revela-se evidentemente a quem considera a natureza da atividade financeira. O Estado, que para realizar os seus fins tem necessidade de bens econômicos, põe em ação uma atividade orientada no sentido da obtenção de tais bens; e o ordenamento jurídico, ou seja, o Estado em sua função legiferante, garante o exercício de tal atividade.

A relação jurídico-financeira é uma relação obrigacional *ex lege* e não uma relação de poder.[150] O Estado não exercita a atividade de arrecadação de receitas de maneira arbitrária; ao contrário, o faz dentro da legalidade e utiliza a capacidade contributiva das pessoas como parâmetro de equidade. Entretanto, para fazê-lo, deve ser dotado da supremacia que lhe permita dirigir a política econômico-social do país e exigir dos particulares determinados comportamentos.[151]

---

[148] MORAES, Bernardo Ribeiro de. *Doutrina e Prática do Imposto de Indústrias e Profissões*. São Paulo: Max Limonad, 1964. p. 139-140.

[149] VANONI, Ezio. *Natureza e Interpretação das Leis Tributárias*. Trad. Rubens Gomes de Sousa. Rio de Janeiro: Financeiras, 1932. p. 115.

[150] BORGES, José Souto Maior. *Introdução ao direito financeiro*. São Paulo: Max Limonad, 1998. p. 21.

[151] Leciona Héctor Villegas que: "El poder de imperio en cuya virtud se ejerce la actividad financiera puede denominarse 'poder financiero'. Su mayor y más típica manifestación se encuentra en la autoridad que tiene el Estado para exigir contribuciones coactivas a los particulares que se hallan bajo su jurisdicción (potestad tributaria), pero ésa no es su única manifestación... es indudable que solo puede llevar a cabo tan importantes acciones aquel órgano que tenga un grado tal de supremacía que le permita dirigir la política económico-social del país y exigir a los particulares determinados comportamientos y prestaciones. Ese órgano es el Estado, cuyo poder financiero consagra las constituciones de los Estados de derecho, aun cuando estableciendo los correspondientes límites para que no se torne

A capacidade contributiva se revela na medida da condição de cada um em pagar o tributo. Ilustrativamente, essa condição se demonstra na Curva de Laffer (ou na "lei do morcego inteligente"),[152] que se identifica com um meio círculo virado para baixo. Conforme as alíquotas do tributo sobem, a arrecadação total vai subindo com elas. Entretanto, essa situação vai até o ponto em que a curva chega à sua máxima altura. A partir daí, a curva começa a descer. Ou seja, depois do ponto máximo, quanto mais se majoram os tributos, menor se revela a arrecadação.[153]

Portanto, mesmo a lei que se origina do poder soberano estatal será elaborada a partir de valores inerentes ao Estado Democrático de Direito. E o poder financeiro, decorrente dessas leis, igualmente será exercido seguindo esses parâmetros.

5.1.2 Estratégias de aumento de arrecadação e o equilíbrio orçamental

Uma das diretrizes para se alcançar o equilíbrio orçamental está precisamente no polo ou lado da receita pública: é necessário que o Estado arrecade para fazer frente aos gastos públicos e, em última instância, atenda às necessidades concretas dos cidadãos.

Nesse sentido, uma primeira estratégia para ampliar os recursos à disposição do Estado está no aumento da arrecadação tributária pela instituição de novos tributos ou majoração dos já existentes. Em geral, essa via é restrita pela impopularidade social e pela pressão que coloca sobre os contribuintes. No caso do Brasil, a limitação de instituição de novos tributos ocorre na própria Constituição, que lista os tributos que podem ser criados por cada ente federado (permitindo apenas a criação de impostos extraordinários em situações bastante restritas e incomuns).

Ocorre que, numa federação como a brasileira, que conta com mais de 5.500 municípios como entes federados autônomos, não é incomum que muitas dessas coletividades, especialmente as menores em termos

---

omnímodo". (VILLEGAS, Héctor B. *Curso de Finanzas, Derecho Financiero y Tributario*. Buenos Aires: Depalma, 1975. p. 30).

[152] Segundo a "lei do morcego inteligente" os morcegos prudentes sabem a exata quantidade de sangue que podem sugar de um boi a cada dia. Esse volume seria o máximo suficiente para suprir suas necessidades de alimentação e o mínimo possível para que o boi possa recompô-la até a sugada seguinte. Morcegos gulosos, segundo a lei, sugam sangue demais, matam o boi de fraqueza e acabam morrendo depois de inanição.

[153] SANTI, Eurico Marcos Diniz de (Coord.). *Curso de direito tributário e finanças públicas*. São Paulo: Saraiva, 2008. p. 11-12.

de população, sequer cheguem a instituir todos os impostos que são de sua competência tributária, preferindo sobreviver das transferências intergovernamentais obrigatórias provenientes da União ou dos Estados. Por outro lado, a Constituição brasileira prevê, em seu art. 153, VII, a possibilidade de instituição, pela União, de um imposto sobre grandes fortunas (IGF). Contudo, após 29 anos de promulgação da Lei Maior brasileira, tal imposto federal ainda não foi criado.[154]

A doutrina clássica brasileira sempre caracterizou a competência tributária – aptidão de que são dotadas as pessoas políticas para expedir regras jurídicas tributárias inovando o ordenamento jurídico como sendo de natureza *facultativa*.[155] O Código Tributário Nacional reconhece essa característica no seu art. 8º, ao estabelecer que: "O não exercício da competência tributária não a defere a pessoa jurídica de direito público diversa daquela a que a Constituição a tenha atribuído".

Se a atribuição, pela Constituição brasileira, de competências tributárias para instituir tributos a cada um dos entes federados tem por escopo conferir a cada um deles a necessária autonomia financeira para o desenvolvimento das atividades que lhe são cometidas pela própria Constituição, é fácil ver que a renúncia a exercer plenamente tal faculdade reflete sobre a responsabilidade fiscal. Como manter o equilíbrio orçamental e, numa projeção de futuro, a própria sustentabilidade financeira de longo prazo se o ente voluntariamente deixa de arrecadar um imposto que poderia cobrar?

É desejável o adequado balanceamento entre as competências impositivas próprias (poder tributário individual de cada ente) e as transferências intergovernamentais obrigatórias, realizadas, essencialmente, por meio da repartição constitucional das receitas tributárias (arts. 157 a 160 da Constituição brasileira). Isso porque, em um país com tantas diferenças regionais, e até mesmo intrarregionais, torna-se

---

[154] A criação deste imposto, apesar de ainda tratar-se de algo remoto, vem sendo discutida no Congresso Nacional brasileiro desde 1989, quando o então Senador Fernando Henrique Cardoso apresentou o Projeto PLP nº 202/1989. Atualmente, temos em discussão no Parlamento o Projeto de Lei Complementar nº 277/2008 (autoria da Deputada Federal Luciana Genro), que retoma o debate sobre a instituição do Imposto sobre Grandes Fortunas (apensados: PLP nº 26/2011, PLP nº 62/2011 e PLP nº 130/2012).

[155] Neste sentido, Paulo de Barros Carvalho afirma: "A boa doutrina costuma examinar a competência tributária no que diz com suas características, isto é, quanto aos aspectos que, de algum modo, poderiam conotar sua presença em face de outras categorias. Assim, o faz o ilustre professor Roque A. Carraza, salientando seis qualidades, quais sejam: privatividade (i), indelegabilidade (ii) incaducibilidade (iii), inalterabilidade (iv), irrenunciabilidade (v) e, por fim, *facultatividade do exercício (vi)*" (CARVALHO, Paulo de Barros. *Curso de Direito Tributário*. 19. ed. São Paulo: Saraiva, 2007. p. 239-247).

imperioso reconhecer a necessidade de um aperfeiçoamento dessa partilha, a partir de uma precisa calibragem, para não apenas oferecer recursos equitativamente suficientes àqueles entes subnacionais executarem satisfatoriamente as suas atribuições, como também, e principalmente, para estimulá-los a um desenvolvimento sustentável local, e não gerar – como se tem visto – uma acomodação financeira que acaba por incentivar o indesejável surgimento de novos municípios.

Nas palavras de Márcio Novaes Cavalcanti,[156] haveria uma "multiplicação irracional de municípios", em que várias cidades ou meros agrupamentos de vilarejos passam a reivindicar seu reconhecimento como Município, a fim de obter direitos de recebimento de fundos de repasse, e tudo isso sem o necessário cálculo prévio de sua contribuição nas receitas. A propósito, lembra Guilherme Bueno de Carvalho[157] que os critérios para as transferências no Brasil não levam em conta qualquer critério de esforço fiscal implementado pela unidade federada beneficiária da transferência.

A este respeito, observa Rogério Leite Lobo[158] que

> (...) em dinâmica diametralmente oposta às políticas que vêm sendo adotadas nos outros Estados federais para sanar a crise centrípeta que terá acometido as bases do Federalismo Fiscal desses países (nos Estados Unidos da América e na Alemanha, ao menos) (...), tem se procurado estimular a arrecadação de tributos próprios dos entes locais, com a diminuição dos repasses verticais, "grants-in-aid", subsídios etc., o Brasil vem apostando no incremento das transferências intergovernamentais (...).

Como forma de tentar mitigar esse fenômeno, o art. 11 da Lei de Responsabilidade Fiscal brasileira prevê a vedação de transferências voluntárias de recursos de um ente a outro que não institua todos os impostos de sua competência tributária:

---

[156] CAVALCANTI, Márcio Novaes. *Fundamentos da Lei de Responsabilidade Fiscal*. São Paulo: Dialética, 2011. p. 63. A propósito do assunto, esse autor cita, em sua obra, entrevista dada por Fernando Abrucio e por Valeriano Costa para a revista *Veja* (edição 1950, ano 32, nº 12, 24/03/1999, p. 09-13), em que entendem a ocorrência de uma excessiva municipalização como uma das causas da crise brasileira, sendo que o mecanismo de transferências fiscais automáticas foi responsável pela criação de municípios sem condições de sobreviver com seus recursos próprios.

[157] CAMARGO, Guilherme Bueno de. A Guerra Fiscal e seus efeitos: Autonomia x Centralização. In: CONTI, José Maurício (Org.). *Federalismo Fiscal*. Barueri: Manole, 2004. p. 198.

[158] LOBO, Rogério Leite. *Federalismo Fiscal Brasileiro*: discriminação das rendas tributárias e centralidade normativa. Rio de Janeiro: Lumen Juris, 2006. p. 162.

Art. 11. Constituem requisitos essenciais da responsabilidade na gestão fiscal a instituição, previsão e efetiva arrecadação de todos os tributos da competência constitucional do ente da Federação.
Parágrafo único. É vedada a realização de transferências voluntárias para o ente que não observe o disposto no *caput*, no que se refere aos impostos.

Apesar disso, devemos indagar: como é possível realizar adequadamente as políticas públicas e atender às necessidades públicas constitucionalmente asseguradas sem a totalidade dos recursos financeiros que seriam oriundos de uma competência tributária que acaba por não ser exercida a partir de uma facultatividade do ente federativo?

Esse comportamento é inadequado e enfraquece a ideia da autonomia financeira dos entes federativos (parte do ideário do federalismo fiscal), além de contrariar o objetivo principal da Lei de Responsabilidade Fiscal brasileira, qual seja, o da *gestão fiscal responsável*, uma vez que seu art. 11[159] estabelece como requisitos essenciais da responsabilidade na gestão fiscal a instituição, previsão e efetiva arrecadação de todos os tributos da competência constitucional do ente da Federação, ficando vedada a realização de transferências voluntárias para o ente que assim não o fizer quanto aos seus impostos (parágrafo único).

Fato é que não há uma vedação legal expressa a tal comportamento. Ao contrário, reconhece a LRF como possível a conduta ao aplicar uma única e branda sanção para o não exercício da competência tributária pelos entes federativos: a restrição ao recebimento de transferências voluntárias (aquelas decorrentes de convênios, para a assistência ou auxílio financeiro entre os entes), não atingindo o recebimento dos repasses constitucionais obrigatórios. Apesar dos indiscutíveis benefícios da cobrança dos impostos, especialmente em razão da independência política dos entes subnacionais decorrente da sua autonomia financeira, resta pouco estimulado o cumprimento da norma insculpida no art. 11 da LRF.

Entre as medidas arrecadatórias possíveis, estaria também a possibilidade de ampliação da carga fiscal suportada pelas sociedades empresariais. Todavia, como advertem João Ricardo Catarino *et alii*,[160]

---

[159] Consta contra o parágrafo único do art. 11 da LRF a ADI nº 2238-DF, afirmando haver violação e contrariedade ao art. 160 da CF/1988, dispositivo que veda qualquer condição ou restrição a entrega ou repasse de recursos aos entes federativos. Em sede liminar, o STF negou provimento ao pedido de suspensão imediata deste parágrafo único, estando ainda pendente a análise, no mérito, da inconstitucionalidade de tal dispositivo.

[160] CATARINO, João Ricardo *et al. op. cit.* p. 436-438.

em um mundo globalizado, em que a facilidade de fuga de capitais é grande, é comum que se intensifique a *competitividade fiscal* entre as nações como forma de atrair investimentos estrangeiros. Assim, existe uma tendência de transferir a carga fiscal sobre o grupo de contribuintes formado por pessoas singulares, de modo a se ter menor impacto sobre a competitividade daquele país.

De fato, esses autores apontam que, em Portugal, é claro o aumento da carga fiscal sobre os contribuintes pessoas singulares como parte do esforço de ajuste fiscal, não sendo tal avanço tributário tão pronunciado sobre as empresas, justamente por receio de perda de investimentos no "mercado das opções fiscais". Esta mesma preocupação é diagnosticada por José Casalta Nabais:

> os fenómenos da internacionalização, integração e globalização económica, que vêm engendrando a nível mundial uma liberdade de circulação para os capitais, para os bens e até, embora em menor grau, para as pessoas, começou a engendrar uma verdadeira concorrência entre os estados em diversos domínios, entre os quais se inclui o domínio da tributação. Por conseguinte, os estados estão a perder parte da sua soberania fiscal, não podendo mais, no quadro de uma economia aberta, instituir ou manter os impostos que bem entenderem.
> Daí que para atrair as empresas estrangeiras ou os investimentos estrangeiros, os estados ofereçam cada vez mais uma tributação atractiva, uma tributação menor. O que tem levado a reduzir sobretudo a tributação das empresas. Assim, num tal quadro, ao contrário do que sucedeu até ao fim do século XX, em que o problema fiscal era o do excessivo peso dos impostos, ou seja, o do *limite superior* da tributação, começa agora a encarar-se a hipótese inversa, a da eventual insuficiência das receitas fiscais para o estado poder desempenhar as suas funções, sejam as funções do estado social, sejam mesmo as funções do estado *tout court*.[161]

Questão conexa àquela citada no parágrafo anterior, dentro da temática da tributação internacional, sobretudo em um mundo altamente globalizado e de economias integradas, é a preocupação com a adoção de planejamentos fiscais agressivos por parte de grupos econômicos ou empresas multinacionais (*Multinational Enterprises* ou *MNE*), que se valem de lacunas normativas ou mesmo de tratados internacionais para evitar dupla tributação, visando a reduzir a carga fiscal incidente

---

[161] NABAIS, José Casalta. Reflexões sobre quem paga a conta do Estado social. In: *Por um Estado fiscal suportável*: estudos de direito fiscal. Coimbra: Almedina, 2010. v. III. p. 130-131.

sobre suas operações por meio da transferência de lucros – por vezes artificialmente – para jurisdições de menor tributação.

A circulação de capitais por meio de intricadas operações em escala global implica a criação de fatos geradores que os Estados nacionais, por meio de sua legislação nacional ou mesmo de acordos multilaterais de tributação em nível internacional, são incapazes de tributar eficazmente. Esse fenômeno, bastante comum na realidade do direito tributário internacional, acaba por reduzir as bases tributárias dos países envolvidos, com a consequente perda de arrecadação.

Por esse motivo, a Organização para a Cooperação e Desenvolvimento Econômico (OCDE), em um plano de ação de 2013 (*Addressing Base Erosion and Profit Shifting – BEPS*), dimensionou as perdas enfrentadas pelos países diante da erosão fiscal e transferência de lucros para jurisdições de baixa tributação, expondo a preocupação com a redução das bases tributárias dos países-membros e a necessidade de adotar medidas para harmonização da legislação tributária internacional.

A sigla BEPS (*Base Erosion and Profit Shifting*) pode ser traduzida como *erosão da base e transferência de lucros*. Luís Eduardo Schoueri explica que o acrônimo BEPS procura indicar, de um lado, a redução dos recursos sujeitos à tributação e, de outro, a translação de lucros de grupos multinacionais para jurisdições cuja tributação seja mais favorável ao detentor da riqueza.[162] Segundo leciona Marcus Lívio Gomes,[163] "o projeto BEPS visa atacar as formas de planejamento tributário agressivo, em desconexão com as atividades econômicas correlatas, e tem por objetivo combate ao agravamento da erosão da base tributável e atingir uma maior moralidade tributária". Assim, a internalização em cada país das diretrizes do BEPS poderia também figurar como estratégia de ampliação de arrecadação em relação a "zonas cegas" de tributação.

Tal preocupação deu origem a *15 (quinze) diretrizes de ação*[164] traçadas e desenvolvidas no âmbito da própria OCDE e do G-20, com o fito de atacar as distintas formas de erosão da base tributável, que são: Ação 1 – Identificar as principais dificuldades que a economia digital apresenta na aplicação das normas internacionais vigentes de tributação tanto direta como indireta; Ação 2 – Desenvolver modelos

---

[162] SCHOUERI, Luís Eduardo. O projeto Beps: ainda uma estratégia militar. In: GOMES, Marcus Lívio; SCHOUERI, Luís Eduardo (Coord). *A tributação internacional na era pós Beps*: soluções globais e peculiaridades de países em desenvolvimento. vol. 1. Rio de Janeiro: Lumen Juris, 2016. p. 22.

[163] GOMES, Marcus Lívio. Relatório do projeto de pesquisa coletiva "Base Erosion and Profit Shifting (BEPS)." In: GOMES, Marcus Livio; SCHOUERI, Luís Eduardo (Coord). *op. cit.* p. 5.

[164] Disponível em: <http://www.oecd.org/tax/beps/beps-actions.htm>.

de acordos e recomendações acerca da elaboração de normas nacionais voltadas a neutralizar os efeitos dos instrumentos e entidades híbridos (*e.g.* dupla ausência de tributação, dupla dedução, diferimento de longo prazo); Ação 3 – Estabelecer recomendações para fortalecer as normas de tributação sobre as empresas estrangeiras controladas; Ação 4 – Estabelecer melhores práticas para prevenir a erosão de bases tributáveis gerada pelo pagamento de juros ou outros gastos financeiros excessivos; Ação 5 – Combater de maneira mais efetiva as práticas de concorrência fiscal lesiva, tomando em conta a transparência e substância dos negócios; Ação 6 – Desenvolver modelos de acordos e recomendações de elaboração de normas nacionais para impedir a utilização abusiva de Tratados Internacionais; Ação 7 – Modificar a definição de estabelecimento permanente para impedir manipulações do conceito que visem evitar, artificialmente, a configuração do *status* de estabelecimento permanente a uma empresa localizada em um determinado país; Ações 8, 9 e 10 – Assegurar que os resultados dos preços de transferência estejam alinhados com a criação de valor; Ação 11 – Estabelecer metodologias de coleta e análise de dados sobre erosão da base tributável e a transferência de lucros, bem como ações para tratar do tema; Ação 12 – Estabelecer normas de revelação (*disclosure rules*) de esquemas de planejamento tributário agressivos; Ação 13 – Revisão das regras sobre documentos relativos a preços de transferência, de modo a fomentar a transparência; Ação 14 – Tornar mais efetivos os mecanismos de resolução de conflitos; Ação 15 – Desenvolver instrumento multilateral que facilite a implantação das medidas contra a *erosão da base tributável e a transferência artificial de lucros* pelos países signatários.

Para além do combate à evasão e fraude no âmbito internacional, deve-se também reforçar os meios de combate internos ao planejamento tributário abusivo como técnica arrecadatória e de justa partição das cargas da vida em sociedade. Se, de um lado, temos de reconhecer a autonomia conferida ao contribuinte para estruturar seus negócios e patrimônio, certos de que ninguém está obrigado a realizar tais operações da maneira mais onerosa em favor do Fisco; de outro, ressalvando-se os casos de procedimentos lícitos e legítimos, não podemos ignorar que algumas formas abusivas ou irregulares de planejamento fiscal ensejam a subtração total ou parcial do pagamento de tributos pela violação – direta ou indireta – das normas tributárias, cujas consequências, *prima facie*, podem ocasionar: evasão de receitas tributárias; enriquecimento indevido do contribuinte; vantagem econômica e violação da isonomia; desrespeito à capacidade contributiva; não cumprimento do dever fundamental de pagar tributos.

A ampliação da base arrecadatória, sem acarretar um aumento efetivo da carga fiscal individual, visando a atingir aqueles que em frontal violação ao seu dever fundamental e sua capacidade de contribuir deixam de pagar os tributos que deveriam, é a medida mais adequada dentro desse propósito.

Numa sucinta classificação, podemos identificar algumas das formas em que o planejamento fiscal pode ocorrer: a) *oblíqua*: pela interposição de uma outra pessoa ou outra relação jurídica entre o efetivo contribuinte ou entre o negócio objetivado (*e.g.*, contrato e negócio jurídico indireto); b) *omissiva*: abstenção da realização da operação normalmente realizada por força de algum fator tributário (*e.g.*, deixar de importar mercadorias excessivamente gravadas pelos tributos regulatórios); c) *induzida*: quando a própria lei favorece a escolha de um determinado regime de tributação (*e.g.*, compra de mercadorias através da Zona Franca de Manaus na região amazônica brasileira); d) *optativa*: eleição da fórmula mais econômica dentre as disponíveis no ordenamento (*e.g.*, adoção da tributação pelo lucro real ou presumido; declaração de rendimentos pelo modelo simplificado); e) *interpretativa*: identificação de *loopholes* (lacunas) no sistema tributário (*e.g.*, identificação de algum tipo de serviço, não previsto na lista de serviços de ISS, que possa ser enquadrado e qualificado na atividade realizada do contribuinte); f) *contenciosa*: utilização de meios administrativos ou judiciais para afastar a tributação indesejada, seja porque efetivamente indevida, seja porque exista alternativa na legislação (*e.g.*, uso de mandados de segurança; pedidos de parcelamentos ou regimes especiais etc.).

Nesse cenário, desponta a criação de *normas antielisivas*, instrumentos legais criados para questionar e combater a prática de atos, negócios ou procedimentos realizados no bojo de um planejamento tributário irregular ou ilegítimo feito pelo contribuinte. Podem-se utilizar regras ou princípios jurídicos para este fim. Podem ser genéricas, empregando-se normas gerais que contenham expressões amplas, flexíveis e indeterminadas (porém determináveis), como *"abuso de formas"*, *"fraude à lei"* ou *"falta de propósito mercantil"*, ou utilizar técnicas sub-rogatórias,[165] adicionando-se ao tipo específico uma regra

---

[165] Explica Hermes Marcelo Huck (*Evasão e elisão*: rotas nacionais e internacionais. São Paulo: Saraiva, 1997. p. 50) que, conforme apurado no Congresso da *International Fiscal Association* de 1983, para evitar e combater o fenômeno elisivo, tem-se desenvolvido em determinadas legislações uma técnica conhecida como *fattispecie surrogatorie*, ou norma geral, em que o legislador, após definir a tipificação do tributo, considera que ele deve prevalecer e a norma ser aplicada desde que sejam verificados seus pressupostos econômicos ou fáticos, ainda que não se tenha aperfeiçoado o tipo jurídico especificamente previsto na norma. A técnica

genérica (*e.g.*, "*e congêneres*" ou "*da mesma natureza*" etc.). Outro método comumente adotado é o uso de presunções legais, sejam *juris et de jure*, sejam *juris tantum*, em que o legislador presume que, encoberto por um fato ostensivo há um outro, oculto, de natureza elisiva (*e.g.*, distribuição disfarçada de lucros; regras de preços de transferência etc.). Podem, ainda, ser aplicadas regras específicas ou pontuais, que visam a atacar práticas concretas que já se consolidaram, denominadas por Heleno Taveira Torres[166] de "normas de prevenção ou correção *à* elusão".

Nesta linha, podemos identificar dois métodos básicos no combate aos planejamentos fiscais indesejados: a) através da *criação normativa*, em que se busca utilizar tipos tributários fechados para proibir a prática do planejamento ou através da instituição de presunções legais; b) através da *interpretação normativa*, em que se utilizam tipos abertos ou normas gerais.

No caso da criação normativa, através da utilização de tipos específicos, ocorre o fenômeno do "excesso legal", que acaba por criar um sistema tributário excessivamente complexo e detalhado, deixando-se, sempre, ao final, brechas legais (*loopholes*) que permitem ao contribuinte encontrar alternativas indesejadas pelo Fisco. Já no caso das presunções legais, em que o Fisco se socorre de fatos previamente conhecidos (por experiência, por estatísticas ou pela prática negocial), para determinar antecipadamente a ocorrência de outros fatos, superam-se as dificuldades quanto às questões probatórias que normalmente impedem a ampla atuação e efetividade do Fisco, porém, ainda que de forma reduzida, deixa-se margem para manipulações por parte do contribuinte, pelo uso de manobras financeiras, societárias ou jurídicas, que podem ser camufladas através de simulações, abuso de direito ou de formas.

Por fim, uma outra forma de aumento das receitas está numa ampla revisão dos chamados benefícios de renúncias de arrecadação ou *tax expenditures*, que implicam o não exercício do poder de tributar sobre áreas que poderiam ser tributáveis.

As renúncias de receitas concedidas a título de incentivos fiscais se operacionalizam, em regra, através de anistias, remissões, subsídios, créditos fiscais, isenções, redução de alíquotas ou base de cálculo.

---

sub-rogatória constitui uma configuração da hipótese de incidência mediante a constituição de um tipo, seguida de uma regra adicional que prescinde de tipologia jurídica, quando declara que o tributo igualmente é devido ainda que faltem algumas de suas características formais, desde que os resultados econômicos ou de fato em geral previstos na norma estejam presentes.

[166] TORRES, Heleno Taveira. *Direito tributário e direito privado:* autonomia privada, simulação e elusão tributária. São Paulo: Revista dos Tribunais, 2003. p. 276.

Os efeitos concretos dessas renúncias fiscais são: a) redução na arrecadação potencial; b) aumento da disponibilidade econômica e financeira do contribuinte; c) exceção à regra jurídica impositiva geral. E o seu efeito esperado é o incentivo à adoção de uma determinada prática ou conduta do beneficiário do incentivo que ofereça e gere um ganho à comunidade diretamente relacionada ou à sociedade em geral.

Questiona-se, porém, se os incentivos fiscais concedidos através de renúncias às receitas públicas são mais ou menos eficientes em relação aos subsídios ou transferências financeiras diretas, na busca do fomento e do desenvolvimento de determinadas atividades, regiões ou de setores econômicos ou sociais.[167] Nesse sentido, deve-se ponderar se o custo dos incentivos fiscais concedidos gera em contrapartida os resultados esperados (custo/benefício) e se esses resultados são equivalentes aos da aplicação direta dos subsídios ou transferências financeiras.

O debate, entretanto, acaba ganhando um viés político, na medida em que o direcionamento dos recursos públicos oferecidos ao setor privado criaria uma imagem de Estado interventor e diretivo, se comparado à imagem de Estado liberal, no caso de este, ao invés de vincular a aplicação de recursos, simplesmente transferir para o setor privado a decisão de alocação de recursos originários das renúncias fiscais nas áreas que indicar como prioritárias.[168]

Sem desconsiderar a necessidade de otimização dos resultados por uma ou outra via, fato é que, enquanto os subsídios ou transferências diretas de recursos financeiros são obrigatoriamente registrados nos orçamentos pelo valor efetivamente despendido, como espécie de despesa pública – o que demanda uma reavaliação anual da sua conveniência e interesse da sua manutenção –, os montantes financeiros dos incentivos fiscais concedidos através de renúncias não são quantificados e, por consequência, não são registrados nas peças orçamentárias, dificultando

---

[167] NEUMARK, Fritz. *Problemas Económicos y Financieros del Estado Intervencionista*. Madrid: Editorial de Derecho Financiero, 1964.

[168] A este respeito, leciona José Casalta Nabais: "De outro lado, em sede social, a política fiscal encontra-se com a política orçamental na medida em que existem duas vias de propiciar vantagens ou atribuir benefícios a categorias sociais que, de um ponto de vista do interesse geral, sejam dignas dos mesmos. Uma, que releva da política fiscal, traduz-se na concessão a determinadas categorias sociais de vantagens ou desagravamentos fiscais, dentro dos quais se destacam pela sua importância, os chamados benefícios fiscais. A outra, que integra a política orçamental, consiste na instituição de um sistema de subvenções directas ou subvenções financeiras a favor dessas categorias sociais." (NABAIS, José Casalta. Política fiscal, desenvolvimento sustentável e luta contra a pobreza. In: *Por um Estado fiscal suportável*: estudos de direito fiscal. Coimbra: Almedina, 2008. v. II. p. 45).

seu controle e percepção do resultado, não apenas pelo gestor público, como também, e principalmente, pela sociedade.

Por este motivo, a OCDE, em publicação intitulada *"Tax and Development: principles to enhance the transparency and governance of tax incentives for investment in developing countries"*, apresenta alguns princípios a serem seguidos quando da implantação desse tipo de benefício fiscal, de modo a assegurar uma boa governança fiscal. Podemos citar os seguintes:

> 1 Declarar publicamente os incentivos fiscais para os investimentos e os seus objetivos.
> 2 Oferecer incentivos fiscais para investimentos através de leis fiscais únicas.
> 3 Consolidar todos os incentivos fiscais ao investimento sob a autoridade de um órgão do governo, sempre que possível.
> 4 Certificar-se que os incentivos fiscais ao investimento são criados por lei do parlamento.
> 5 Administrar incentivos fiscais para o investimento de uma forma transparente.
> 6 Calcular a despesa fiscal (as receitas não cobradas devido aos incentivos fiscais que têm como objetivo o investimento), e divulgá-las publicamente.
> 7 Realizar uma avaliação periódica dos incentivos fiscais existentes avaliando a sua extensão, sentido e os objetivos estabelecidos.
> 8 Divulgar regularmente os maiores beneficiários de incentivos fiscais ao investimento.
> 9 Reunir dados e tratar os dados relativos às despesas fiscais para o investimento com o objetivo de monitorar os efeitos globais e a eficácia dos incentivos fiscais individuais.
> 10 Reforçar a cooperação regional a fim de evitar a concorrência fiscal prejudicial.[169]

5.1.3 O poder-dever fundamental de gastar adequadamente

Como sabemos, para garantir a prestação de serviços estatais e, sobretudo, a efetividade dos direitos humanos e sociais, materializando-os em bens e serviços oferecidos aos cidadãos, o Estado dependerá de uma atividade financeira conduzida de maneira vinculada aos preceitos constitucionais, e em observância as regras e normas das finanças

---

[169] OECD. *Tax and Development*: principles to enhance the transparency and governance of tax incentives for investment in developing countries *apud* CATARINO, João Ricardo *et al. op. cit.* p. 430-431.

públicas, tendo o orçamento público – no seu caráter impositivo – papel capital nesta tarefa, este que desponta como relevante instrumento de planejamento, gestão e controle financeiro, ao contemplar a participação conjunta dos Poderes Executivo e Legislativo, tanto na sua elaboração e aprovação quanto no controle da sua execução, configurando um instituto fundamental no Estado Democrático de Direito.[170]

Esta tarefa, todavia, encontra, no entrechoque da infinitude das necessidades e desejos humanos com a limitação das possibilidades materiais em atendê-los, o seu grande desafio. Como agravante, a atividade pública é conduzida por indivíduos que, pela própria natureza humana, muitas vezes são movidos por ideologias e interesses particulares e não cumprem adequadamente sua função, deixando de atender aos anseios sociais. James Madison, em famosa passagem de *O Federalista*,[171] exclama que os homens não têm a natureza de seres angélicos, razão pela qual necessitam de um Governo, o qual deveria apresentar órgãos que se limitassem e controlassem entre si, naquilo que ficou conhecido como sistema de *checks and balances* (freios e contrapesos).

Um conceito essencial para a determinação de quais serão as finalidades com as quais o Estado deverá gastar prioritariamente é aquele de *necessidades públicas*. A palavra *necessidade* provém do latim *necessitas, necessitatis* e indica algo indispensável, demandas ou requisitos inarredáveis ou um dever ou obrigação inafastáveis.[172] Da perspectiva da economia política, "todo ser humano tem desejos de dispor de meios aptos para fazer que cessem as situações de insatisfação ou aumentar suas situações de sensação de agrado. Este amplo conjunto de desejos recebe o genérico nome de *necessidades*".[173]

---

[170] Esta seção foi elaborada com base nas ideias e trechos oriundos da tese do autor, depositada no concurso de titularidade de cátedra da Faculdade de Direito da UERJ, que ainda não foi objeto de aferição e conclusão.

[171] "It may be a reflection on human nature, that such devices should be necessary to control the abuses of government. But what is government itself, but the greatest of all reflections on human nature? If men were angels, no government would be necessary. If angels were to govern men, neither external nor internal controls on government would be necessary. In framing a government, which is to be administered by men over men, the great difficulty lies in this: you must first enable the government to control the governed; and in the next place oblige it to control itself." (MADISON, James. The meaning of the Maxim, which requires a Separation of the Departments of Power, examined and ascertained. n. LI. *The Federalist*: on the new Constitution, written in 1788 by Mr. Hamilton, Mr. Jay and Mr. Madison. New York: Williams & Whiting, 1810. p. 31.).

[172] OXFORD DICTIONARY OF LATIN. Verbete *necessitas, necessitatis*. Oxford: Clarendon Press, 1968. p. 1.165.

[173] DE AYALA, José Luis Pérez. *Economía Política*. Tomo I. Madrid: Editorial de Derecho Financiero, 1971. p. 13.

No pensamento econômico, as necessidades humanas são eminentemente subjetivas e condicionadas por diversos fatores psicológicos, possuindo um conteúdo muito amplo e de motivações para sua existência, em razão do desejo potencialmente ilimitado dos seres humanos. Embora sua cogitação possa ser ilimitada, a capacidade real de atendê-las é limitada, colocando-se assim dois problemas essenciais da economia: a escassez dos recursos e, diante da escassez, o imperativo da escolha ou eleição de que necessidades podem efetivamente ser satisfeitas.[174]

Já o termo *pública* é oriundo do adjetivo latino *publica*, significando aquilo que pertence coletivamente ao povo, bem como aquilo que é fornecido ou mantido pelo Estado e aquilo comum a todos ou disponível para ser fruído por todos.[175] O historiador romano Tácito, em seus *Anais* (história de Roma de Tibério até Nero), relata precisamente que o Imperador Tibério ordenou fosse feito um documento contendo todos os recursos estatais de que dispunha o Império (*opes publicae*), dentre os quais também as despesas públicas a serem executadas (*necessitates ac largitiones*).[176] Portanto, percebe-se que, desde as sociedades antigas, a discussão acerca das necessidades públicas se faz presente, por ser impossível imaginar-se uma sociedade que não atenda minimamente a algumas demandas coletivas.

Nesse mesmo sentido, o mexicano Gabino Fraga correlaciona as necessidades a serem atendidas pelo poder público com a concepção que se tenha de Estado em cada momento histórico e das atribuições que este é chamado a cumprir.[177] Assim, sendo as atribuições estatais meros meios para alcançar fins, o número e a extensão das atribuições variarão de acordo com os fins que se entenda devam ser alcançados por cada tipo de Estado. Compreende este autor que tal critério corresponde

---

[174] *Ibidem*. p. 13 e 17. Cf. tb. BUJANDA, Fernando Sainz de. *Sistema de derecho financiero*. Introducción. Vol. I. Madrid: Facultad de Derecho de la Universidad Complutense, 1977. p. 37-42.

[175] OXFORD DICTIONARY OF LATIN. Verbete *publicus, publica, publicum*. Oxford: Clarendon Press, 1968. p. 1.512-1.513.

[176] TACITUS. *The Annals*. Translation John Jackson. Vol. II. Cambridge, MA: Harvard University, 1962. p. 266-267.

[177] Também Aliomar Baleeiro afirma o mesmo: "determinadas necessidades coletivas são consideradas públicas em determinada época, ou em certo país, e não se revestem desse aspecto em outra época ou noutro país. É que a medida das intervenções do Estado, na vida humana, varia de país para país, e até mesmo no mesmo país, conforme a época, as tradições, as instituições políticas, é menor nos países de inclinações individualistas ou de fortes iniciativas individuais" (BALEEIRO, Aliomar. *Uma Introdução à Ciência das Finanças*. 15. ed. Rio de Janeiro: Forense, 1997. p. 7).

primeiro às ciências políticas. Somente depois que já ocorreu a definição político-ideológica do tipo de Estado e que funções este é chamado a cumprir se poderá passar ao segundo momento, propriamente jurídico: o de definição em normas jurídicas daquelas atribuições ou competências concretas de que um determinado Estado estará dotado para atingir aqueles fins presentes na concepção ideológico-política de Estado que esteja a prevalecer em uma dada sociedade.[178]

Ocorre que, quando uma sociedade toma para si o encargo de custear uma determinada necessidade humana, à expensa dos recursos públicos, isto significa que aquela sociedade se compromete politicamente a, no todo ou em parte, suprir aquela necessidade de todos os cidadãos ou de grupos determinados de cidadãos. A via para estabelecer e perenizar esta assunção de responsabilidades (e o nível em que se dará) é a *norma jurídica*, que estatui de forma clara o compromisso daquela sociedade com o atendimento daquela necessidade humana concreta escolhida.

O elemento jurídico constrói a ponte entre a mera *intenção* e o efetivo *compromisso* após a tomada de decisão no campo político. A norma garante a eficácia de *exigibilidade* daquilo que foi previamente assumido como fruto de um acordo político. Mas não só isso: no âmbito financeiro, o acordo político, agora transmudado em norma, ao trazer consigo a nota da *exigibilidade*, porta também a necessidade de efetivo custeio.

A norma jurídica que, por excelência, consagra de maneira detalhada estas escolhas sobre *em que*, *como* e *quando* gastar é o orçamento público.[179] Mas as grandes linhas mestras da eleição de prioridades de gastos encontram-se, sem sombra de dúvida, na Lei Maior do país, como recorda Giovanni Ingrosso ao aduzir que, se a atividade financeira está voltada para a geração de condições para que o Estado cumpra suas tarefas, por sua vez, as causas que impõem a despesa pública são enunciadas na própria Constituição.[180]

Se o direito consubstanciado na norma é exigível, não se pode separá-lo de uma pretensão de que a sociedade, pelo meio institucional que é o Estado, venha a arcar com os seus custos. Embora não visando diretamente à vertente financeira, este é o conteúdo do debate que,

---

[178] FRAGA, Gabino. *Derecho administrativo*. 24. ed. México, D.F.: Porrúa, 1985. p. 13-14.
[179] "Como se ve, el centro de esas elecciones vendría dado por el presupuesto del Estado que recoge en cada sociedad las elecciones financieras programadas". PÉREZ, Julio Banacloche. *Manual de economía financiera*. Madrid: Editorial de Derecho Financiero, 1971. p. 13.
[180] INGROSSO, Giovanni. *Corso di Finanza Pubblica*. Napoli: Jovene, 1969. p. 143.

no direito constitucional, se trava acerca da *efetividade das normas constitucionais*, mormente aquelas garantidoras de direitos fundamentais e sociais.[181] Ainda que o objeto formal seja distinto (ou seja, o *ponto de vista* ou ângulo *de mirada*), o debate ao fim e ao cabo tem o mesmo propósito: se o direito constitucional afirma a *exigibilidade do cumprimento da norma*, o direito financeiro assevera a *exigibilidade da alocação de recursos para atender o cumprimento daquela norma*.

Obviamente, na composição dessas escolhas, além de critérios ideológico-políticos, entrarão considerações de caráter econômico acerca das necessidades a serem atendidas pelo poder público. A lógica da eficiência na produção e fornecimento dos bens pelos mercados também entra na equação, de modo que, onde houvesse falhas ou incapacidades do mercado (*"market failures"*) na produção ou fornecimento de bens e serviços, deveria o Estado corrigir tal falha suprindo tais demandas por uma lógica não mercadológica.[182]

Mas não se pode aqui ser ingênuo: nem sempre as decisões políticas se fazem somente com base na eficiência econômica alocativa de recursos, mas tomam em consideração outros aspectos históricos e ideológicos.[183] Como recorda Michael Sandel, existem imperativos não econômicos (éticos) a serem considerados na distribuição de bens à população que não podem ser ignorados pela lógica de mercado,[184]

---

[181] Sobre a efetividade das normas constitucionais, cf. BARROSO, Luís Roberto. *O Direito Constitucional e a efetividade de suas normas*. 9. ed. Rio de Janeiro: Renovar, 2009; HESSE, Konrad. *A força normativa da Constituição*. Trad. Gilmar Mendes. Porto Alegre: Sergio Antonio Fabris, 1991.

[182] FRANCO, António L. de Sousa. *Finanças públicas e direito financeiro*. v. I e II. 4. ed. Coimbra: Almedina, 12. reimpressão em 2008. p. 17-18. Para reflexões similares e mais aprofundadas sobre as falhas de mercado e a atuação estatal, ver também CATARINO, João Ricardo. *Princípios de finanças públicas*. Coimbra: Almedina, 2011. p. 42-50.

[183] "Sujeita que está a estes critérios fundamentais numa economia descentralizada de mercado, a actividade financeira nem por isso deixa de ser regida por critérios essencialmente políticos – é de *decisões políticas* – embora não subtraídas a uma racionalidade econômica – que em última instância se trata. Estas estão, pois, submetidas a *critérios doutrinários e ideológicos* acerca do desenvolvimento da vida social, designadamente no campo econômico, mesmo em sistemas capitalistas; e são profundamente influenciadas pela época histórica em que ocorrem." FRANCO, António L. de Sousa. *op. cit.* p. 41.

[184] SANDEL, Michael. *What money can't buy*: the moral limits of markets. London: Penguin, 2012. Nesta obra, Sandel critica a entrada indiscriminada dos valores de mercado em áreas que, tradicionalmente, não tinham como fator decisivo de escolha a lógica de mercado. Alguns exemplos por ele formulados são curiosos e valem menção: 1. a melhoria nas acomodações da cela do preso por meio do pagamento de 82 dólares por noite em algumas cidades da Califórnia, em que se pode obter uma cela mais limpa e separada dos demais presos que não podem por ela pagar; 2. o pagamento de 8 dólares para poder utilizar o acostamento em horários de *rush*; 3. a contratação de "barriga de aluguel" na Índia, a preços bem menores do que aqueles praticados nos EUA; 4. o direito de caçar um rinoceronte negro ameaçado de extinção por 150 mil dólares.

sob pena de se olvidarem elementos essenciais da experiência humana, sobretudo a característica de *sujeitos morais* dos seres humanos, de modo que nossas construções são dotadas de carga valorativo-moral.[185]

Sainz de Bujanda procura conciliar ambos os aspectos (político e econômico) na escolha das necessidades a serem satisfeitas pelo Estado. Afirma que a atividade financeira é "constitutivamente uma manifestação da atividade política", como produto da vontade estatal e resultado de um cálculo político, mas que tal cálculo necessariamente tomará em consideração fatores de natureza diversa, entre os quais as variáveis econômicas (bem como a situação externa do país, sua situação interna, convulsões sociais, desigualdades acentuadas, os prognósticos eleitorais etc.).[186]

No mesmo sentido é a lição de Sousa Franco, que considera inafastável o elemento político do fenômeno financeiro:

> por um lado, porque o elemento político é conatural à realidade financeira, e está portanto naturalmente tão presente na sua essência como o elemento económico. A economia do Estado é por essência, *economia* e do *Estado*: pelo primeiro lado, o seu estudo é ciência económica; pelo segundo, introduz-se na economia o elemento político (embora também pudesse ser estudada, por exemplo, da perspectiva e segundo os métodos próprios da Ciência política, como qualquer outro fenómeno político).[187]

O modelo de Estado que se submete às normas constitucionais existe com uma única finalidade: atender às necessidades da coletividade, através dos seus agentes e órgãos. Esse Estado, como instituição política, jurídica e social, é desprovido de interesse próprio (senão para atender às necessidades públicas), já que é constituído sob as regras do Direito para garantir a todos os cidadãos uma vida digna em sociedade.

Atender às necessidades públicas significa prover a sociedade de uma série de bens e serviços públicos, que vão desde os anseios humanos mais básicos, como habitação, nutrição, lazer, educação, segurança, saúde, transporte, previdência, assistência social e justiça, até aquelas outras necessidades de ordem coletiva, como a proteção ao meio ambiente e ao patrimônio cultural.

---

[185] ABRAHAM, Marcus; PEREIRA, Vítor P. A influência da Torá nas instituições jurídicas brasileiras. *Revista do IHGB*, Rio de Janeiro, ano 176, n. 466, jan./mar. 2015. p. 23-24.
[186] BUJANDA, Fernando Sainz de. *op. cit.* p. 116-122.
[187] FRANCO, António L. Sousa. *Políticas financeiras*: conceitos fundamentais. Lisboa: AAFDL, 1980. p. 3-4.

É inegável que a definição das políticas públicas e a escolha feita pelo Estado sobre o que fazer com os recursos financeiros arrecadados devem seguir sempre o interesse coletivo, pautar-se nas necessidades mais urgentes da sociedade e serem conduzidas a partir dos valores constitucionais voltados para a consecução e o atendimento dos direitos fundamentais e dos direitos sociais.

Como vivemos em um Estado de Direito, onde o administrador da coisa pública não está livre para empregá-la da maneira que melhor lhe convier, este encontrará os parâmetros para sua atuação na lei e na Constituição, razão pela qual as despesas públicas deverão estar previstas no orçamento. Como bem coloca Regis Fernandes de Oliveira,[188] "todas as despesas devem encontrar respaldo constitucional ou legal. Todas devem gerar benefício ao Poder Público, seja como aumento patrimonial, seja como retribuição a serviços prestados ou compra de bens ou serviços etc."

Assim sendo, devemos reconhecer que de nada adianta a preocupação com os instrumentos de obtenção de receitas públicas se não houver, na mesma esteira, normas regulando a aplicação desses recursos pelo Estado. Afinal, receitas e despesas integram o mesmo processo da atividade financeira estatal. Como ressalta Ricardo Lobo Torres,[189] "a despesa e a receita são duas faces da mesma moeda, as duas vertentes do mesmo orçamento. Implicam-se mutuamente e devem se equilibrar".

A despesa pública nada mais é do que a alocação das receitas públicas arrecadadas pelo Estado na sua atividade financeira. Noutras palavras, trata-se do conjunto de gastos realizados pelo Estado no seu funcionamento, ou seja, da aplicação de recursos financeiros em bens e serviços destinados a satisfazer as necessidades coletivas. Porém, deverá ser compreendida numa acepção mais ampla no plano financeiro, pois além do emprego nas necessidades básicas coletivas, o Estado destina parte das receitas públicas em ações devidamente programadas para propiciar o desenvolvimento social e econômico. Daí por que dizemos que a despesa pública se relaciona diretamente com a política fiscal, mecanismo pelo qual é exercida a administração financeira dos gastos e do emprego dos recursos públicos, de maneira planejada e direcionada para realização de um determinado fim específico.

---

[188] OLIVEIRA, Regis Fernandes de. *Curso de Direito Financeiro*. 2. ed. São Paulo: Revista dos Tribunais, 2008. p. 255.
[189] TORRES, Ricardo Lobo. *Curso de Direito Financeiro e Tributário*. 18. ed. Rio de Janeiro: Renovar, 2011. p. 194.

Apesar de utilizarmos a palavra "gastos" como sinônimo de despesas, no direito financeiro não há uma conotação negativa como usualmente é empregada no dia a dia, no sentido de desperdício ou de esbanjamento. Muito pelo contrário, o gasto do dinheiro público deve ser sempre feito e considerado como um emprego da verba pública de maneira positiva, ou seja, um investimento na sociedade ou no patrimônio estatal, agregando-se valor através da despesa pública, em bens ou serviços de interesse da coletividade.

Ainda que assim seja, e embora todas as despesas públicas, em regra, atendam a finalidades públicas, deve-se atentar para outra questão relevante em face da escassez de recursos: a hierarquia de prioridades nos gastos. Já é consolidada na doutrina publicista a distinção feita entre os *interesses públicos primários* e os *interesses públicos secundários*. Enquanto os primeiros estão relacionados à atuação estatal para o atendimento de necessidades dos cidadãos, como educação, saúde, segurança, os segundos voltam-se para o atendimento de necessidades internas da máquina burocrática, de modo que a Administração Pública possa funcionar devidamente. Na lição do publicista italiano Renato Alessi:

> Tratando-se do poder soberano, estará em relação com a realização de interesses *públicos, coletivos*. Esses interesses públicos, coletivos, cuja satisfação está a cargo da Administração, não são simplesmente o interesse da Administração entendida como aparato organizativo, mas sim aquilo que se denominou de interesse coletivo *primário*, formado pelo conjunto de interesses individuais preponderantes em uma determinada organização jurídica da coletividade, enquanto que o interesse do aparato (se é que pode conceber-se um interesse do aparato unitariamente considerado) seria simplesmente um dos interesses secundários que se fazem sentir na coletividade, e que podem ser realizados somente em caso de coincidência com o interesse coletivo primário e dentro dos limites de dita coincidência. A peculiaridade da posição jurídica da Administração pública radica precisamente nisto, em que sua função consiste na realização do interesse coletivo, público, primário. Ainda que se possa conceber um interesse secundário da Administração considerada como aparato organizativo, tal interesse não poderia ser realizado senão em caso de coincidência com o interesse primário, público.[190] (tradução livre)

---

[190] ALESSI, Renato. *Instituciones de Derecho Administrativo*. Tomo I. 3. ed. Trad. Buenaventura Pellisé Prats. Barcelona: Bosch, 1970. p. 184-185.

É que a noção contemporânea de Estado não é a de que este ente seja um fim em si mesmo, mas sim um *instrumento* a serviço do cidadão, para que este detenha as condições mínimas para seu florescimento humano. O Estado está ordenado ao ser humano, e não ao revés.[191]

Desse modo, por exemplo, as prestações estatais na área de saúde atendem a um interesse público primário. Já gastos com locomoção de servidores públicos ou com publicidade institucional de ações governamentais, por sua vez, atendem a um interesse público interno da burocracia estatal (aquilo que Diogo de Figueiredo Moreira Neto chamou de *Administração introversa*):

> Para que o Estado possa servir adequadamente à sociedade que o institui, os seus órgãos de representação definem, pela atribuição constitucional e legal de *competências*, quais os *interesses* que deverão ser satisfeitos administrativamente, qualificando-os como *interesses públicos*, identificados como *interesses públicos primários*, ou *interesses públicos materiais*. Tais funções desempenhadas pelo Estado e seus delegados para a satisfação desses *interesses públicos primários*, que, por atenderem a necessidades da própria *sociedade*, caracterizam as *atividades-fim* da Administração Pública, e que, por se referirem à gestão externa dos interesses dos administrados, conformam a *administração extroversa*. Todavia, como condição para desempenhá-la, é necessário que o Estado *satisfaça seus próprios interesses institucionais*, conotados a seus atos, pessoas, bens e serviços, desdobrando, desse modo, outra e distinta classe de interesses a serem atendidos, a dos *interesses públicos secundários*, ou *interesses públicos instrumentais*, ou, ainda, *derivados*, caracterizando, por seu turno, as *atividades-meio* da Administração Pública as quais, por atenderem à gestão interna de seu pessoal, de seus bens, de seus atos e de seus serviços, conformam a *administração introversa*.[192]

Conquanto estes interesses secundários não sejam irrelevantes, não se pode equipará-los às ações estatais que atendem diretamente a população, sob pena de se perder de vista o fim ou objetivo para o qual o próprio Estado é constituído, a saber, prover necessidades concretas da coletividade em primeiro lugar.

---

[191] "The thought that we cannot live reasonably and well apart from a *civitas* is consistent with the proposition that the common good specific to the *civitas* as such – the public good – is not basic but, rather, instrumental to securing human goods which are basic [...]". FINNIS, John. *Aquinas*: moral, political, and legal theory. Oxford: Oxford University, 1998. p. 247.

[192] MOREIRA NETO, Diogo de Figueiredo. *Curso de direito administrativo*. 16. ed. Rio de Janeiro: Forense, 2014. Edição eletrônica. n. 25.1 – Administração Pública extroversa e introversa.

Uma breve análise de dados do orçamento público federal brasileiro em anos recentes revela uma curiosa constatação: embora as despesas realizadas para atender a demandas judiciais na área de saúde (interesse primário) sejam reconhecidamente elevadas, outros interesses públicos meramente secundários, como os de propaganda institucional,[193] locomoção de servidores e serviços de consultoria[194] também são igualmente responsáveis por consideráveis dotações de recursos, revelando as más escolhas e a inadequação das prioridades no emprego dos recursos públicos, em afronta ao poder-dever de gastar adequadamente.

Ressalve-se que não se está aqui a dizer que estas despesas são ilegais. Apenas se chama a atenção de que, embora menos relevantes, não atendem a um interesse primário, nem podem ser equiparadas a ações de atendimento à população na área de saúde, educação ou segurança, as quais estão diretamente relacionadas à preservação da vida ou da manutenção de uma vida digna.

Assim, um possível caminho no desafio de redução do déficit estrutural e da dívida pública poderia ser o de uma escolha mais cuidadosa e criteriosa das despesas a serem inseridas no orçamento e efetivamente executadas, mantendo-se preferencialmente aquelas que estão umbilicalmente vinculadas ao fomento de direitos sociais dos cidadãos.

Em outras palavras, a Administração, em seu aspecto estrutural interno, terá provavelmente de "cortar na própria carne", diminuindo as despesas com o funcionamento interno da própria máquina estatal, antes de passar para cortes consideráveis dos investimentos em direitos sociais, sobretudo em cenário de crise e recessão, em que a ampliação do desemprego coloca maior pressão sobre os programas sociais a serem ofertados pela Administração.

Em tempos de crise e de busca pela austeridade, a racionalização do gasto público, sobretudo em um país como o Brasil, que ainda apresenta várias demandas sociais a serem satisfeitas, passa também

---

[193] Em 2013, segundo dados da Secretaria de Comunicação Social da Presidência da República, os órgãos da Administração Direta federal empregaram cerca de R$ 761,4 milhões em ações de publicidade institucional de programas governamentais nos meios de comunicação. (dado disponível em: <http://www1.folha.uol.com.br/poder/2014/04/1441349-dilma-bate-recorde-em-gastos-publicitarios.shtml>.)

[194] Em 2014, foram aplicados cerca de R$ 1,282 bilhão em passagens e despesas de locomoção no serviço público federal, bem como cerca de R$ 385 milhões em serviços de consultoria. Dados do Portal da Transparência. Disponíveis em: http://www.portaldatransparencia.gov.br/PortalComprasDiretasEDDespesas.asp?Ano=2014&Pagina=5>.

por uma análise criteriosa da prioridade da despesa a ser executada, e a governança fiscal orçamental pode ter um papel importante neste processo.

Afinal, a peça orçamentária, no âmbito de um Estado Democrático de Direito, é um espelho das eleições fundamentais feitas por aquela sociedade, através de seus gestores, quanto aos *gastos fundamentais* a serem feitos em nome do povo e do bem comum; e é nela que se concretizará a alocação de recursos às atividades concretas, obedecidos aos parâmetros lançados pela Constituição.

Sendo os recursos públicos escassos, como o são, as definições das despesas eleitas pelo governante chegam a ser consideradas "escolhas trágicas", assumindo, assim, o orçamento público função de fundamental importância para a sociedade, não apenas como instrumento de planejamento, gestão e controle financeiro, mas principalmente por estabelecer as políticas públicas e realizar os gastos fundamentais para atender às necessidades e interesses do cidadão.

Infelizmente, no ideário jurídico brasileiro ainda prevalece hoje a tese de que o orçamento público seria meramente autorizativo. Isto significa que se trataria de uma peça desprovida de efeitos vinculantes na sua elaboração e execução, na qual se contém a previsão de receitas e mera autorização das despesas, estando o Poder Público facultado a escolhê-las e a executá-las, sem vinculação às prioridades constitucionais e sem a obrigação do seu cumprimento na integralidade. Ficaria, assim, a cargo do gestor público a avaliação do interesse e da conveniência – de maneira discricionária – de adotar políticas públicas segundo seus ideais e definir as despesas que entender prioritárias e de, na execução, realizar livremente os gastos e implementar contingenciamentos e remanejamentos de gastos a seu bel-prazer, em detrimento da execução em sua plenitude.

Esta maneira – equivocada a nosso ver – de encarar as leis orçamentárias deriva do *binômio lei formal-lei material*, teoria formulada por Paul Laband há cerca de 150 anos, com viés autoritário e com base no princípio monárquico vigente à época, tendo diante de si a busca de uma solução para o conflito orçamentário prussiano da década de 1860, em um ambiente jusfilosófico absolutamente diverso do Estado Democrático de Direito que temos hoje.

Os efeitos práticos da correta definição da natureza das leis orçamentárias no Brasil se resumem: a) na obrigatoriedade ou não do cumprimento dos programas e a realização das despesas nele previstas pelo Poder Executivo; b) na vinculação das prioridades constitucionais a constarem obrigatoriamente no seu conteúdo; c) no surgimento ou não de direitos subjetivos para o cidadão, a ensejar a judicialização, não apenas dos programas e despesas previstas na lei orçamentária, mas também dos direitos fundamentais e dos direitos sociais constitucionalmente garantidos; d) na possibilidade do exercício do controle pelo Poder Judiciário; e) na sua submissão ao controle concentrado de constitucionalidade pelo Supremo Tribunal Federal.

Felizmente, cada vez mais vem se desenvolvendo no Brasil, na esteira de outras nações do mundo, a concepção de que as leis orçamentárias têm natureza de lei material dotada de efeitos vinculantes, devendo ser obrigatoriamente elaborada de acordo com as prioridades e valores constitucionais, e executada a programação orçamentária nela constante em sua totalidade, como dever e responsabilidade do administrador público, salvo em caso de impedimento técnico, legal ou financeiro, e desde que devidamente justificado.

Ao ser inserido um rol de despesas públicas nas leis orçamentárias, cria-se para o cidadão individualmente e para a sociedade como um todo, um direito subjetivo a exigir a sua materialização, salvo se o gestor público estiver diante de uma restrição de natureza técnica, legal ou financeira, quando então deverá motivar o seu ato. O contingenciamento, remanejamento ou cancelamento da programação orçamentária de maneira imotivada não se coaduna com o comportamento que se espera em um Estado de Direito como o nosso.

Pensar dessa forma e implementar esse modelo como prática é mais um pilar inerente à governança orçamental.

5.2 A sustentabilidade fiscal

A sustentabilidade fiscal está intimamente ligada à noção de equilíbrio orçamental, mas também incorpora uma dimensão de projeção temporal: não só se busca um equilíbrio das contas públicas na relação entre despesas e receitas, mas se almeja alcançar resultados eficientes que permitam a protração no tempo deste equilíbrio de modo estável ou *sustentável* para as presentes e futuras gerações, numa noção de solidariedade e equidade intergeracional.

O conceito, em sentido amplo, pode ser relacionado com o de *consolidação fiscal*, definida pela OCDE como uma política com o objetivo de reduzir os déficits governamentais e a acumulação de débito.[195] Segundo Guilherme d'Oliveira Martins,

---

[195] Disponível em: <https://stats.oecd.org/glossary/detail.asp?ID=984>.

A consolidação orçamental surge nos últimos anos perante a proposta de recusar a criação de mais dívida pública, através da imposição de regras restritivas, através da já mencionada redução do défice e da dívida e está associada a uma metodologia de quantificação do efeito do ciclo nas políticas orçamentais. Estuda, por outras palavras, as várias formas de ajustamento orçamentais e os seus efeitos na atividade económica.[196]

A expressão *consolidação fiscal* parece devedora do uso contabilístico de *consolidação das dívidas*, isto é, um esforço do devedor de redução dos seus diversos débitos existentes e de impedimento a seu crescimento futuro, promovendo e *consolidando* uma maior estabilidade financeira (a busca por *consolidar* as dívidas dentro de parâmetros que não ampliem o débito). Para tanto, são estabelecidas verdadeiras *metas* a serem alcançadas para conter o crescimento acelerado da dívida pública.

Para Guilherme d'Oliveira Martins, correlacionando sustentabilidade e consolidação,

> numa perspetiva temporal, a consolidação orçamental resulta da conjugação de dois elementos: a sustentabilidade financeira e a melhoria dos saldos estruturais. A sustentabilidade exige a cobertura de despesas pelas receitas, numa ótica de equilíbrio orçamental de curto prazo, enquanto a melhoria dos saldos estruturais reclama a manutenção do saldo orçamental no ciclo económico.[197]

Para que se possa entender as bases da consolidação fiscal, é necessário adentrar o conceito do *saldo orçamental no ciclo econômico*, também chamado de *saldo estrutural*.

O conceito de "saldo estrutural" (ou saldo orçamental ajustado do ciclo econômico) compõe o cerne da meta fiscal proposta pelos arts. 3º, 1, "a" e "b" c/c art. 3º, 3, "a" do Pacto Orçamental Europeu, bem como pelo art. 20º, 3 da Lei de Enquadramento Orçamental (resultado da internalização do Pacto Orçamental).

Comecemos pelo conceito mais simples, o de "saldo orçamental nominal", também chamado "saldo global", que pode ser definido como o mero resultado da diferença entre as receitas públicas e os gastos

---

[196] MARTINS, Guilherme Waldemar D'Oliveira. Consolidação orçamental e opções reais: por um novo procedimento orçamental. *Revista de Finanças Públicas e Direito Fiscal*, ano VI, n. 2, 2013. p. 29.

[197] MARTINS, Guilherme Waldemar D'Oliveira. *Consolidação orçamental e política financeira*. Coimbra: Almedina, 2014. p. 55.

públicos anuais. Se o resultado dessa subtração for positivo, teremos um superávit; caso seja negativo, teremos um déficit.

O saldo estrutural, por sua vez, dá um passo além, excluindo do saldo orçamental nominal os efeitos de medidas extraordinárias e temporárias (as quais são chamadas em jargão econômico de *"one-off measures"* – literalmente, *medidas executadas uma única vez*), bem como os efeitos dos ciclos econômicos. Por ciclo econômico, entenda-se:

> flutuações na atividade económica em torno da sua tendência de longo prazo, caraterizadas por períodos de expansão ou recessão. Durante as expansões, a economia cresce em termos reais, enquanto que durante as recessões esta contrai. Uma expansão começa depois de a economia atingir uma cava e termina quando esta atinge o seu pico. Entre um pico e uma cava, a economia está em recessão.[198]

O objetivo de tal cálculo é justamente excluir medidas de efeito passageiro e conjuntural como meio para distinguir as tendências orçamentais de caráter permanente[199] (ou seja, que compõem a *estrutura* ou rumos da política orçamental de um Estado).[200]

Assim, por exemplo, em cenários de recessão, com diminuição das atividades econômicas – e, consequentemente, da arrecadação por meio da tributação –, bem como aumento do desemprego, haveria a necessidade de maiores despesas públicas com políticas sociais para fazer frente à situação de crise. Embora em um panorama como esse de aumento de despesas públicas o saldo orçamental nominal se tornaria negativo (isto é, *ampliação do déficit orçamental nominal*), o déficit estrutural não se expandiria, pois a ampliação de gastos decorre de efeitos do ciclo econômico e das *one-off measures* (e que não serão computados no

---

[198] CONSELHO DAS FINANÇAS PÚBLICAS. *Glossário de termos das Finanças Públicas*. Lisboa: CFP, 2015. p. 6.

[199] "In order to determine if the deficit or the surplus is temporary and cyclical or permanent and structural, the economists have developed the concepts of structural budget deficit and surplus and cyclical budget deficit and surplus. By removing one-off revenues and expenditure, cyclical factors, and potentially other temporary effects from the headline fiscal balance, structural balances help judge the underlying fiscal position. Structural or cyclically adjusted balances are typically calculated in order to remove the impact of the business cycle on the fiscal position and to provide a structural indication of the balance that lacks the temporary effects. Therefore, the structural fiscal balances ask the question: 'what part of the changes in the fiscal stance is due to changes in the environment and what part to changes in policy'". (ANTON, Sorin; PUIU, Cristina. The IMF approach towards the structural deficit. *Journal of Public Administration, Finance & Law* – Special Issue 1/2014. p. 45).

[200] JACKSON, Peter. Budget Deficits: Cyclical or Structural. In: SNOWDON, Brian; VANE, Howard (Ed.). *An encyclopedia of macroeconomics*. Cheltenham: Edward Elgar, 2002. p. 62.

saldo estrutural), tendendo as contas públicas a voltarem a um maior equilíbrio assim que esta situação conjuntural e passageira de crise findar.

Portanto, em tese, em um cenário como esse, torna-se mais fácil o alcance da meta fiscal ao permitir que algumas espécies de despesas não sejam reputadas como tais para efeitos de cálculo do saldo estrutural. Isto é de fundamental relevância, em razão de que o Pacto Orçamental e a LEO possuem uma margem reduzida de tolerância de déficit estrutural de apenas 0,5% do produto interno bruto (PIB) a preços de mercado.

Por outro lado, um afluxo extraordinário de receita pública tampouco seria considerado para o cálculo, evitando que se mantivesse uma falsa impressão de que as contas públicas estariam equilibradas tendendo a um superávit. Um exemplo em Portugal de medida qualificada como extraordinária do lado da receita pública e que não integra o cálculo do saldo estrutural é a sobretaxação extraordinária de Imposto de Renda sobre Pessoas Singulares (IRS) aplicada nos últimos anos sobre os escalões mais altos de renda. Qualificada inclusive em sua nomenclatura como "extraordinária", está vocacionada a desaparecer como fonte de receita pública com o transcurso do tempo. O incremento das receitas públicas por essa modalidade extraordinária de tributação não será computado para efeitos de saldo estrutural, embora contribua sim para o aumento no saldo orçamental nominal nos anos em que arrecadada.

Outro exemplo de medida extraordinária em Portugal seriam os cortes feitos na remuneração dos funcionários públicos portugueses, uma vez que o Tribunal Constitucional português decidiu que somente em caráter temporário e extraordinário tais cortes poderiam ser realizados (Tribunal Constitucional – Acórdão nº 574/2014 – Relator: Conselheiro João Pedro Caupers, 14/08/2014).[201] Portanto, o Governo português, por decisão do seu próprio Tribunal Constitucional, não poderia considerar a contenção de gastos obtidas com tais medidas de cortes salariais como medidas estruturais, mas sim como medidas extraordinárias a não serem computadas no saldo estrutural, tornando a situação de obtenção das metas mais difícil para o Estado português.

Veja-se que esta previsão de redução salarial temporária para o funcionalismo público (com respectiva redução da jornada laboral) como forma de contenção das despesas públicas com pessoal também existe no Brasil, no art. 23, §2º da Lei de Responsabilidade Fiscal brasileira (Lei Complementar nº 101/2002): "É facultada a redução temporária

---

[201] Disponível em: <http://dre.pt/pesquisa/-/search/56396778/details/maximized>.

da jornada de trabalho com adequação dos vencimentos à nova carga horária".[202]

Em relação ao efeito cíclico, é necessário obter alguns indicadores econômicos para a realização deste cálculo. Em primeiro lugar, é necessário calcular o chamado "PIB potencial", isto é, o PIB que um país alcançaria se houvesse o pleno emprego de todo o seu potencial gerador de riquezas (por óbvio, nenhum país chega a realizar o pleno emprego de seu potencial). Geralmente, é alcançado por meio de uma função que relaciona as variáveis *trabalho, capital* e *produtividade*. Assim, alterações nessas variáveis (como, por exemplo, a diminuição da mão de obra disponível) também modificarão o valor do PIB potencial.

Também se deve calcular o denominado *"Output Gap"* (*diferencial* ou *hiato do produto*), isto é, a diferença entre o PIB apurado (ou previsto) e o PIB potencial. Na definição do Conselho de Finanças Públicas:

> corresponde à diferença entre o produto observado de uma economia (PIB) e a estimativa do produto potencial relativamente ao produto potencial. Se o PIB estiver acima do seu nível potencial, o hiato do produto é positivo: a restrição da capacidade produtiva tende a tornar-se ativa, o que se manifesta numa tendência de aumento da inflação e de redução do desemprego para um valor abaixo da sua taxa natural. Por outro lado, se o hiato do produto é negativo, o PIB é inferior ao seu potencial: existe capacidade não utilizada, logo as pressões inflacionárias diminuem e o desemprego cresce para valores acima da taxa natural de desemprego.[203]

Por fim, deve-se calcular o *parâmetro de ajustamento cíclico do saldo orçamental*, que indica as variações do saldo orçamental em razão das variações no ciclo econômico. Novamente segundo o Conselho de Finanças Públicas:

---

[202] Contudo, tal norma encontra-se com eficácia suspensa por força de medida cautelar (decisão provisória) concedida pelo Supremo Tribunal Federal brasileiro na Ação Direta de Inconstitucionalidade nº 2.238-5, sendo o principal fundamento dessa decisão a irredutibilidade da remuneração dos ocupantes de cargos e empregos públicos prevista no art. 37, inciso XV da Constituição brasileira. O posicionamento provisório da Corte Constitucional brasileira, todavia, coloca uma perplexidade em cenário de crise econômica vivido hoje pelo Brasil: a Constituição permite, na hipótese de que outras medidas não sejam capazes de controlar o crescimento do gasto público com pessoal, a extinção de cargos e funções públicas (art. 169, §§3º e 4º da Constituição). Assim, permanece no ar a seguinte ponderação: acaso não seria medida menos drástica a redução da jornada de trabalho com proporcional redução dos vencimentos à nova carga horária em comparação com a eliminação de postos de trabalhos de funcionários públicos estáveis na carreira (comparável a uma demissão forçada)?

[203] CONSELHO DAS FINANÇAS PÚBLICAS. *op. cit.* p. 20-21.

O saldo ajustado do ciclo equivale ao saldo orçamental que teria sido observado se a economia operasse de acordo com o seu potencial (quando o PIB é igual ao PIB potencial). Em termos práticos subtrai-se ao saldo orçamental observado a componente cíclica do saldo, estimada de acordo com uma metodologia adequada. Se o PIB é inferior ao PIB potencial, o ciclo económico tem um impacto negativo no saldo orçamental, logo o saldo ajustado do ciclo é superior ao saldo observado e vice-versa se superior.[204]

A discussão acerca da definição do saldo estrutural coloca alguns problemas de ordem política. A primeira questão é a de que, como no cômputo do saldo estrutural são excluídas as chamadas "medidas extraordinárias", existe sempre a possibilidade de embate entre o governo nacional e a União Europeia acerca do caráter extraordinário ou não de uma determinada medida (ou seja, se comporá ou não o saldo estrutural).

A Comissão Europeia,[205] buscando exemplificar que tipos de medidas são consideradas como extraordinárias (ou seja, a serem *excluídas* do cômputo do saldo estrutural), propõe uma lista não exaustiva (exemplificativa ou *numerus apertus*).

Entre as medidas consideradas extraordinárias de diminuição do déficit orçamental, elenca: 1) anistias tributárias que implicam pagamento em cota única, como o caso típico de um governo que oferece anistia para repatriar capital no exterior; 2) venda de ativos não financeiros (imóveis, concessões públicas, por exemplo); 3) alterações legislativas temporárias no cronograma de desembolsos ou receitas com impacto positivo no saldo do orçamento (incluindo mudanças nas alíquotas de impostos que são claramente anunciadas como temporárias e alterações temporárias no cronograma de despesas e cobrança de receitas); 4) receitas excepcionais ligadas à transferência de obrigações de aposentadoria correspondentes ao pagamento que uma determinada empresa faz ao Governo em contraprestação pela assunção da responsabilidade pelos futuros pagamentos das aposentadorias de seus empregados; 5) mudanças nas receitas ou despesas em consequência de decisões de tribunais ou de outras autoridades; 6) operações de securitização com impacto positivo no saldo orçamental; 7) receitas extraordinárias de empresas estatais.

---

[204] *Ibidem*. p. 35.
[205] EUROPEAN COMISSION. *Public finances in EMU 2006*. Brussels: Directorate-General for Economic and Financial Affairs of the European Commission, 2006. p. 114. Disponível em: <http://ec.europa.eu/economy_finance/publications/pages/publication423_en.pdf>.

Por outro lado, entre as medidas extraordinárias que ampliam o déficit orçamental, apresenta: 1) custos emergenciais de curto prazo associados a grandes catástrofes naturais ou outros eventos excepcionais (por exemplo, ações militares); 2) alterações nas receitas ou despesas em consequência de decisões dos tribunais ou de decisões da Comissão Europeia.

Nos termos tanto do art. 126º do Tratado sobre o Funcionamento da UE como do Pacto Orçamental Europeu, a definição da situação de déficit estrutural de cada ano depende da homologação da Comissão Europeia, que pode valer-se de critérios diversos para tal cálculo. Como recordam Luís Máximo dos Santos e Sérgio Gonçalves do Cabo, colocando questionamentos sobre a operabilidade deste cálculo,

> O conceito de saldo orçamental estrutural, ou seja, o saldo orçamental ajustado do ciclo económico e expurgado do impacto de medidas extraordinárias e temporárias, que define a obrigação central do Tratado, é um conceito de grande complexidade teórica, cuja medição coloca enormes problemas técnicos. É um facto que a consideração do ciclo económico tem a virtualidade de tornar o critério menos cego, abrindo espaço, teoricamente, para a adopção de medidas anti-cíclicas e que a eliminação do impacto das medidas extraordinárias obsta a tentações bem conhecidas.
> Mas será este conceito um instrumento operativo? Será um conceito adequado para servir de referência a uma obrigação central da política europeia, se mesmo entre os especialistas mais conceituados existem divergências sobre a forma de o calcular?[206]

Observe-se que as mesmas metas de saldo estrutural, além de presentes no Pacto Orçamental, estão presentes na Lei de Enquadramento Orçamental. Assim, é possível que se instaure um impasse entre autoridades nacionais e autoridades europeias acerca do limite anual de déficit. Seria possível imaginar um cenário em que se considerasse cumprida a LEO portuguesa, mas descumprido o Pacto Orçamental europeu, em razão de que os critérios aplicados pela União Europeia para aprovar e homologar as contas nacionais seriam distintos.

De fato, a Comissão Europeia já antevê essa tensão, ao afirmar que "existe uma tentação para os agentes governamentais de diminuir

---

[206] SANTOS, Luís Máximo dos; CABO, Sérgio Gonçalves do. A aprovação do Tratado que criou o Mecanismo Europeu de Estabilidade (TMEE) e a aprovação do Tratado sobre Estabilidade, Coordenação e Governação na União Económica e Monetária ("Tratado Orçamental"). *Revista de finanças públicas e direito fiscal*, Coimbra, a.5, n.1, primavera 2012. p. 363.

o défice orçamental ou a dívida pública por meio de medidas *fáceis* que não impliquem alto custo político", bem como indica que o recurso a medidas temporárias e excepcionais é mais comum em países com déficits elevados e um panorama institucional débil ou com pouca transparência orçamental, conjugado com a existência de normas legais que impõem metas fiscais a serem alcançadas.[207] Assim, a medida extraordinária serviria para alcançar a meta numérica estabelecida para aquele ano, mas sem responder a pergunta acerca da sustentabilidade de tal política orçamental no médio prazo.[208]

Esta diferença acerca de quais medidas são ou não extraordinárias (dito de outra forma, quais rubricas serão inseridas ou não no cômputo do saldo estrutural) terá de ser equacionada não apenas por meio de cálculos econômicos, mas por um acordo político entre aquilo que o governo nacional pretende ver contemplado e aquilo que a União Europeia permitirá que figure no cômputo. A resposta será também resultado de uma equação política, em que os tomadores de decisões locais terão de convencer os tomadores de decisão no âmbito da União Europeia da adequação de seus cálculos aos parâmetros do Pacto Orçamental Europeu. A esse respeito, Miguel Poiares Maduro[209] comenta que:

> [...] o problema com as políticas da UE vai além de se ter políticas adequadas. A estrutura e o caráter das políticas da UE também precisam ser repensadas. A política permanece sendo intergovernamental no nível decisório de formulação de políticas por parte da UE. As decisões sobre a formulação de políticas continuam a ser – a despeito do papel intensificado do Parlamento Europeu – produto de uma barganha intergovernamental. Mais importante, elas continuam a ser usualmente elaboradas em termos intergovernamentais. Os governos nacionais agregam as preferências de seus cidadãos, e as políticas da UE contrabalançam essas preferências agregadas. (tradução livre)

---

[207] *Ibidem.* p. 111.

[208] "A necessidade de uniformização europeia dos critérios de contabilização do endividamento líquido foi reforçada pelo recurso, por parte dos países do Euro (e, antes, dos países candidatos) a formas sofisticadas de contabilidade criativa no sentido de deslocar para fora do cálculo do défice orçamental um conjunto de despesas, reduzindo o valor deste sem reduzir na prática o montante intertemporal da despesa pública". (ANDRADE, Fernando Rocha. A limitação constitucional do défice orçamental e sua circunstância. In: NUNES, António José Avelãs; CUNHA, Luís Pedro; MARTINS, Maria Inês de Oliveira (Org.). *Estudos em homenagem ao Prof. Doutor Aníbal de Almeida*, Coimbra: Coimbra Editora, 2012. p. 146).

[209] MADURO, Miguel Poiares. Foreword. In: ADAMS, Maurice; FABBRINI, Federico; LAROUCHE, Pierre (ed.). *The Constitutionalization of European Budgetary Constraints*. Oxford: Hart, 2014. p. X.

Parece que a escolha de uma medição (saldo estrutural) que não seja previamente determinada, alterando-se de acordo com diversas variáveis econômicas, ocorre justamente para salvaguardar a possibilidade de diálogo político entre a instância nacional e a supranacional, assim como para proteger os Estados-Membros do efeito de recessões econômicas (pois o déficit orçamental nominal não considera o efeito cíclico) ou catástrofes de toda sorte. Ademais, tal opção está em linha com um dos princípios básicos do Tratado da União Europeia, a saber, o princípio da subsidiariedade (art. 5º, 3), segundo o qual se

> confere preferência aos Estados na prossecução dos fins fixados no Tratado. A Comunidade [Europeia] só se poderá substituir nessa tarefa aos Estados caso estes não o façam de modo "suficiente" e a Comunidade o possa levar a cabo "melhor". A regra da subsidiariedade procura, portanto, ir de encontro a uma concepção descentralizadora da União Europeia.[210]

Com isso, compreende-se quais são as bases sobre as quais se sustenta a noção de consolidação orçamental e de sustentabilidade da dívida exigida pelos mais recentes instrumentos normativos da UE e em Portugal.

Quanto à realidade brasileira, a grave conjuntura das contas públicas pela qual o Brasil vem passando se evidencia pela geração de um déficit de até R$ 170 bilhões em 2016, circunstância que é ainda agravada pelo crescimento insustentável da dívida pública federal, a qual deixou, cinco anos atrás, a casa dos 50% do PIB para alcançar o alarmante patamar de 70% do PIB no próximo ano, com viés de alta ilimitada. Tais fatos acarretaram inequivocamente a perda da confiança dos agentes econômicos e o rebaixamento de nota de risco (o que conduz ao aumento das taxas de juros), comprometendo a capacidade de crescimento do país, reduzindo os investimentos públicos e prejudicando a geração de empregos.

Uma das providências governamentais para a contenção do avanço das despesas públicas foi a Emenda Constitucional nº 95/2016, conhecida por Emenda do *Teto dos Gastos Públicos*, que instituiu o Novo Regime Fiscal para todos os Poderes da União (Executivo, Judiciário e Legislativo, inclusive o Tribunal de Contas da União, o Ministério Público da União e a Defensoria Pública da União), bem como órgãos

---

[210] FERNANDES, José Pedro (Ed.). *Dicionário Jurídico da Administração Pública*. v. VII. Verbete "União Europeia". Lisboa: [s.n], 1996. p. 565.

federais com autonomia administrativa e financeira, incluindo as entidades da administração pública federal direta e indireta, os fundos e as fundações instituídos e mantidos pelo Poder Público e as empresas estatais dependentes (isto é, aquelas que dependem de transferência de recursos orçamentais para o desempenho de suas atividades).

Segundo a emenda constitucional, estabeleceu-se, por vinte exercícios financeiros, um limite de gastos individualizado para a despesa primária total em cada ano (excluídas as relativas à dívida pública) para cada Poder, corrigida apenas pela variação do Índice Nacional de Preços ao Consumidor Amplo (IPCA), publicado pelo Instituto Brasileiro de Geografia e Estatística (IBGE). Assim, na esfera da União, o Brasil fez opção por um modelo rígido, que selecionou o IPCA como critério para cálculo do aumento anual das despesas primárias da União.

O IPCA é um índice usado pelo Banco Central brasileiro para medição da variação dos preços no comércio para o público consumidor, sendo considerado o índice oficial de inflação do país. Assim, a expansão do gasto público no Brasil, para os próximos vinte exercícios financeiros acompanharia a variação da inflação anual, mas tomando por base um critério objetivo já previamente conhecido (o IPCA) e sem qualquer possibilidade de discussão política no cálculo de tais índices.

Ou seja, enquanto viger o modelo do Novo Regime Fiscal, não poderá haver crescimento real das despesas públicas federais, e o gasto de 2017 se limitará às despesas de 2016, corrigidas pela inflação deste ano, e assim sucessivamente nos anos seguintes.

E, como medida punitiva em caso de descumprimento do limite, aplicar-se-ão, no exercício seguinte, ao Poder ou ao órgão que o descumprir, as seguintes vedações: I – à concessão, a qualquer título, de vantagem, aumento, reajuste ou adequação de remuneração de servidores públicos, exceto os derivados de sentença judicial ou de determinação legal decorrente de atos anteriores à entrada em vigor da Emenda Constitucional que instituiu o Novo Regime Fiscal; II – à criação de cargo, emprego ou função que implique aumento de despesa; III – à alteração de estrutura de carreira que implique aumento de despesa; IV – à admissão ou à contratação de pessoal, a qualquer título, ressalvadas as reposições de cargos de chefia e de direção que não acarretem aumento de despesa e aquelas decorrentes de vacâncias de cargos efetivos; e V – à realização de concurso público.

Numa federação como a brasileira, em relação a Estados e Municípios, o tratamento de tal matéria provavelmente se daria de forma diferente no estabelecimento de uma meta fiscal daquilo que ocorre na

União Europeia (em que há ainda algum espaço de negociação com as autoridades centrais europeias acerca dos índices a serem aplicados no cálculo do saldo orçamental estrutural). Possivelmente seria promulgada uma lei federal de caráter nacional (isto é, aplicável à União, Estados e Municípios) estabelecendo um índice fixo para o aumento de gastos, limitando o poder de barganha dos entes locais face ao ente central. De fato, é isso que ocorre com a chamada Lei de Responsabilidade Fiscal (Lei Complementar nº 101/2000), a qual, contudo, não vincula estes cálculos ao saldo estrutural.

Em razão de um cenário de crise no Brasil, a solução acaba sendo a de realizar transferências intergovernamentais voluntárias da União para os Estados, ou seja, um socorro financeiro (*bailout*) para evitar que quebrem. Contudo, por se tratar de transferências *voluntárias*, abre-se a possibilidade de que a União estabeleça condicionantes para tal auxílio financeiro, o que de fato é feito por meio de pacotes de medidas de austeridade fiscal sem os quais os recursos não são liberados, tal como ocorre na União Europeia com as exigências formuladas pelas autoridades europeias como condição para liberação de verbas para Estados-Membros em dificuldade.

5.3 Boas práticas orçamentais recomendadas pela OCDE

O orçamento público como instrumento de planejamento, gestão e controle financeiro, que define e revela as políticas públicas a serem adotadas e implementadas pelo Estado para atender às necessidades da sociedade, há muito deixou de ser um documento meramente técnico e contábil, tornando-se instituto jurídico fundamental para qualquer nação fundada no Estado Democrático de Direito que busque o bem-estar dos seus integrantes.

Há um crescente consenso entre inúmeras nações, como pré-requisito para o crescimento econômico sustentável, da necessidade de se restabelecer a saúde das finanças públicas, através de medidas de consolidação fiscal de médio prazo. Para muitos países, uma grave situação fiscal acarreta uma série de problemas de solvência fiscal, gerando aumentos das taxas de juros sobre títulos soberanos, prejudicando o crescimento econômico, aumentando a vulnerabilidade monetária e dificultando o alcance das políticas fiscais.[211]

---

[211] OECD. Fiscal consolidation: targets, plans and measures. *OECD Journal on Budgeting*, v. 11/2, 2011. p. 16.

Por decorrência, a preocupação com a boa governança orçamental vem se espraiando pelo mundo todo diuturnamente. Exemplo disto vem também da OCDE – Organização para a Cooperação e Desenvolvimento Econômico, a partir da publicação em 2015 de um trabalho elaborado pelo *"SBO – Working Party of Senior Budget Officials"*, no qual são apresentados 10 princípios orçamentários, com o objetivo de orientar as boas práticas sobre toda a atividade orçamentária, provendo os gestores públicos de instrumentos para aprimorar os seus sistemas orçamentários, visando causar um impacto positivo na vida dos cidadãos.[212]

Antes, porém, cabe lembrar que a OCDE[213] é uma organização internacional fundada em 1961, com sede em Paris e integrada por 35 países, cuja missão, segundo a própria organização, é a de "promover políticas que aperfeiçoem o bem-estar econômico e social das pessoas ao redor do mundo". Além dos países-membros, a OCDE conta com a participação de uma série de Estados na condição de observadores ou participantes de suas comissões, grupos de trabalho, regimes ou programas. Dentre os seus principais objetivos, podemos destacar a promoção de diálogos entre governos no sentido de dividir experiências e procurar soluções para problemas comuns, por meio da investigação das situações que movem as mudanças econômicas, sociais e ambientais; da mensuração da produtividade e fluxos globais de comércio e investimentos; da análise e comparação de dados para prever tendências futuras; bem como do estabelecimento de padrões e recomendações em uma grande gama de temas, que vão desde a agricultura à tributação,

---

[212] OECD. *Draft recommendation of the OECD Council on the principles of budgetary governance*. Paris: OECD, 2014. Disponível em: <https://www.oecd.org/gov/budgeting/Draft-Principles-Budgetary-Governance.pdf>.

[213] A Organização de Cooperação e Desenvolvimento Econômico (OCDE) tem suas raízes nos escombros da Europa após a Segunda Guerra Mundial. Determinados a evitar os erros de seus predecessores na sequência da Primeira Guerra Mundial, os líderes europeus perceberam que a melhor maneira de garantir uma paz duradoura era encorajar a cooperação e a reconstrução, em vez de punir os vencidos. A Organização para a Cooperação Econômica Europeia (OEEC) foi criada em 1948 para executar o Plano Marshall financiado pelos EUA para a reconstrução de um continente devastado pela guerra. Ao fazer com que os governos individuais reconheçam a interdependência de suas economias, abriu o caminho para uma nova era de cooperação que foi mudar o rosto da Europa. Encorajado pelo seu sucesso e pela perspectiva de levar seu trabalho em um estágio global, o Canadá e os EUA se juntaram aos membros da OEEC para assinar a nova Convenção da OCDE em 14 de dezembro de 1960. A Organização para Cooperação e Desenvolvimento Econômico (OCDE) nasceu oficialmente em 30 de setembro de 1961, quando a Convenção entrou em vigor. Outros países se juntaram, começando com o Japão em 1964. Hoje, 35 países membros da OCDE em todo o mundo se voltam regularmente para identificar problemas, discuti-los e analisá-los e promover políticas para resolvê-los. Disponível em: <http://www.oecd.org/about/history/>.

inclusive opinando sobre a saúde das finanças públicas como base para um crescimento econômico sustentável.

Nos termos da referida publicação de 2015, o orçamento é um documento de política central do governo que mostra como anual e plurianualmente os objetivos serão priorizados e alcançados. Paralelamente a outros instrumentos de política governamental – tais como leis, regulamentos e ações conjuntas com outros atores da sociedade –, o orçamento visa a transformar planos e aspirações em realidade. Mais do que isso, o orçamento é um contrato entre cidadãos e Estado, apresentando como os recursos são obtidos e alocados para a entrega de serviços públicos. A experiência dos últimos anos, em nível internacional, demonstra a forma como um bom orçamento é apoiado pela sociedade, desde que baseado nos pilares de governança pública moderna: transparência, integridade, abertura, participação, responsabilidade e planejamento para atingir os objetivos.

Nesse contexto, segundo a OCDE, o escopo dessas recomendações é reunir as lições de mais de uma década de trabalho do SBO, juntamente com as contribuições e observações do Comitê de Governança Pública, bem como aquelas da comunidade internacional em matéria de orçamento, fornecendo uma visão geral e concisa das boas práticas em todo o espectro da atividade orçamentária, especificando, em particular, os dez princípios de boa governança orçamentária que oferecem orientação clara para projetar, implementar e melhorar os sistemas orçamentários.

Assim, os referidos *"10 princípios orçamentários"*[214] materializados por recomendações estabelecidas pela OCDE podem assim ser sintetizados:

1. Gerenciar os orçamentos dentro de limites claros, críveis e previsíveis para a política fiscal;
2. Alinhar os orçamentos com as prioridades estratégicas de médio prazo do governo;

---

[214] No original em inglês: *"1) Manage budgets within clear, credible and predictable limits for fiscal policy; 2) Closely align budgets with the medium-term strategic priorities of government; 3) Design the capital budgeting framework in order to meet national development needs in a cost-effective and coherent manner; 4) Ensure that budget documents and data are open, transparent and accessible; 5) Provide for an inclusive, participative and realistic debate on budgetary choices; 6) Present a comprehensive, accurate and reliable account of the public finances; 7) Actively plan, manage and monitor budget execution; 8) Ensure that performance, evaluation and value for money are integral to the budget process; 9) Identify, assess and manage prudently longer-term sustainability and other fiscal risks; 10) Promote the integrity and quality of budgetary forecasts, fiscal plans and budgetary implementation through rigorous quality assurance including independent audit".*

3. Conceber o quadro de orçamento de capital para atender às necessidades nacionais de desenvolvimento de forma econômica e coerente;
4. Assegurar que os documentos e dados do orçamento sejam abertos, transparentes e acessíveis;
5. Proporcionar um debate inclusivo, participativo e realista sobre as opções orçamentais;
6. Apresentar uma contabilidade abrangente, precisa e confiável das finanças públicas;
7. Planejar, gerenciar e monitorar a execução do orçamento ativamente;
8. Certificar que o desempenho, a avaliação e a relação custo-benefício sejam partes integrantes do processo orçamentário;
9. Identificar, avaliar e gerenciar com prudência a sustentabilidade a longo prazo e outros riscos fiscais;
10. Promover a integridade e a qualidade das previsões orçamentais, planos fiscais e implementação orçamentária através de uma rigorosa garantia de qualidade no processo, incluindo auditoria externa independente.

O professor de Políticas Públicas da Universidade de Maryland (EUA) Allen Schick,[215] ao analisar o primeiro estudo sobre estes princípios publicado como minuta em 2014, para melhor compreensão, agrupou-os nas seguintes categorias: a) dimensão fiscal; b) dimensão programática; c) dimensão participativa e; d) dimensão de prestação de contas, conforme abaixo:

I. Dimensão Fiscal:
– Princípio 1: Os orçamentos devem ser gerenciados dentro de limites fiscais claros, críveis e previsíveis.
– Princípio 6: Os orçamentos devem apresentar um retrato abrangente, preciso e confiável das finanças públicas.
– Princípio 9: A sustentabilidade de longo prazo e outros riscos fiscais devem ser identificados, avaliados e gerenciados de forma prudente.
II. Dimensão Programática:
– Princípio 2: Os orçamentos devem ser estreitamente alinhados com as prioridades estratégicas de médio prazo do governo.
– Princípio 3: O orçamento de capital deve ser projetado para atender às necessidades de desenvolvimento nacional, de forma eficiente, efetiva e coerente.

---

[215] SCHICK, Allen. *Reflections on OECD's Draft Principles of Budgetary Governance*. Berlin: OECD, 2014 *apud* BIJOS, Paulo Roberto Simão. Governança orçamentária: uma relevante agenda em ascensão. *Caderno Orçamento em Discussão n. 12*. Brasília: Senado Federal, 2014. p. 25-26.

– Princípio 8: Avaliações de desempenho devem ser parte integrante do processo orçamentário.

III. Dimensão Participativa:

– Princípio 4: Os dados e documentos orçamentários devem ser abertos, transparentes e acessíveis.

– Princípio 5: O debate sobre as escolhas orçamentárias deve ser inclusivo, participativo e realista.

IV. Dimensão de Accountability:

– Princípio 7: A execução orçamentária deve ser ativamente planejada, gerenciada e monitorada.

– Princípio 10: A integridade e a qualidade das projeções orçamentárias, do planejamento fiscal e da execução orçamentária devem ser promovidas mediante rigorosa asseguração de qualidade, incluindo auditoria independente.

Segundo a *recomendação nº 1*, os orçamentos públicos deverão: a) possuir mecanismos e procedimentos para apoiar, de maneira prudente, os governos na implantação de políticas econômicas cíclicas neutras ou anticíclicas; b) estar comprometidos com uma política fiscal sólida e sustentável; c) possuir regras fiscais claras, verificáveis e compreensíveis pelo cidadão; d) aplicar a gestão orçamentária com recursos para cada ano, considerando um horizonte fiscal de médio prazo, e com metas orçamentárias globais para assegurar que todos os elementos das receitas, despesas e políticas econômicas sejam consistentes e gerenciados em conformidade com os recursos disponíveis.

De acordo com a *recomendação nº 2*, os orçamentos públicos deverão: a) desenvolver um processo orçamentário mais sólido de médio prazo, além do tradicional ciclo anual; b) estruturar as dotações orçamentárias de forma que correspondam prontamente aos objetivos nacionais; c) reconhecer a possível utilidade de um quadro de despesas no médio prazo, alinhado com as restrições orçamentais anuais; d) possuir previsões realistas de despesas, sendo correspondentes com os objetivos e planos estratégicos nacionais; e) estreitar a relação entre a autoridade orçamentária e as instituições governamentais, dadas a interdependência entre o processo orçamentário e a realização de políticas governamentais; f) implementar processos regulares de revisão e ajustes orçamentários.

Conforme a *recomendação nº 3*, os orçamentos públicos deverão: a) considerar os planos de investimento de capital para suprir as lacunas de capacidade econômica, desenvolvimento de infraestrutura e das necessidades e prioridades setoriais e sociais; b) realizar uma avaliação prudente dos custos e benefícios de tais investimentos no longo prazo, conforme a prioridade entre vários projetos; c) avaliar as decisões de investimento, seja através da obtenção de capital tradicional ou de um modelo de financiamento privado, como as parcerias público-privadas; d) estimular o desenvolvimento de um quadro nacional de apoio ao investimento público, com capacidade de avaliar e gerenciar os grandes projetos de capital, dotado de um estatuto jurídico, administrativo e regulatório estável; e) coordenar os planos de investimento entre níveis nacionais e subnacionais de governo; f) integrar o orçamento de capital dentro do plano fiscal geral de médio prazo do governo.

Pela *recomendação nº 4*, os orçamentos públicos deverão: a) possuir e apresentar relatórios claros e reais, dotados de apresentação e explicação dos impactos das medidas orçamentárias, tanto nas receitas como nas despesas públicas; b) ser rotineiramente publicados de maneira completa e conferir amplo acesso ao cidadão, organização civil e demais partes interessadas; c) adotar demonstrações de dados que permitam a avaliação de programas e coordenação de políticas em níveis nacionais e subnacionais de governo.

Seguindo a *recomendação nº 5*, os orçamentos públicos deverão: a) oferecer oportunidades para que o parlamento e seus comitês se envolvam com o processo orçamentário em todas as principais fases do ciclo orçamental; b) facilitar o envolvimento dos parlamentares, dos cidadãos e das organizações da sociedade civil no debate das questões orçamentárias; c) proporcionar clareza sobre os custos e benefícios relativos às despesas públicas, seus programas e renúncias fiscais; d) assegurar que as principais decisões sejam tomadas dentro do processo orçamentário.

Para atender a *recomendação nº 6*, os orçamentos públicos deverão: a) contabilizar, de forma abrangente e correta, todas as despesas e receitas, sem que haja omissão de dados; b) apresentar uma visão panorâmica e completa das finanças públicas, abarcando todos os níveis de governo e a área central e subnacional; c) possuir uma contabilidade de forma que se demonstrem os custos e benefícios financeiros das decisões de orçamento; d) adotar um modelo compatível com as normas contábeis do setor privado; d) evidenciar os programas públicos que são financiados por meios não tradicionais, como parcerias público-privadas.

Visando a cumprir a *recomendação nº 7*, os orçamentos públicos deverão: a) ter a plena e fiel realização das dotações orçamentárias pelos respectivos órgãos públicos; b) possuir controles e monitoramento dos desembolsos de caixa, com uma clara regulamentação dos papéis, responsabilidades e autorizações de cada instituição e pessoa responsável; c) permitir, ainda que de maneira limitada, alguma flexibilidade à execução orçamentária, sempre dentro dos limites de autorizações parlamentares, sendo necessária autorização legislativa para a realocação de recursos e reafetações mais significativas; d) elaborar relatórios de execução orçamentária, dentro de um modelo de prestação de contas que evidencie o desempenho e a relação de custo-benefício, para informar futuras dotações orçamentárias.

Para dar efetividade à *recomendação nº 8*, os orçamentos públicos deverão: a) ajudar o parlamento e os cidadãos a entender não apenas o que está sendo gasto, mas os serviços públicos que estão realmente sendo entregues, incluindo os níveis de qualidade e eficácia; b) apresentar rotineiramente informações de desempenho relativas às dotações financeiras, com indicadores de resultado e de metas para cada programa, permitindo a fiscalização e responsabilização; c) permitir a comparação dos resultados com padrões (*benchmarks*) internacionais; d) realizar um balanço periódico das despesas com os respectivos objetivos e prioridades, levando em consideração os resultados de avaliações.

A fim de ser implementada a *recomendação nº 9*, os orçamentos públicos deverão: a) adotar mecanismos para promover a manutenção dos planos orçamentários e mitigar o potencial impacto dos riscos fiscais e, assim, promover um desenvolvimento estável das finanças públicas; b) identificar, classificar e quantificar os riscos fiscais, incluindo passivos contingentes; c) explicitar os mecanismos de gestão desses riscos; d) publicar um relatório sobre a sustentabilidade a longo prazo das finanças públicas.

Por último, conforme a *recomendação nº 10*, os orçamentos públicos deverão: a) investir continuamente nas habilidades e capacidade do pessoal administrativo para desempenhar suas funções orçamentais de forma eficaz; b) permitir a criação e participação de instituições fiscais independentes para realizar o exame imparcial e conferir credibilidade ao orçamento; c) reconhecer e facilitar o papel da auditoria interna independente como uma salvaguarda da integridade dos processos orçamentários e da gestão financeira; d) promover o papel dos sistemas de controle interno e externo na auditoria fiscal.

Nas palavras da OCDE, o orçamento público é uma pedra angular na arquitetura da confiança entre os Estados e seus cidadãos. Embora ainda não seja integrante da OCDE, recentemente o Brasil formalizou sua solicitação de ingresso nesta importante organização internacional e, para tanto, talvez fosse um eficaz "cartão de visitas" e operosa demonstração de boas intenções incorporar ao processo orçamental brasileiro tais recomendações, garantindo que a governança orçamentária seja uma das medidas que possa realizar uma significativa transformação social.

CAPÍTULO VI

PRINCÍPIOS DA BOA GESTÃO E DE GOVERNANÇA FISCAL NA LEI DE ENQUADRAMENTO ORÇAMENTAL (LEO)

As diferenças individuais e particulares nas dimensões econômicas e capacidades financeiras entre os Estados-Membros integrantes da União Europeia e as sucessivas crises financeiras pelas quais diversas nações do bloco passaram, sobretudo na última década, vêm impondo a adoção de uma série de medidas que visam dar maior solidez às suas finanças públicas e permitir a continuidade nas políticas de integração e cooperação econômica, monetária e social, no sentido de afastar os riscos e vulnerabilidades singulares que possam contaminar as demais economias.

Ao considerar a sustentabilidade como uma condição prévia e indispensável para a estabilidade e o crescimento, particularmente quando se está perante uma união monetária, Manuel Henrique de Freitas Pereira[216] descreve este cenário:

> No quadro da União Europeia, a criação de uma moeda única e o estabelecimento de uma política monetária e cambial únicas teve como uma das suas consequências inevitáveis a necessidade de reforçar a coordenação das políticas orçamentais nacionais, o que levou à instituição do chamado Pacto de Estabilidade e Crescimento com imposição de limites a observar quanto ao défice orçamental e à dívida pública. A crise económico-financeira de 2008-2009 impôs novos constrangimentos a essa coordenação, bem visível no denominado Tratado sobre Estabilidade,

---

[216] PEREIRA, Manuel Henrique de Freitas. Sustentabilidade das Finanças Públicas na União Europeia. In: CATARINO, João Ricardo; TAVARES, José F. F.(Coord.). *Finanças Públicas da União Europeia*. Coimbra: Almedina, 2012. p. 287-288.

Coordenação e Governação da União Económica e Monetária, onde a necessidade de assegurar a sustentabilidade das finanças públicas foi ainda mais reforçada, o que justifica a sua análise permanente, a vários níveis e a definição das políticas indispensáveis para a garantir.

Assim, como já se viu em capítulos anteriores, o Tratado de Estabilidade, Coordenação e Governação foi a mais recente medida que materializou esta busca por uma recuperação fiscal e consolidação financeira das nações da União Europeia, ao contemplar dois eixos que se imbricam mutuamente: o equilíbrio orçamental e a sustentabilidade financeira da dívida pública, diretivas que integram o conceito por nós compreendido como o de *governança fiscal*.

A ideia de *equilíbrio orçamental* envolve medidas fiscais de contenção de gastos e aumento de arrecadação a garantir que as despesas públicas sejam financiadas por receitas no mínimo suficientes ou excedentes, para que eventuais saldos positivos sejam utilizados no abatimento da dívida pública e, consequentemente, na redução dos gastos desta natureza.

Por sua vez, a *sustentabilidade financeira* da dívida pública compreende a ideia de utilidade ideal desta espécie de financiamento do Estado no curto prazo e a capacidade de pagamento (solvabilidade) no médio e longo prazos, administrando-se a sua dimensão de acordo com a realidade fiscal e capacidade financeira do Estado.

Ao ponderar se "há ou não limites para o crescimento da dívida pública" – entendendo esta em sua dimensão mais abrangente –, devendo ser incluídas não apenas as obrigações originárias de títulos ou empréstimos bancários, mas também aquelas resultantes de compromissos estatais assumidos com pensões, saúde e proteção social, Manuel Henrique de Freitas Pereira[217] apresenta os indicadores de sustentabilidade adotados pela Comissão Europeia, designados por S_1 e S_2 conforme o ajustamento e restrição orçamental,[218] para

---

[217] *Ibidem*. p. 291-294.
[218] *Ibidem*. p. 294: "O indicador S_1 inspira-se no aludido indicador de sustentabilidade proposto por BLANCHARD *et al* aplicado ao nível da dívida pública definido para efeitos comunitários, ou seja, é dado pelo ajustamento orçamental necessário para que a relação entre a dívida pública bruta consolidada e o PIB atinja 60% num determinado ano (...). Já o indicador S_2 retoma total e diretamente a proposta teórica de BLANCHARD *et al* acima referida: pretende medir a dimensão do ajustamento orçamental permanente necessário para satisfazer a chamada 'restrição orçamental intertemporal', isto é a diferença entre o saldo primário necessário num ano alvo para igualar o valor presente da sequência de todos os saldos primários futuros em % do PIB (pressupondo que após o ano alvo o saldo primário é apenas afetado pelos incrementos das despesas conexionada com o envelhecimento) ao

colocar cada Estado-Membro em diferentes grupos de acordo com os chamados "riscos de sustentabilidade": risco alto, risco médio e risco baixo. Conforme destaca, a análise da sustentabilidade das finanças públicas na União Europeia está estreitamente ligada ao combate aos déficits excessivos e faz parte da supervisão orçamental levada a cabo pela Comissão e pelo Conselho no âmbito do Pacto de Estabilidade e Crescimento.

Essas providências de natureza orçamental foram incorporadas ao ordenamento português em sua nova Lei de Enquadramento Orçamental (Lei nº 151/2015), atendendo ao comando do art. 3º, item 2 do Pacto Orçamental Europeu, o qual dispôs que tais medidas devem produzir efeitos "no direito nacional das Partes Contratantes o mais tardar um ano após a entrada em vigor do Tratado, através de disposições vinculativas e de caráter permanente, de preferência a nível constitucional, ou cujos respeito e cumprimento possam ser de outro modo plenamente assegurados ao longo dos processos orçamentais nacionais".

Na visão de Joaquim Miranda Sarmento,[219] "as alterações dos últimos anos, e agora esta reforma, alteram o paradigma da Lei de Enquadramento Orçamental, trazendo a influência da teoria econômica e da gestão pública". Segundo ele, refletem as influências do FMI e da OCDE que impõem não apenas a tradicional linguagem jurídica, mas também linguagem econômica e orçamental, dentro de um processo político com dimensão econômica e financeira. E, como bem adverte:

> A literatura econômica tem demonstrado que a qualidade do processo orçamental é determinante, a médio prazo, no processo de consolidação orçamental e na sustentabilidade das Finanças Públicas. No entanto, refira-se que mudar as leis é apenas um primeiro passo para um enquadramento orçamental eficaz. É imprescindível que se melhorem os processos de gestão da despesa pública, através de mecanismos de *expenditure reviews*, maior flexibilidade, criação de objetivos por programa orçamental, maior nível e detalhe da informação, bem como da sua qualidade. De fato, é um dado relativamente adquirido que a forma como a Administração Pública (AP) se organiza é um dos fatores mais críticos na performance do Setor Público.

---

valor do rácio projetado da dívida no início do ano alvo e o salto primário presentemente projetado para o ano alvo (...)".

[219] SARMENTO, Joaquim Miranda. *A nova lei de enquadramento orçamental*. Coimbra: Almedina, 2016. p. 40-41.

Cabe registrar, porém, que as regras de governança fiscal constantes da nova LEO têm como pressuposto a realização do *princípio da boa gestão financeira*, previsto nos arts. 310, item 5 do Tratado sobre o Funcionamento da União Europeia[220] e 30 do Regulamento Financeiro,[221] ditame que estabelece que as dotações orçamentais devem ser geridas de acordo com os princípios da economia, da eficiência e da eficácia.[222]

Segundo Guilherme Waldemar D'Oliveira Martins,[223] o princípio da boa gestão financeira, estabelecendo objetivos que podem ser monitorados por indicadores mensuráveis, desloca a ideia de execução do orçamento de meios para a ideia de orçamento de resultados, impondo a chamada gestão por atividades, que se utiliza de instrumentos tais como a fixação de prioridades anuais, através da alocação periódica de recursos; o pré-orçamento, que inclui declarações com objetivos e indicadores próprios; o plano anual de gestão; além de relatórios anuais de atividades, que contêm as declarações sobre a legalidade e a regularidade das operações e sobre o cumprimento dos objetivos.

Por sua vez, no dizer de João Ricardo Catarino,[224] "a boa gestão financeira é um imperativo que vale por si mesmo, pois as receitas e

---

[220] Art. 310, 5, do TFUE: O orçamento é executado de acordo com o princípio da boa gestão financeira. Os Estados-Membros cooperam com a União a fim de assegurar que as dotações inscritas no orçamento sejam utilizadas de acordo com esse princípio.

[221] Artigo 30 do RF (Regulamento UE/Euratom nº 966/2012): 1. As dotações devem ser utilizadas em conformidade com o princípio da boa gestão financeira, a saber, em conformidade com os princípios da economia, da eficiência e da eficácia. 2. O princípio da economia determina que os meios utilizados pela instituição no exercício das suas atividades devem ser disponibilizados em tempo útil, nas quantidades e qualidades adequadas e ao melhor preço. O princípio da eficiência visa a melhor relação entre os meios utilizados e os resultados obtidos. O princípio da eficácia visa a consecução dos objetivos específicos fixados e a obtenção dos resultados esperados. 3. Devem ser fixados objetivos específicos, mensuráveis, realizáveis, pertinentes e calendarizados para todos os setores de atividade abrangidos pelo orçamento. A realização desses objetivos é controlada por meio de indicadores de desempenho estabelecidos por atividades, e as administrações competentes para a execução das despesas fornecem as informações referidas no artigo 38º, nº 3, alínea "e"), ao Parlamento Europeu e ao Conselho. Essas informações são fornecidas anualmente e constam, o mais tardar, dos documentos que acompanham o projeto de orçamento.

[222] Conforme ressalta João Ricardo Catarino: "Por tais princípios, os meios utilizados por qualquer instituição comunitária visando o exercício das suas atividades devem ser disponibilizados em tempo útil, nas quantidades e qualidades adequadas ao melhor preço, devendo, inda, ser alcançada a melhor relação possível entre os meios utilizados e os resultados obtidos" (CATARINO, João Ricardo. O Orçamento da União Europeia. In: CATARINO, João Ricardo; TAVARES, José F. F. (Coord.). *Finanças Públicas da União Europeia*. Coimbra: Almedina, 2012. p. 125).

[223] MARTINS, Guilherme Waldemar d'Oliveira. Processo e Execução Orçamental. In: CATARINO, João Ricardo; TAVARES, José F. F. (Coord.). *Finanças Públicas da União Europeia*. Coimbra: Almedina, 2012. p. 156.

[224] CATARINO, João Ricardo. O Orçamento da União Europeia. *op. cit.* p. 124

despesas orçamentais da UE estão limitadas pelos próprios tratados europeus, por um limite máximo de despesas acordado pelos Estados-Membros". E, arremata, aduzindo não se tratar

> apenas de um princípio teórico ou formal, mas de um eixo de política orçamental da União Europeia levado muito a sério, uma vez que são definidos objetivos de desempenho, objeto de controlo através de indicadores de desempenho.

Ademais, este princípio da boa gestão orçamentária está em linha com as já mencionadas orientações da OCDE expostas em 2015 pelo *SBO – Senior Budget* sobre os *princípios de governança orçamentária*.

Embora a ideia presente no princípio da boa gestão orçamentária esteja em conformidade com estas recomendações da OCDE como um todo, é possível identificar o princípio descrito no "item 7" do documento da OCDE como aquele melhor correspondente à boa gestão orçamentária, pelo qual a "execução orçamentária deve ser ativamente planejada, gerida e executada". De maneira menos direta, também identificamos o princípio no conteúdo do "item 6", que indica a necessidade de uma análise abrangente, precisa e confiável das finanças públicas, devendo haver uma prestação de contas no documento orçamentário, para todos as despesas e receitas, sem rubricas omitidas ou escondidas, de acordo com instrumentos legais que assegurem a verdade do orçamento. Igualmente, encontra-se implícito no "item 10", pelo qual se deve promover a integridade e qualidade das previsões orçamentárias, planos ficais e implementação orçamentária, por meio rigorosos e de qualidade assegurada, inclusive com auditorias, devendo haver sistemas de controle interno e externo do orçamento a incluir a objetividade das previsões econômicas, a aderência às regras fiscais, a sustentabilidade do orçamento a longo prazo e o manejo dos riscos ficais.[225]

Porém, antes de adentrarmos a análise dos quatro princípios que, a nosso ver, estabelecem, na atual Lei de Enquadramento Orçamental portuguesa, os pilares da governança fiscal para a sustentabilidade financeira – estabilidade orçamental (art. 10º), sustentabilidade das finanças públicas (art. 11º), solidariedade recíproca (art. 12º) e equidade intergeracional (art. 13º) –, cabe registrar que parte das novas alterações

---

[225] OECD. *Draft recommendation of the OECD Council on the principles of budgetary governance.* Paris: OECD, 2014. Disponível em: <https://www.oecd.org/gov/budgeting/Draft-Principles-Budgetary-Governance.pdf>.

introduzidas na lei orçamental se encontra em um período de transição ou espécie de *vacatio legis* de três anos em relação à legislação anterior.

Isso porque o art. 8º do preâmbulo que aprovou a nova LEO dispôs que "a presente lei entra em vigor no dia seguinte ao da sua publicação; sem prejuízo do disposto no número anterior, os arts. 3º e 20º a 76º da Lei de Enquadramento Orçamental, aprovada em anexo à presente lei, produzem efeitos três anos após a data da entrada em vigor da mesma". Por sua vez, o art. 7º já trazia a ressalva de que

> durante o prazo referido no nº 2 do artigo seguinte mantêm-se em vigor as normas da Lei nº 91/2001, de 20 de agosto, relativas ao processo orçamental, ao conteúdo e estrutura do Orçamento do Estado, à execução orçamental, às alterações orçamentais, ao controlo orçamental e responsabilidade financeira, ao desvio significativo e mecanismo de correção, às contas, à estabilidade orçamental, às garantias da estabilidade orçamental, bem como às disposições finais.

Contudo os referidos princípios que ora se estudam não estão abarcados neste período transitório e já produzem efeitos desde a entrada em vigor da nova LEO em 12 de setembro de 2015 (publicada no Diário da República, 1ª série, nº 178, 11 de setembro de 2015).

Cabe registrar que no Brasil a Lei Complementar nº 159/2017, que instituiu o Regime de Recuperação Fiscal para os Estados em grave desequilíbrio financeiro, faz menção expressa no parágrafo primeiro[226] do seu art. 1º, dentre outros, aos princípios da sustentabilidade econômico-financeira, da equidade intergeracional e da solidariedade entre os Poderes e os órgãos da administração pública. Não obstante, a referida lei apenas os cita como ideais, não desenvolvendo o modo e a forma de sua materialização.

6.1 Princípio da Estabilidade Orçamental

O *princípio da estabilidade orçamental* consiste na obrigatoriedade, imposta a todos os subsetores da administração pública de aprovarem, executarem, alcançarem e manterem uma situação de equilíbrio ou de

---

[226] LC 159/2017 – Art. 1º, §1º O Regime de Recuperação Fiscal será orientado pelos princípios da sustentabilidade econômico-financeira, da equidade intergeracional, da transparência das contas públicas, da confiança nas demonstrações financeiras, da celeridade das decisões e da solidariedade entre os Poderes e os órgãos da administração pública.

excedente orçamental, calculado de acordo com a definição constante do Sistema Europeu de Contas Nacionais ou Regionais (SEC2010). Sua previsão expressa encontra-se no art. 10º da Lei de Enquadramento Orçamental portuguesa, que assim estabelece:

ARTIGO 10º
ESTABILIDADE ORÇAMENTAL
1 – O setor das administrações públicas, incluindo todas as entidades e serviços que o integram, está sujeito, na aprovação e execução dos respectivos orçamentos, ao princípio da estabilidade orçamental. 2 – A estabilidade orçamental consiste numa situação de equilíbrio ou excedente orçamental. 3 – A concretização do princípio da estabilidade depende do cumprimento das regras orçamentais numéricas estabelecidas no capítulo III do presente título, sem prejuízo das regras previstas nas leis de financiamento regional e local.

Trate-se de princípio que, segundo Joaquim Miranda Sarmento,[227] substituindo o art. 10-A da Lei anterior, "tem como fator inovador o fato de determinar como princípio da estabilidade orçamental o cumprimento das regras orçamentais numéricas estabelecidas no capítulo III da nova Lei, sem prejuízo das regras previstas nas leis de financiamento regional e local".

O objetivo deste princípio, que deve ser considerado em conjunto com as demais previsões do Pacto Orçamental Europeu, é impor a exigência de que o orçamento tenha uma situação de equilíbrio ou de excedente numa perspectiva de médio e longo prazo, demandando uma projeção estável das contas públicas, bem como que sejam respeitados limites de endividamento.

Neste sentido, como muito bem colocado por João Ricardo Catarino,[228] mais que um princípio, a estabilidade orçamental encerra "um valor estruturante das finanças públicas modernas em face dos problemas atuais e futuros que os défices excessivos (e a dívida pública) vêm colocando aos Estados". Lembra, ademais, que o princípio figura dentre os princípios orçamentários que informam a União Europeia como um todo, estatuído nos arts. 310º do TFUE (art. 268º do Tratado CE) e 14º do Regulamento Financeiro, determinando que as receitas e despesas devem estar equilibradas, devendo ser suficientes para fazer face às despesas previstas no orçamento, e o saldo de cada exercício

---

[227] SARMENTO, Joaquim Miranda. *op. cit.* p. 78-79.
[228] CATARINO, João Ricardo. *Finanças Públicas e Direito Financeiro*. 3. ed. Almedina, 2016. p. 271.

deverá ser inscrito no orçamento do exercício seguinte, enquanto receita ou dotação de pagamento, consoante se trate de um saldo positivo (excedente) ou de um saldo negativo (déficit).[229]

Por sua vez, para Nazaré da Costa Cabral e Guilherme Waldemar d'Oliveira Martins, a estabilidade orçamental constitui o clássico princípio do equilíbrio das Administrações Públicas – entendido em um sentido parcial, de cada subsetor do Estado – sob a noção de saldo global, no sentido de visão de conjunto. Para estes autores, o equilíbrio é considerado um princípio clássico, referindo-se ao primeiro momento do orçamento, sua organização, e a estabilidade é uma regra fiscal nova, projetando-se sobre a fase de execução orçamental.[230]

Classificando os princípios presentes na LEO e procurando associá-los à promoção de certos objetivos de gestão financeira ou de política macroeconômica, Nazaré da Costa Cabral[231] aduz ser a estabilidade do orçamento princípio novo aplicável às fases de elaboração e execução orçamental, cujo objetivo em termos de gestão financeira consiste na consolidação orçamental e disciplina financeira.

Guilherme Waldemar d'Oliveira Martins[232] afirma que o equilíbrio pode ser encarado de duas formas: (I) Equilíbrio formal, no qual se postula a estrita igualdade entre as receitas e as despesas, o que traduz a proibição de déficits e excedentes de receita, além do (II) Equilíbrio substancial, baseado nas teorias do déficit sistemático e dos orçamentos cíclicos. Entende, ainda, que este princípio do equilíbrio orçamental encerra dois subprincípios, a equidade intergeracional (prevista expressamente na LEO) e a consolidação orçamental, representada pela limitação à política de saldos.

Importante registrar que este princípio está também em linha com as recomendações orçamentárias da OCDE elaboradas pela *SOB – Senior Budget Official*s, publicada em 2014 sob a denominação "Os princípios da Governança Orçamentária" e, em 2015, intitulada de "Recomendações do Conselho em Governança Orçamentária", com o fito de orientar as

---

[229] CATARINO, João Ricardo. O Orçamento da União Europeia. op. cit. p. 130.
[230] CABRAL, Nazaré da Costa; MARTINS, Guilherme Waldemar d'Oliveira. *Finanças Públicas e Direito Financeiro*: Noções Fundamentais. Lisboa: AAFDL, 2016. p. 324 – 325.
[231] CABRAL, Nazaré da Costa. Breves notas sobre o enquadramento do orçamento do Estado. In: FERREIRA, Eduardo Paz; TORRES, Heleno Taveira; PALMA, Clotilde Celorico. (Org.). *Estudos em Homenagem ao Professor Doutor Alberto Xavier Economia, Finanças Públicas e Direito Fiscal*.v. 2. Coimbra: Almedina, 2013. p. 433.
[232] MARTINS, Guilherme Waldemar d'Oliveira. Processo e Execução Orçamental. op. cit. Coimbra: Almedina, 2012. p. 152.

boas práticas orçamentárias.[233] Dentre os princípios consignados no referido documento, podemos relacionar a estabilidade orçamental como princípio constante do "item 2", que indica a necessidade de se alinhar os orçamentos com as prioridades estratégicas de médio prazo do governo e com o princípio do "item 9", que recomenda identificar, avaliar e gerenciar com prudência a longo prazo a sustentabilidade e outros riscos fiscais.

Segundo o que estatui a OCDE, deve ser considerada uma dimensão temporal mais robusta para o orçamento, indo além do tradicional ciclo anual. Um planejamento de médio prazo constitui importante ferramenta para a manutenção da estabilidade orçamental e, para que tal ferramenta seja efetiva, devem ser criados limites para as mais importantes categorias de despesas para cada ano do horizonte temporal de médio prazo; o orçamento deve estar completamente alinhado com as principais restrições orçamentárias acordadas pelo governo, além de fundado em previsões de despesas e arrecadação realistas, devendo, ainda, corresponder aos objetivos de gastos e prestações do governo. Deve, por fim, ter espaço para incluir alguma flexibilidade para assegurar que os limites de gastos sejam respeitados, diante de possíveis mudanças não previstas.[234]

Merece também menção o Tratado firmado em 21 de junho de 2011 pelos integrantes da União Europeia com base nas conclusões do Conselho Europeu, adotadas em 25 de março de 2011, sobre a criação de um mecanismo europeu de estabilidade (MEE), para garantir a estabilidade financeira da área do euro, com vistas a aumentar a eficácia da assistência financeira e a evitar o risco de contágio dos demais Estados-Membros da UE. Assim, o Mecanismo Europeu de Estabilidade ("MEE") assumiu as atribuições cometidas ao Fundo Europeu de Estabilidade Financeira ("FEEF") e ao Mecanismo Europeu de Estabilização Financeira ("MEEF") para a prestação, quando necessário, de assistência financeira aos Estados-Membros da área do euro. No entanto, a concessão de qualquer assistência financeira necessária ao abrigo do mecanismo ficará sujeita a rigorosa condicionalidade, qual seja, a observância do quadro estabelecido pela União Europeia, da vigilância macroeconômica integrada, em especial do Pacto de Estabilidade e Crescimento, do quadro aplicável aos desequilíbrios macroeconômicos e das regras relativas à governação econômica

---

[233] OECD. *op. cit*. p. 2.
[234] *Loc. cit*.

da União Europeia. Portanto, esse Tratado busca a promoção da responsabilidade e solidariedade orçamentais na união econômica e monetária.

Como medida complementar asseguratória da estabilidade, a LEO estabelece em seu art. 21º que os "excedentes orçamentais", ou seja, o superávit fiscal deve ser utilizado preferencialmente na amortização da dívida pública e na constituição de uma reserva de estabilização, destinada a desempenhar uma função anticíclica em contextos de recessão econômica. Igualmente, os excedentes anuais do sistema previdenciário devem ser revertidos a favor do Fundo de Estabilização Financeira da Segurança Social, nos termos da Lei de Bases do Sistema de Segurança Social.

No Brasil, embora a Constituição Federal de 1988 já não apresente o princípio do equilíbrio fiscal de forma expressa e ampla, tal como havia na Carta de 1967 (art. 66, §3º), este ideal é consagrado, ainda que de maneira restrita, no §17 do art. 166, introduzido pela Emenda Constitucional nº 86/2015 (Emenda do Orçamento Impositivo), que impõe o contingenciamento nos pagamentos das emendas parlamentares caso seja verificado que a reestimativa da receita e da despesa possa resultar no não cumprimento da meta de resultado fiscal estabelecida na lei de diretrizes orçamentárias.

Mas é na Lei de Responsabilidade Fiscal – LRF (LC nº 101/2000) que a previsão do equilíbrio fiscal está mandatoriamente expressa, delineada no §1º do art. 1º, que estabelece a ação planejada e transparente para a prevenção de riscos e a correção de desvios capazes de afetar o equilíbrio das contas públicas, mediante o cumprimento de metas de resultados entre receitas e despesas e a obediência a limites e condições no que tange à renúncia de receita, geração de despesas com pessoal, da seguridade social e outras, dívidas consolidada e mobiliária, operações de crédito, inclusive por antecipação de receita, concessão de garantia e inscrição em Restos a Pagar.

Com igual sentido, o art. 4º, inciso I, alínea "a" da mesma LRF, determina que a lei de diretrizes orçamentárias disponha sobre o equilíbrio entre receitas e despesas. E o §1º deste mesmo dispositivo determina a elaboração de um "Anexo de Metas Fiscais", que integrará o projeto de lei de diretrizes orçamentárias, em que serão estabelecidas metas anuais, em valores correntes e constantes, relativas a receitas, despesas, resultados nominal e primário e montante da dívida pública, para o exercício a que se referirem e para os dois seguintes. Nele, deverão estar contidos, dentre outros aspectos, a avaliação do cumprimento das metas relativas ao ano anterior; demonstrativo das metas anuais, instruído com memória e metodologia de cálculo que justifiquem os resultados pretendidos, comparando-as com as fixadas nos três exercícios anteriores, e evidenciando a sua consistência com as premissas e os objetivos da política econômica nacional.

Mas não é só. Há diversas outras normas na LRF que visam a resguardar o equilíbrio fiscal e o atingimento das metas de resultados positivos. Uma destas é a previsão do art. 9º, denominada "limitação de empenho", derivada do *budget sequestration* do modelo fiscal norte-americano, que impõe uma contenção nos gastos públicos, em despesas consideradas discricionárias, quando a receita correspondente não se realizar como originalmente previsto na proposta orçamentária. Outro exemplo está no art. 14 da LRF que impõe, de maneira rígida, limites, prazos e condições para a concessão de incentivos e renúncias fiscais. Por esta regra, a concessão do benefício fiscal dependerá de uma estimativa de impacto orçamentário, da demonstração de que não afetará as metas de resultados e de ser acompanhado de medidas de compensação.

Apenas a título ilustrativo da situação brasileira, segundo dados do Banco Central do Brasil,[235] o superávit fiscal do ano de 2003 foi de 55 bilhões de reais (3,2% do PIB); em 2004, foi de 72 bilhões de reais (3,5% do PIB); em 2005, foi de 81 bilhões de reais (3,8% do PIB); em 2006, foi de 75 bilhões de reais (3,2% do PIB); em 2007, foi de 88 bilhões de reais (3,3% do PIB); em 2008, foi de 103 bilhões de reais (3,4% do PIB); em 2009, foi de 64 bilhões de reais (2% do PIB); em 2010, foi de 101 bilhões de reais (2,7% do PIB); em 2011, foi de 128 bilhões de reais (3,1% do PIB); e em 2012 foi de 104 bilhões de reais (2,3% do PIB). Portanto, nestes dez anos, acumulou-se um superávit de cerca de 870 bilhões para reduzir a dívida pública.

Porém, o cenário econômico brasileiro começou a mudar a partir de 2013. Para aquele ano, estabeleceu-se como meta de superávit primário na respectiva LDO o valor de R$ 108.090.000.000,00 (Lei nº 12.708/12) e cumpriu-se apenas o valor de 91 bilhões de reais. No ano de 2014, houve uma virada e, de superávits, passou-se a um déficit de 32 bilhões de reais. Já para o ano de 2015, o déficit aumentou para R$ 111 bilhões. Em 2016, o saldo negativo ainda foi pior, com um déficit de R$ 155 bilhões. E, para 2017, a estimativa é de um déficit de 159 bilhões de reais.

---

[235] Disponível em:<http:// www.bcb.gov.br>.

Esses resultados deficitários devem-se, principalmente, ao aumento de gastos públicos, à queda na arrecadação e ao aumento dos custos do endividamento. Esta situação fiscal negativa vem acarretando ao Brasil a perda da confiança dos agentes econômicos e o rebaixamento de nota de risco (o que conduz ao aumento das taxas de juros), comprometendo a capacidade de crescimento do país, reduzindo os investimentos públicos e prejudicando a geração de empregos.

Como medida para recuperar a saúde das finanças e buscar o reequilíbrio das contas promulgou-se a já citada Emenda Constitucional nº 95/2016 ("Teto dos Gastos Públicos"), instituidora do Novo Regime Fiscal no âmbito dos Orçamentos Fiscal e da Seguridade Social, para todos os Poderes da União (Executivo, Judiciário e Legislativo). Por ela, estabelece-se, pela duração de 20 exercícios financeiros, um limite de gastos individualizado para a despesa primária total em cada ano (excluídas as relativas à dívida pública) para cada Poder, corrigida apenas pela variação do Índice Nacional de Preços ao Consumidor Amplo (IPCA), índice utilizado para medir a inflação. Assim, o aumento dos gastos públicos federais ficará adstrito às despesas do ano anterior, apenas corrigidas pela inflação.

Inequivocamente, esta restrição orçamentária irá impor aos governantes brasileiros a retomada da cultura de responsabilidade fiscal e a adoção de uma nova mentalidade para a definição das opções prioritárias nas despesas e investimentos públicos, devendo o administrador público atuar republicanamente com sabedoria para enfrentar escassez de recursos diante das "escolhas trágicas" e priorizar o real interesse dos cidadãos.

Na expectativa de que tal medida tenha sucesso, no Brasil há o reconhecimento da necessidade do equilíbrio fiscal no médio e longo prazo, dentro do escopo do princípio da estabilidade orçamental previsto também na Lei de Enquadramento Orçamental portuguesa.

6.2 Princípio da Sustentabilidade das Finanças Públicas

Constitui o *princípio da sustentabilidade* a capacidade financeira exigida a cada subsetor que compõe a administração pública de financiar todos os compromissos, já assumidos ou futuros, gerindo seus recursos com respeito pela regra de saldo orçamental estrutural e da dívida pública, conforme estabelecido na própria LEO e em demais normas da União Europeia.

Sua previsão expressa está no art. 11º da Lei de Enquadramento Orçamental, assim previsto:

ARTIGO 11º
SUSTENTABILIDADE DAS FINANÇAS PÚBLICAS

1 – Os subsetores que constituem o setor das administrações públicas, bem como os serviços e entidades que os integram, estão sujeitos ao princípio da sustentabilidade. 2 – Entende-se por sustentabilidade a capacidade de financiar todos os compromissos, assumidos ou a assumir, com respeito pela regra de saldo orçamental estrutural e da dívida pública, conforme estabelecido na presente lei.

Invocando a abrangência do princípio da sustentabilidade nas diversas searas do direito e como elemento estruturante das sociedades humanas, consagrado em diversas passagens da Constituição Portuguesa, João Ricardo Catarino[236] ensina que, em sentido mais geral, a sustentabilidade pode ser "entendida como a capacidade de satisfazer necessidades atuais sem comprometer a satisfação das necessidades futuras".

Por sua vez, Manuel Henrique de Freitas Pereira[237] vincula a sustentabilidade à mantença das políticas públicas, nos seguintes termos:

> A noção de sustentabilidade pode ser assimilada ao entendimento corrente do que é sustentável e do que não é sustentável, ou seja, do que pode manter-se ou do que não é possível continuar. O que, traduzido em termos de finanças públicas, pode referir-se à possibilidade de manutenção das políticas públicas atuais – serão sustentáveis aquelas que têm a garantia de poderem ser continuadas indefinidamente enquanto que não são sustentáveis aquelas em que isso não se verifica, tendo, por isso, que ser alteradas.

Ainda, este autor, ao analisar as correntes teóricas sobre a sustentabilidade nas finanças públicas, explica:

> Para uma primeira corrente teórica de sustentabilidade, cujos fundamentais têm sido atribuídos a DOMAR (1994), o rácio da dívida pública (relação entre dívida pública e PIB) deverá convergir para um valor finito de modo a evitar que o nível de fiscalidade (relação entre receitas públicas e PIB) cresça indefinidamente.
> De acordo com uma segunda corrente teórica, que faz apelo à chamada "restrição orçamental intertemporal", a sustentabilidade das finanças públicas impõe que o valor atual de todos os futuros excedentes

---

[236] CATARINO, João Ricardo. *Finanças Públicas e Direito Financeiro. op. cit.* p. 273-274.
[237] PEREIRA, Manuel Henrique de Freitas. *op. cit.* p. 288.

orçamentais primários (ou seja, os saldos orçamentais sem juros) seja igual ao valor existente da dívida pública.[238]

Já para José Casalta Nabais,[239] a sustentabilidade dos países numa economia global de mercado preocupada com o Estado social comporta as vertentes econômica, ecológica e social, sendo certo que a sustentabilidade financeira não pode deixar de ser considerada sob tais aspectos, porque "é o orçamento do Estado, enquanto programa da política financeira em números, que suporta e espelha uma dada sustentabilidade". Para ele, tal orçamento não pode, portanto, "deixar de ser visto como um instrumento, ao mesmo tempo central e fundamental de um *equilíbrio global* nos domínios econômico, ecológico e social." Ao destacar o papel da sustentabilidade dentro dos limites estritos do Pacto Orçamental Europeu, este autor português enfatiza que a imposição de orçamentos equilibrados, a limitação do déficit estrutural e da dívida pública

> não são mais do que a consagração de um quadro normativo de sustentabilidade financeira ao mais elevado nível normativo de cada um dos Estados Membros da União Europeia, o qual tem como consequência mais visível, mormente em confronto com as duas décadas anteriores, a imposição de uma razoável dose de austeridade que se prolongará pelos anos necessários ao restabelecimento de uma situação de reequilíbrio minimamente adequada à duradoura estabilidade financeira.[240]

O mesmo autor reconhece que, embora se possa discutir e até ser contra os tipos de normas efetivamente implementados pelo Pacto de Estabilidade e Crescimento e pelo Pacto Orçamental Europeu como instrumentos para a sustentabilidade dos Estados-Membros da UE, não há como fugir da exigência de alguma espécie de mecanismo que assegure a sustentabilidade financeira do Estado. Um Estado que se recusasse a fazê-lo no longo prazo não conseguiria obter os recursos junto aos mercados para financiar-se.[241]

Tal como já analisado, as recomendações da OCDE originárias do grupo de trabalho da *SOB – Senior Budget Official*s, contidas no

---

[238] *Ibidem*. p. 288-290.
[239] NABAIS, José Casalta. Estabilidade Financeira e o Tratado Orçamental. *Jurismat – Revista Jurídica do Instituto Superior Manuel Teixeira Gomes*, n. 6, maio 2015. p. 52.
[240] *Ibidem*. p. 44.
[241] NABAIS, José Casalta. Justiça fiscal, estabilidade financeira e as recentes alterações do sistema fiscal português. In: *Por um Estado fiscal suportável*: estudos de direito fiscal. Coimbra: Almedina, 2015. v. IV. p. 219-220.

documento denominado "Recomendações do Conselho sobre Governança Orçamentária", com objetivo de orientar as boas práticas sobre toda a atividade orçamentária, traz em seu "item 9" a recomendação expressa para que haja "sustentabilidade de longo prazo com o prudente gerenciamento de recursos fiscais". Busca-se promover o desenvolvimento estável das finanças públicas, sendo necessária a aplicação de mecanismos que permitam a flexibilidade dos planos orçamentários e mitigação de potenciais impactos dos riscos fiscais, que devem ser claramente identificados e quantificados, tanto quanto possível, além de reportados no orçamento anual. Igualmente, mudanças demográficas de longo prazo e outros fatores ambientais e sociais podem suscitar maior pressão e representar desafios à sustentabilidade e equidade intergeracional da política orçamentária, motivo pelos quis devem ser considerados no contexto orçamentário.[242]

Ressalte-se que o relatório do Grupo para o Estudo da Política Fiscal do Ministério das Finanças de Portugal (2009), mesmo antes da edição da nova LEO, já apontava para a importância da estabilidade e sustentabilidade das finanças europeias, aduzindo que os *déficits* e o *stock* de dívida vinham aumentando significativamente na União Europeia, com destaque para fatores (tais como envelhecimento da população) que acarretam significativo impacto no orçamento a longo prazo, afetando a sustentabilidade das finanças.[243] O estudo destaca o nível de sustentabilidade das posições orçamentais como um dos mais importantes canais de transmissão dos vários aspectos da qualidade das finanças públicas e das orientações políticas gerais para a União Europeia, aduzindo que "posições fiscais sãs, a médio e longo prazo, constituem um pré-requisito da estabilidade macroeconômica e de um crescimento sustentado".[244]

O já mencionado art. 21º da LEO, que destina os "excedentes orçamentais" para a amortização da dívida pública e para a constituição de uma reserva de estabilização, atua, igualmente, em reforço ao princípio da sustentabilidade. Além desse dispositivo, temos, com o mesmo propósito, a fixação de limite da dívida pública no art. 25º, o qual prevê que quando a relação entre a dívida pública e o PIB exceder

---

[242] OECD. *op. cit.* p. 6.
[243] SANTOS, António Carlos dos; MARTINS, António M. Ferreira (Coordenadores). Ministério das finanças e da administração pública. Secretaria de estado dos assuntos fiscais. Relatório do grupo para o estudo da Política fiscal. Competitividade, eficiência e justiça do sistema fiscal. IDEFF/FDL, 2009. p. 11-12.
[244] *Ibidem.* p. 65.

o valor de referência de 60%, o Governo está obrigado a reduzir o montante da dívida pública na parte em excesso.[245]

Não podemos deixar de mencionar que a sustentabilidade é um princípio intrinsecamente relacionado com o princípio da equidade intergeracional, também previsto na Lei de Enquadramento Orçamental (abordado mais adiante), tendo em vista que orçamentos não sustentáveis, executados continuamente, acabam sempre por sobrecarregar as gerações vindouras indevidamente com um ônus futuro decorrente de gastos e dívidas do passado.

A questão da sustentabilidade financeira no Brasil é um dos temais mais relevantes dentro da temática orçamental, diante do crescimento desordenado da dívida pública brasileira, assumindo o crédito público função alternativa complementar de receita, já que o volume da arrecadação tributária vem se mostrando insuficiente para cobrir os gastos estatais.

De acordo com dados do Banco Central do Brasil, a dívida bruta em percentual do PIB do governo geral (União, Estados e Municípios) girava em torno de 57% em 2013, 63% em 2014, 66% em 2015, 73% em 2016 e 77% em 2017. Segundo cálculos do FMI, em 2020 é possível que atinja os 95% do PIB.[246] O tamanho da dívida pública – hoje em torno de R$ 3,5 trilhões – não seria, por si só, um elemento preocupante se não fosse o agravante da qualidade do seu custo, já que a taxa de juros brasileira é uma das maiores do mundo.

6.3 Princípio da Solidariedade Recíproca

O *princípio da solidariedade recíproca* reforça a ideia de unidade orçamental no sentido de impor, desde a aprovação até a execução dos orçamentos, a responsabilidade e empenho na realização das boas práticas de gestão das finanças para todos os organismos públicos, sempre de maneira proporcional, na busca pela estabilidade e comprometimento com as metas orçamentárias como um todo.

---

[245] Analisando a situação de Portugal, Joaquim Miranda Sarmento afirma: "Em Portugal, a dívida pública, que era de cerca de 60% PIB em 2007, atingiu o seu pico, em torno dos 130% em 2013, esperando-se que este valor tenha estabilizado, e apresente uma tendência de descida nos próximos anos. Contudo, durará mais de uma década até que a dívida pública baixe dos 100% PIB e seguramente mais de duas décadas para que atinja um valor no limiar dos 60% PIB". (SARMENTO, Joaquim Miranda. Ajustamento económico e consolidação orçamental – Portugal vs Irlanda: somos assim tão diferentes? *Revista de Finanças Públicas e Direito Fiscal*, Coimbra, a. 6, n. 4, inverno 2013. p. 203.

[246] Disponível em: <http://www.bcb.gov.br>.

Sua previsão consta do art. 12 da Lei de Enquadramento Orçamental, que assim dispõe:

ARTIGO 12º
SOLIDARIEDADE RECÍPROCA
1 – A preparação, a aprovação e a execução dos orçamentos dos subsetores que compõem o setor das administrações públicas estão sujeitas ao princípio da solidariedade recíproca. 2 – O princípio da solidariedade recíproca obriga todos os subsetores, através dos respectivos serviços e entidades, a contribuírem proporcionalmente para a realização da estabilidade orçamental referida no artigo 10º e para o cumprimento da legislação europeia no domínio da política orçamental e das finanças públicas.
3 – As medidas que venham a ser implementadas no âmbito do presente artigo são enviadas ao Conselho de Acompanhamento das Políticas Financeiras e ao Conselho de Coordenação Financeira e devem constar da síntese de execução orçamental do mês a que respeitam.

Joaquim Miranda Sarmento[247] explica o princípio da solidariedade recíproca a partir da premissa de que o Estado é unitário e, assim sendo, nenhuma entidade pública pode eximir-se da responsabilidade de sustentabilidade das Finanças Públicas e de boas práticas administrativas.

Por sua vez, no dizer de João Ricardo Catarino, a *solidariedade recíproca* "entre todos os organismos do setor das administrações obriga-os a tomar medidas de reforço da estabilidade orçamental (art. 10º da LEO), empenhando-se em alcançar maiores níveis de racionalidade e eficiência na elaboração, aprovação e execução dos seus orçamentos (art. 12º)."[248]

Classificando os princípios presentes na LEO e procurando associá-los à promoção de certos objetivos de gestão financeira ou de política macroeconômica, Nazaré da Costa Cabral[249] entende ser a solidariedade recíproca princípio novo, aplicável às fases de elaboração e execução orçamental, cujo objetivo em termos de gestão financeira consiste na consolidação orçamental e disciplina financeira.

Tomando o princípio da solidariedade recíproca como decorrência fundamental da concretização do princípio da estabilidade orçamental, Nazaré da Costa Cabral e Guilherme Waldemar d'Oliveira Martins

---

[247] SARMENTO, Joaquim Miranda. *A nova lei de enquadramento orçamental. op. cit.* p. 78-79 e 82
[248] CATARINO, João Ricardo. *Finanças Públicas e Direito Financeiro. op. cit.* p. 275.
[249] CABRAL, Nazaré da Costa. Breves notas sobre o enquadramento do orçamento do Estado. *op. cit.* p. 434.

comentam que, da mesma forma que o Estado central é solidário com os demais através de transferências ou subvenções que realiza com eles, também estes devem envidar um esforço solidário com vista à consecução do objetivo geral de estabilidade orçamental.[250]

Este princípio pode, de alguma maneira, ser observado pelo Brasil como modelo de solidariedade fiscal entre os entes federativos, para que União, Estados e Municípios passem a atuar de maneira cooperativa e solidária e não de maneira competitiva, fato que se revela através das práticas resultantes da guerra fiscal, fenômeno que tem trazido muitos efeitos negativos para a federação brasileira.

6.4 Princípio da Equidade Intergeracional

O *princípio da equidade intergeracional* revela o ideal de não impor às gerações futuras o ônus financeiro da dívida pública contraída no passado, de maneira que haja uma justa e proporcional distribuição entre diferentes gerações dos benefícios obtidos com a atividade estatal e os custos para o seu financiamento.

Está diretamente ligado ao princípio da sustentabilidade das finanças públicas, na medida em que a equidade intergeracional estabelece um modelo de elaboração orçamental de longo prazo, de maneira a não penalizar gerações futuras com a contratação excessiva de dívidas por gerações anteriores.

Tal princípio vem consignado no art. 13º da Lei de Enquadramento Orçamental, nos seguintes termos:

> ARTIGO 13º
> EQUIDADE INTERGERACIONAL
> 1 – A atividade financeira do setor das administrações públicas está subordinada ao princípio da equidade na distribuição de benefícios e custos entre gerações, de modo a não onerar excessivamente as gerações futuras, salvaguardando as suas legítimas expectativas através de uma distribuição equilibrada dos custos pelos vários orçamentos num quadro plurianual. 2 – O relatório e os elementos informativos que acompanham a proposta de lei do Orçamento do Estado, nos termos do artigo 37º, devem conter informação sobre os impactos futuros das despesas e receitas públicas, sobre os compromissos do Estado e sobre responsabilidades contingentes. 3 – A verificação do cumprimento da

---

[250] CABRAL, Nazaré da Costa; MARTINS, Guilherme Waldemar d'Oliveira. *Finanças Públicas e Direito Financeiro:* Noções Fundamentais. Lisboa: AAFDL, 2016. p. 327.

equidade intergeracional implica a apreciação da incidência orçamental das seguintes matérias: a) Dos investimentos públicos; b) Do investimento em capacitação humana, cofinanciado pelo Estado; c) Dos encargos com os passivos financeiros; d) Das necessidades de financiamento das entidades do setor empresarial do Estado; e) Dos compromissos orçamentais e das responsabilidades contingentes; f) Dos encargos explícitos e implícitos em parcerias público-privadas, concessões e demais compromissos financeiros de caráter plurianual; g) Das pensões de velhice, aposentação, invalidez ou outras com características similares; h) Da receita e da despesa fiscal, nomeadamente aquela que resulte da concessão de benefícios tributários.

Conforme João Ricardo Catarino,[251] este princípio "dá relevo ao problema do esgotamento dos recursos dos povos, à necessidade de conter os déficits e à obrigação moral – para além de legal – de cada geração viver com os recursos de que dispõe, não hipotecando o bem-estar das gerações futuras." Esta questão ética imanente ao princípio da equidade intergeracional é também destacada por Joaquim Miranda Sarmento.[252]

É, aliás, o que Paulo Marrecas trata como *justiça intergeracional*, ideia sobre a qual repousa a certeza de que as consequências de nossos atos hoje não estão limitadas ao presente, de modo que "o presente deve ser viável para não impor encargos excessivos sobre o futuro". Neste sentido, afirma que a "justiça intergeracional é um direito humano, enquanto o princípio da proporcionalidade militar no sentido da não oneração excessiva das gerações futuras".[253] E, na seara das finanças públicas, relaciona a sustentabilidade e a equidade intergeracional ao afirmar:

> Os desafios do futuro que se exprimem com algum acerto com a ideia de intergeracionalidade impõem às Finanças Públicas a exigência de sustentabilidade, a qual, além do regresso à Finanças Públicas de teor clássico, expressas por uma relativa austeridade para garantir a própria viabilidade, nos propõe a busca da eficiência institucional bastante para gerar crescimento econômico após o tempo de crise.

---

[251] CATARINO, João Ricardo. *Finanças Públicas e Direito Financeiro*. op. cit. p. 276.
[252] SARMENTO, Joaquim Miranda. *A nova lei de enquadramento orçamental*. op. cit. p. 83.
[253] FERREIRA, Paulo Marrecas. Finanças públicas e sustentabilidade: desafios para uma justiça intergeracional que não sacrifique o futuro pelo desaparecimento do presente. In: FERREIRA, Eduardo Paz; TORRES, Heleno Taveira; PALMA, Clotilde Celorico (Org.). *Estudos em Homenagem ao Professor Doutor Alberto Xavier*: Economia, Finanças Públicas e Direito Fiscal. v. 2. Coimbra: Almedina. 2013. p. 590-591.

Na dicção de Fernando Scaff,

> não se pode deixar o direito das futuras gerações ser violado pelo jogo político do *aqui* e *agora,* das lutas políticas do presente. É necessário que sejam adotados limites financeiros para a sustentabilidade econômica dos Estados nacionais a fim de evitar que estas gerações sejam obrigadas a arcar com enormes custos para a manutenção do Estado *latu senso* e desenvolvimento das políticas públicas.[254]

Este princípio traz a ideia de que cada geração deve viver com os recursos de que dispõe, não comprometendo a riqueza da geração posterior, fato observado por Nazaré da Costa Cabral[255] ao pontuar que a sustentabilidade das finanças públicas, objetivo de política de gestão financeira, pode ser alcançada pelo princípio da equidade intergeracional.

Joaquim Miranda Sarmento[256] observa que o princípio da equidade intergeracional substitui aquele previsto no art. 10º da Lei de Enquadramento anterior. Contudo, o faz de modo substancialmente mais explícito, por enfatizar a necessidade de que a equidade se dê entre as gerações, com o cuidado de não onerar excessivamente as futuras e salvaguardando suas legítimas expectativas, o que implica uma gestão equilibrada de custos por vários exercícios orçamentais. Ademais, é mais abrangente, incluindo agora na solidariedade intergeracional as responsabilidades com as parcerias público-privadas, bem como outros tipos de responsabilidades contingentes.

Este princípio relaciona-se também com a questão do planejamento orçamental de médio e longo prazo e a sua dimensão plurianual. Como bem destaca João Ricardo Catarino,[257] "implica uma ponderação sobre os recursos necessários para satisfazer não apenas no ano orçamental em causa, mas, sobretudo, nos anos subsequentes".

Para o Brasil, este princípio se revela extremamente pertinente, na medida em que o elevado custo da dívida pública brasileira vem drenando considerável montante de recursos financeiros que deveriam ser destinados aos serviços públicos fundamentais e sociais. A atual geração já sofre com os efeitos financeiros da contratação de dívidas

---

[254] SCAFF, Fernando Facury. Equilíbrio orçamentário, sustentabilidade financeira e justiça intergeracional. *Boletim de Ciências Econômicas,* Coimbra, v. 57, t. 3, 2014. p. 3184.
[255] CABRAL, Nazaré da Costa. Breves notas sobre o enquadramento do orçamento do Estado. *op. cit.* p. 434.
[256] SARMENTO, Joaquim Miranda. *A nova lei de enquadramento orçamental. op. cit.* p. 83.
[257] CATARINO, João Ricardo. *Finanças Públicas e Direito Financeiro.* 3. ed. *op. cit.* p. 276.

pretéritas e, certamente, as futuras gerações sentirão ainda mais o seu peso, dado que as projeções indicam que a dívida pública no Brasil, que hoje gira em torno de 75% do PIB, em poucos anos atingirá os 100% do PIB, percentual que se agrava com a alta taxa de juros, fazendo com que a distribuição entre benefícios de bem-estar e custos financeiros entre as gerações se torne ainda mais desequilibrada.

CONCLUSÕES PRELIMINARES

01. Sendo limitados os recursos financeiros disponíveis para qualquer nação do mundo contemporâneo, enquanto as necessidades da sociedade são crescentes e ilimitadas, a gestão estatal do orçamento público torna-se cada vez mais importante para garantir a sustentabilidade das políticas públicas e o atendimento dos serviços públicos essenciais à população;

02. A governança fiscal, para além dos tradicionais aspectos do planejamento, transparência e participação, passou a ter no equilíbrio orçamental e na sustentabilidade financeira os dois grandes pilares de preocupação, sobretudo a partir da consolidação do uso da dívida pública como fonte rotineira de financiamento dos gastos estatais;

03. A União Europeia (UE), bloco econômico e político que conta atualmente com 28 Estados-Membros, ao considerar que as políticas econômicas e monetárias individuais de cada integrante são questões de interesse comum e não podem ser conduzidas de maneira isolada, sob pena de contagiar e prejudicar o grupo como um todo, sobretudo diante das diferenças individuais e particulares nas dimensões econômicas e capacidades financeiras dos seus componentes, vem buscando implementar medidas de sustentabilidade financeira, visando a dar maior solidez às suas finanças públicas e permitir a continuidade nas políticas de integração e cooperação econômica, monetária e social;

04. Tal como na federação brasileira, que tem cada ente subnacional como parte de um todo que precisa se desenvolver em conjunto, a União Europeia, dotada de diversas características típicas do federalismo, procura mecanismos para, em um contexto em que se prestigie o crescimento sustentável, emprego e coesão social de todo o bloco, integrar a diversidade de seus membros e coordenar suas políticas fiscais salvaguardando a solidez das finanças públicas dos países soberanos que o integram;

05. Dentre as medidas comunitárias para garantir a estabilidade fiscal entre as nações integrantes, destacamos o Tratado sobre a Estabilidade, Coordenação e Governação na União Econômica e Monetária firmado em 2012, conhecido por Pacto Orçamental Europeu;

06. Nesse Tratado, buscou-se estabelecer o equilíbrio orçamental para que a situação financeira seja equilibrada ou superavitária, evitando-se déficits orçamentais excessivos, além de garantir que a dívida pública seja mantida em níveis razoáveis, a partir dos seguintes parâmetros financeiros: a dívida pública deve se limitar a 60% do PIB a preços de mercado e o saldo estrutural anual deve encontrar-se no limite de déficit estrutural de 0,5% do PIB a preços de mercado;

07. O acompanhamento das metas ficou a cargo da Comissão Europeia, sendo cabível a propositura de ação no Tribunal de Justiça da União Europeia, com a possibilidade de requerimento de imposição de sanções pecuniárias, além da realização de *Cimeiras do Euro* para a definição de orientações estratégicas para a condução das políticas econômicas;

08. A partir do compromisso de incorporar aos respectivos ordenamentos jurídicos as regras estabelecidas no Tratado, Portugal realizou a adequação normativa na sua "Lei de Enquadramento Orçamental – LEO" (Lei nº 151/2015), diploma legal que tem por objeto a fixação das normas gerais do orçamento público português, papel similar ao realizado no direito financeiro brasileiro pela Lei nº 4.320/1964, juntamente com a Lei Complementar nº 101/2000 (Lei de Responsabilidade Fiscal);

09. Uma das diretrizes mais relevantes incorporadas a LEO foi o *princípio da estabilidade orçamental* (art. 10º, 1), que se traduz por uma situação de equilíbrio ou excedente orçamental (art. 10º, 2);

10. Outra importante diretriz absorvida foi o *princípio da sustentabilidade* (art. 11º, 1), entendido como a capacidade de financiar todos os compromissos, assumidos ou a assumir, com respeito pela regra de saldo orçamental estrutural e da dívida pública (art. 11º, 2);

11. A preparação, aprovação e a execução dos orçamentos devem se submeter ao *princípio da solidariedade recíproca* (art. 12º, 1), o qual obriga todos os setores da administração pública a contribuírem proporcionalmente para com a realização da estabilidade orçamental referida no art. 10º e para o cumprimento da legislação europeia no domínio da política orçamental e das finanças públicas (art. 12º, 2);

12. Em complemento ao escopo da sustentabilidade financeira, estabelece-se o *princípio da equidade intergeracional*, entendendo-se que a atividade financeira não pode onerar excessivamente as gerações futuras, devendo haver equidade na distribuição de benefícios e custos pelos vários orçamentos num quadro plurianual entre as gerações (art. 13º, 1), bem como devem ser demonstradas as informações sobre os impactos futuros das despesas e receitas públicas, sobre os compromissos

do Estado e sobre responsabilidades contingentes (art. 13º, 2). E, para o cumprimento da equidade intergeracional, deverão ser avaliados: a) investimentos públicos; b) investimento em capacitação humana, cofinanciado pelo Estado; c) encargos com os passivos financeiros; d) necessidades de financiamento das entidades do setor empresarial do Estado; e) compromissos orçamentais e responsabilidades contingentes; f) encargos explícitos e implícitos em parcerias público-privadas, concessões e demais compromissos financeiros de caráter plurianual; g) pensões de velhice, aposentação, invalidez ou outras com características similares; h) receita e despesa fiscal, nomeadamente aquela que resulte da concessão de benefícios tributários (art. 13º, 3);

13. Para atingir a estabilidade, a nova LEO estabelece a *regra do saldo orçamental estrutural*, que corresponde ao saldo orçamental das administrações públicas, tendo por objetivo alcançar um limite de déficit estrutural de 0,5% do produto interno bruto (PIB) a preços de mercado (art. 20º, 3);

14. Para a concretização da sustentabilidade financeira, a nova LEO dispõe que os *excedentes orçamentais* (art. 21º, 1) deverão ser aplicados, preferencialmente na amortização da dívida pública enquanto se verificar o descumprimento do limite da dívida pública de 60% e na constituição de uma reserva de estabilização, destinada a desempenhar uma função anticíclica em contextos de recessão econômica, e os excedentes do sistema previdenciário serão revertidos em favor do Fundo de Estabilização Financeira da Segurança Social;

15. Quando a relação entre a dívida pública e o PIB exceder o valor de referência de 60%, o Governo estará obrigado a reduzir o montante da dívida pública, na parte em excesso (art. 25º, 1 a 3);

16. As diretrizes apresentadas no Pacto Orçamental Europeu aos integrantes da União Europeia e incorporadas por Portugal na sua Lei de Enquadramento Orçamental podem ser consideradas pelo Brasil na organização das suas finanças públicas;

17. Entretanto, o referido Tratado vem sofrendo críticas a respeito das medidas de austeridade fiscal excessivas, genericamente no que se refere à distribuição dos sacrifícios exigidos e os seus resultados e, especificamente, no que tange aos cortes de gastos públicos, tais como a redução na máquina administrativa, reformas no sistema de previdência (especialmente com o aumento da idade para a aposentadoria) e no modelo do funcionalismo público (com estabelecimento de redução ou de tetos salariais), medidas que, de fato, por um lado, impõem certa disciplina fiscal e favorecem a credibilidade perante o mercado, mas, por outro, podem agravar a oferta de serviços públicos tidos como

essenciais, que envolvem direitos fundamentais e sociais como saúde, educação, previdência e segurança pública.

18. A responsabilidade e a disciplina fiscal decorrentes de medidas de austeridade financeira impõem à administração pública em geral a diminuição de despesas com o funcionamento da própria máquina estatal na busca de maior eficiência e a priorização nas escolhas da alocação de recursos financeiros. Ao implementar tais medidas e, consequentemente, ganhar maior credibilidade do mercado financeiro, tal fato permitirá a redução dos juros e do custo da dívida, sendo possível a realocação de tais verbas, que antes destinavam-se para o custeio da dívida, agora podendo ser direcionadas para programas que envolvem direitos fundamentais e sociais;

19. Apesar dos debates ideológicos entre liberalismo e intervencionismo que permeiam a questão como pano de fundo, aliados ao entrechoque conceitual que contrapõe a austeridade ao desenvolvimentismo, fato é que as diretivas adotadas no Pacto Orçamental Europeu, sobretudo por este deter mecanismos de controle realizados por um "agente externo", como é o caso da Comissão Europeia, sinalizam aos seus signatários que a governança fiscal é um caminho com sacrifícios, mas que, se bem conduzido, pode oferecer um retorno satisfatório;

20. Outra crítica recebida pelo Pacto Orçamental Europeu é a questão de que o Tratado retiraria do Poder Legislativo nacional a autonomia na resolução de uma de suas mais sublimes atividades – a orçamentária –, transferindo-a para a União Europeia, sobretudo a partir da obrigação de incorporação no ordenamento jurídico nacional das regras lá pactuadas, mormente se considerarmos que os Parlamentos nacionais surgiram historicamente para tratar de questões envolvendo receitas e despesas públicas;

21. Não obstante, esta crítica deve também ser superada, pois há que se reconhecer que não haveria uma mitigação das funções do Legislativo, já que, no momento das regras do Pacto Orçamental Europeu serem incorporadas no ordenamento nacional, haveria a necessidade de prévia manifestação e chancela das novas regras por aquele Poder, assim como a possibilidade de denúncia unilateral do Tratado ou extinção do vínculo com a UE (como visto recentemente com o *Brexit*), sem mencionar que, de fato, não haveria uma transferência para qualquer instituição externa da tarefa própria de definir o orçamento e suas rubricas, mas apenas o respeito na sua elaboração e execução da aplicação de regras quanto a metas de déficit e de dívida pública;

22. No sentido oposto às críticas, temos o alinhamento das medidas do Pacto Orçamental Europeu com os preceitos da boa

governança fiscal, expressão que condensa um conjunto de regras que visam a detectar, prevenir e corrigir tendências econômicas indesejáveis como déficits orçamentais ou níveis de dívida pública excessivos, que podem prejudicar o crescimento e colocar em risco as economias;

23. Para nós, o conceito de boa governança fiscal repousaria sobre dois pilares intimamente interligados: o *equilíbrio orçamental* e a *sustentabilidade financeira*, implementados por medidas que envolvem o equilíbrio entre as receitas e despesas públicas, objetivo que se efetiva através de mecanismos de ampliação da base arrecadatória (sem implicar aumento da carga fiscal individual) e do controle da qualidade nos gastos (através de escolhas adequadas e eficiência no emprego dos recursos), bem como através da busca pela sustentabilidade da dívida pública no longo prazo;

24. O *equilíbrio orçamental* aponta para o fato de que toda despesa deve possuir uma receita a financiá-la, a fim de evitar o surgimento de déficits orçamentários crescentes ou descontrolados, que possam prejudicar as contas públicas presentes e futuras, materializando a verdadeira estabilidade financeira, base do crescimento sustentado do Estado;

25. Uma das diretrizes para se alcançar o equilíbrio orçamental está precisamente no polo ou lado da receita pública: é necessário que o Estado arrecade de maneira mais ampla possível, sem, entretanto, acarretar um aumento efetivo da carga fiscal individual, buscando-se atingir aqueles que em frontal violação ao seu dever fundamental e sua capacidade de contribuir deixam de pagar os tributos que deveriam;

26. Outro pilar do equilíbrio orçamental é a adequada realização da despesa pública, a partir da racionalização do gasto, por uma análise criteriosa da sua prioridade e na busca da eficiência da sua aplicação;

27. Por sua vez, a sustentabilidade financeira da dívida pública está intimamente ligada à noção de equilíbrio orçamental, incorporando também uma dimensão de projeção temporal, em que se pretende não só um equilíbrio das contas públicas na relação entre despesas e receitas, mas se almeja alcançar resultados eficientes que permitam a protração no tempo deste equilíbrio de modo estável ou *sustentável* para as presentes e futuras gerações, numa noção de solidariedade e equidade intergeracional;

28. A sustentabilidade se revela também a partir do conceito de *consolidação fiscal*, como uma política de médio e longo prazos, que tem como objetivo reduzir os déficits e a acumulação de dívida pública, tal como definido pela OCDE, instituição que, preocupada com a boa governança orçamental, apresentou em 2015 os "10 princípios

orçamentários", recomendações no sentido de orientar as boas práticas sobre toda a atividade orçamentária;

29. Neste contexto, de maneira exemplar, Portugal adotou as diretrizes previstas no Pacto Orçamental Europeu na sua Lei de Enquadramento Orçamental, das quais destacamos como sendo os pilares da boa governança fiscal e que podem servir de modelo para o Brasil: estabilidade orçamental (art. 10), sustentabilidade das finanças públicas (art. 11), solidariedade recíproca (art. 12) e equidade intergeracional (art. 13);

30. O princípio da estabilidade orçamental, que tem a exigência de um orçamento dotado de equilíbrio ou de excedente numa perspectiva de médio e longo prazos, traz para o Brasil a sensatez orçamentária de que não se pode gastar mais do que se arrecada e contrair dívida pública para cobrir o rombo financeiro, impondo aos governantes brasileiros a retomada da cultura de responsabilidade fiscal e a adoção de uma nova mentalidade para a definição das opções prioritárias nas despesas e investimentos públicos, devendo o administrador público atuar republicanamente com sabedoria para enfrentar a escassez de recursos diante das "escolhas trágicas" e priorizar o real interesse dos cidadãos;

31. Por sua vez, o relevante princípio da sustentabilidade financeira, que indica a necessidade de elaboração e execução orçamental que garanta a manutenção e continuidade das políticas públicas para além do exercício financeiro, é para o Brasil uma forte recomendação para adoção de planejamento e responsabilidade orçamentária, sobretudo diante do atual crescimento desordenado da dívida pública brasileira, em alternativa a medidas prudentes de ampliação da arrecadação tributária e de corte de gastos;

32. Já o princípio da solidariedade recíproca, que recomenda o esforço coletivo de toda administração pública na mantença da estabilidade orçamental, ao Brasil revela a importância da solidariedade fiscal entre os entes federativos, para que União, Estados e Municípios passem a atuar de maneira cooperativa e solidária e não de maneira competitiva como vemos através da guerra fiscal, fenômeno que tem trazido muitos efeitos negativos para a federação brasileira;

33. O princípio da equidade intergeracional, que revela o ideal de não impor às gerações futuras o ônus financeiro da dívida pública contraída no passado, de maneira que haja uma justa e proporcional distribuição entre diferentes gerações dos benefícios obtidos com a atividade estatal e os custos para o seu financiamento, está diretamente ligado ao princípio da sustentabilidade das finanças públicas, e para o Brasil se mostra extremamente pertinente, na medida em que o elevado

custo da dívida pública brasileira vem drenando considerável montante em recursos financeiros que deveriam ser destinados aos serviços públicos fundamentais e sociais;

34. Os reflexos das recentes mudanças na legislação fiscal portuguesa por decorrência das diretrizes estabelecidas no Tratado conhecido por Pacto Orçamental Europeu, visando a recuperar saúde financeira e estabilizar as contas públicas lusitanas, é uma efetiva sinalização de que há bons exemplos que podem ser avaliados e considerados pelo Brasil e, quem sabe, futuramente seguidos. Afinal, para garantir a efetividade dos direitos humanos e sociais em *terra brasilis*, e materializá-los em bens e serviços oferecidos à coletividade, o Estado dependerá de uma atividade financeira conduzida em observância aos preceitos republicanos e normas constitucionais das finanças públicas, tendo o orçamento público papel capital nesta tarefa, este que é um relevante instrumento de planejamento, gestão e controle financeiro, configurando um instituto fundamental no Estado Democrático de Direito, para que se possa ter, ao final, uma verdadeira justiça fiscal acompanhada de justiça social, atendendo-se aos anseios da sociedade e dos menos afortunados, tudo conforme os valores liberais e sociais da nossa Constituição Federal.

CONCLUSÃO FINAL

Qualquer nação contemporânea que tenha como finalidade e objetivo únicos o atendimento das necessidades fundamentais do cidadão e preze pela utilização racional e responsável dos recursos financeiros arrecadados aos cofres públicos, de maneira a conferir-lhes uma destinação justa e criteriosamente definida a partir das prioridades sociais e constitucionais, deverá organizar as suas finanças e estabelecer políticas públicas a fim de que possam ser sustentáveis no longo prazo.

Nesse contexto, as boas práticas de *governança fiscal* ganham destaque global e contornos de diretriz fundamental nas finanças públicas mundiais, tendo o binômio "sustentabilidade financeira e estabilidade orçamental" *status* de princípios edificantes ou estruturantes do orçamento público, a fim de possibilitar a continuidade e a realização plena dos objetivos estatais presentes, sem prejudicar gerações futuras.

Assim, para permitir que o Estado tenha a capacidade de financiar todos os seus compromissos e obrigações presentes e futuras, para além dos tradicionais princípios orçamentais do autoconsentimento, da transparência, do planejamento, dentre outros, consolida-se universalmente a noção de que se deve adotar o *princípio da estabilidade orçamental*, traduzido por uma situação de equilíbrio ou de excedente orçamental, e o *princípio da sustentabilidade da dívida pública*, para garantir que esta seja mantida em níveis razoáveis. E, como pano de fundo desse contexto, revela-se incontestável e inolvidável o *princípio da equidade intergeracional*, entendendo-se que na atividade financeira pública deve haver equidade na distribuição de benefícios e custos pelos vários orçamentos num quadro plurianual entre as gerações.

Para realizar tais intentos, emerge a governança fiscal como instrumental necessário e eficiente para garantir uma execução orçamental planejada, dotada de previsões confiáveis e transparentes, com objetivos claros e indicadores de desempenho mensuráveis a permitir a eficaz auditoria e controle, que possui vertentes na arrecadação, na gestão e na destinação dos recursos públicos. Suas boas práticas dizem respeito àqueles mecanismos de governação e consolidação das finanças públicas que garantem o respeito aos princípios orçamentais e às normas jurídicas pré-estabelecidas, racionalizando o uso dos recursos públicos.

Mas para que estas providências tenham efetividade e se materializem na gestão orçamental, não se pode deixar de mencionar a importância da independência dos órgãos de auditoria e controle das finanças públicas, devendo estes – ao lado de um Ministério Público atuante e de um Poder Judiciário forte – assumir o protagonismo na fiscalização e controle dos recursos públicos, fundamentais para garantir a realização dos objetivos republicanos.

Em complemento, o cidadão deve ser estimulado – através de programas estatais de educação e conscientização fiscal, por uma abordagem didático-pedagógica a permitir a compreensão das vertentes financeiras da arrecadação, dos gastos públicos e do dever de contribuir – a exercer o seu direito fundamental de *cidadania fiscal*, participando ativamente não apenas nas deliberações orçamentárias, mas, principalmente, no acompanhamento da execução do orçamento público. Ao conhecer melhor os seus direitos e deveres fiscais, e de que maneira os recursos públicos são aplicados, poderá a sociedade demandar e cobrar aos seus representantes no Parlamento e ao governante o cumprimento adequado das suas funções, superando a velha e imprópria cultura de que a "res publica" pode ser tratada como se fosse coisa de ninguém.

Práticas orçamentais globais, como a da União Europeia na adoção do Tratado sobre Estabilidade, Coordenação e Governação, conhecido como Pacto Orçamental Europeu, e em especial a incorporação de suas regras ao ordenamento jurídico interno, tal como fez Portugal em sua Lei de Enquadramento Orçamental de 2015, oferecem ao Brasil uma série de importantes referências e parâmetros de governança orçamental. Tal modelo cobra especial relevância, sobretudo diante da atual realidade financeira brasileira de déficits fiscais recorrentes, em que os gastos públicos são ineficientes, ineficazes, inequitativos e em volume superior ao que se arrecada devido à baixa efetividade arrecadatória e excessiva concessão de desonerações fiscais, bem como da ostentação de uma vultosa e custosa dívida pública.

Assim, não se olvidando de que o imperativo orçamental da gestão fiscal responsável deve estar presente diuturnamente, para o Brasil buscar a estabilidade orçamental e a sustentabilidade financeira, no viés da *receita pública*, despontam como providências necessárias que o Estado amplie a base arrecadatória sem acarretar um aumento efetivo da carga fiscal individual e reavalie a concessão de desonerações fiscais; no lado da *despesa pública*, ambiciona-se a sua criteriosa definição alocativa, eficiência e qualidade na sua aplicação, com uma análise profunda da dimensão ideal da máquina estatal e do funcionalismo, dos programas e políticas públicas e do sistema previdenciário; e, na *gestão orçamental,* para além da noção de que toda despesa deve possuir uma receita a financiá-la a fim de evitar o surgimento de déficits orçamentários crescentes ou descontrolados, pretende-se não só um equilíbrio das contas públicas, mas também o correto dimensionamento e manutenção da dívida pública, a fim de permitir um resultado no longo prazo estável e *sustentável* – tanto para a presente, como para as futuras gerações –, dentro dos ideais de solidariedade e de equidade intergeracional.

Portanto, conclui-se que, nos dias de hoje, todo modelo de orçamento público, em qualquer nação no mundo que pretenda garantir o bem-estar de seus cidadãos, deverá ter na governança fiscal e na sustentabilidade financeira os seus *princípios fundamentais estruturantes*, de maneira a garantir a estabilidade orçamental e a prudente gestão da dívida pública e, ao final, realizar o seu intento maior: materializar a justiça fiscal e transformá-la em justiça social, com a criação de uma sociedade mais digna e justa.

REFERÊNCIAS

ABRAHAM, Marcus. *Curso de Direito Financeiro Brasileiro*. 4. ed. Rio de Janeiro: Forense, 2017.

_____. *As Emendas Constitucionais Tributárias e os Vinte Anos da Constituição Federal de 1988*. São Paulo: Quartier Latin, 2009.

_____; PEREIRA, Vítor Pimentel (Org.). *Orçamento Público no Direito Comparado*. São Paulo: Quartier Latin, 2015.

_____; PEREIRA, Vítor Pimentel. A influência da Torá nas instituições jurídicas brasileiras. *Revista do IHGB*, Rio de Janeiro, ano 176, n. 466, jan./mar. 2015.

AFONSO V. *Ordenações Afonsinas*. Livro I, Título 58, 2. Texto facsimilar disponível em: <http://www.ci.uc.pt/ihti/proj/afonsinas/pagini.htm>.

ALESSI, Renato. *Instituciones de Derecho Administrativo*. Tomo I. 3. ed. Trad. Buenaventura Pellisé Prats. Barcelona: Bosch, 1970.

ALMEIDA, Suely Creusa Cordeiro de. O Estado, a Igreja e a Caridade. In: *Simpósio Nacional de História*, 2005, Londrina. Anais do XXIII Simpósio Nacional de História – História: guerra e paz. Londrina: ANPUH, 2005. Disponível em: <http://anais.anpuh.org/wp-content/uploads/mp/pdf/ANPUH.S23.0969.pdf>

ALMIRO, Affonso. *Questões de Técnica e de Direito Financeiro*. Rio de Janeiro: Edições Financeiras, 1957.

AMADOR, Olívio Mota. A Estabilidade Orçamental e os Poderes do Ministro das Finanças. In: CUNHA, Paulo de Pitta e (Coord.). *Estudo Jurídicos e Económicos em Homenagem ao Prof. Doutor António de Souza Franco*. Vol. III. Coimbra: Coimbra Editora, 2006.

ANDRADE, Fernando Rocha. A limitação constitucional do défice orçamental e sua circunstância. In: NUNES, António José Avelãs; CUNHA, Luís Pedro; MARTINS, Maria Inês de Oliveira (Org.). *Estudos em homenagem ao Prof. Doutor Aníbal de Almeida*, Coimbra: Coimbra Editora, 2012.

ANTON, Sorin; PUIU, Cristina. The IMF approach towards the structural deficit. *Journal of Public Administration, Finance & Law* – Special Issue 1/2014.

ARMSTRONG, Kenneth. Differentiated economic governance and the reshaping of dominium law. In: ADAMS, Maurice; FABBRINI, Federico; LAROUCHE, Pierre (ed.). *The Constitutionalization of European Budgetary Constraints*. Oxford: Hart, 2014.

BALEEIRO, Aliomar. *Uma Introdução à Ciência das Finanças*. 15. ed. Rio de Janeiro: Forense, 1997.

BARROSO, Luís Roberto. *O Direito Constitucional e a efetividade de suas normas*. 9. ed. Rio de Janeiro: Renovar, 2009; HESSE, Konrad. *A força normativa da Constituição*. Trad. Gilmar Mendes. Porto Alegre: Sergio Antonio Fabris, 1991.

BAUMAN, Zygmunt. *Globalização*: as consequências humanas. Rio de Janeiro: Jorge Zahar, 1999.

BERTONHA, João Fábio. Federação, Confederação ou Império: Qual o futuro da União Européia? *Meridiano 47* – Journal of Global Studies, v. 7, n. 67, fev. 2006.

BIJOS, Paulo Roberto Simão. Governança orçamentária: uma relevante agenda em ascensão. *Caderno Orçamento em Discussão n. 12*. Brasília: Senado Federal, 2014.

BLYTH, Mark. *Austerity*: the history of a dangerous idea. New York: Oxford University Press, 2013.

BORGES, José Souto Maior. *Introdução ao direito financeiro*. São Paulo: Max Limonad, 1998.

BOROOAH, Vani K. *Europe in an Age of Austerity*. New York: Palgrave Macmillan, 2014.

BUJANDA, Fernando Sainz de. *Sistema de derecho financiero*. Introducción. v. I. Madrid: Facultad de Derecho de la Universidad Complutense, 1977.

CABRAL, Nazaré da Costa. *A teoria do federalismo financeiro*. 2. ed. Coimbra: Almedina, 2015.

_____. Breves notas sobre o enquadramento do orçamento do Estado. In: FERREIRA, Eduardo Paz; TORRES, Heleno Taveira; PALMA, Clotilde Celorico. (Org.). *Estudos em Homenagem ao Professor Doutor Alberto Xavier Economia, Finanças Públicas e Direito Fiscal*. v. 2. Coimbra: Almedina, 2013.

_____; MARTINS, Guilherme Waldemar d'Oliveira. *Finanças Públicas e Direito Financeiro*: Noções Fundamentais. Lisboa: AAFDL, 2016.

CAMARGO, Guilherme Bueno de. A Guerra Fiscal e seus efeitos: Autonomia x Centralização. In: CONTI, José Maurício (Org.). *Federalismo Fiscal*. Barueri: Manole, 2004.

CANOTILHO, J. J. Gomes. *Direito constitucional e teoria da Constituição*. 7. ed. Coimbra: Almedina, 2003.

_____. A lei do orçamento na teoria da lei. *Boletim da Faculdade de Direito* – Estudos em homenagem ao Prof. Dr. J. J. Teixeira Ribeiro. Coimbra: Universidade de Coimbra, 1979.

_____; MOREIRA, Vital. *Constituição da República Portuguesa anotada*. v. 1. São Paulo: Revista dos Tribunais, 2007.

CANTILLON, Bea et al. *Children of austerity*: impact of the Great Recession on child poverty in rich countries. Oxford: UNICEF / Oxford University Press, 2017.

CARITAS EUROPA. *Crisis Monitoring Report 2015*: Poverty and inequalities on the rise; Just social systems needed as the solution. Brussels: Caritas Europa, 2015.

CARVALHO, Paulo de Barros. *Curso de Direito Tributário*. 19. ed. São Paulo: Saraiva, 2007.

CATARINO, João Ricardo. *Finanças Públicas e Direito Financeiro*. 3. ed. Coimbra: Almedina, 2016.

_____. O Orçamento da União Europeia. In: CATARINO, João Ricardo; TAVARES, José F. F. (Coord.). *Finanças Públicas da União Europeia*. Coimbra: Almedina, 2012.

_____. *Princípios de finanças públicas*. Coimbra: Almedina, 2011.

_____; SALVADOR; Rui Miguel Alcario. Consolidação orçamental nas economias em crise: o contributo da despesa fiscal em Portugal entre 2011 e 2014. *Novos Estudos Jurídicos*, v. 21, n. 2, maio/ago. 2016.

_____; FONSECA, Jaime. Sustentabilidade Financeira e Orçamental em Contexto de Crise Global numa Europa de Moeda Única. *Seqüência*, Florianópolis, n. 67, dez. 2013.

CATARINO, João Ricardo et al. A boa governança e a competitividade fiscal. In: CATARINO, João Ricardo; GUIMARÃES, Vasco Branco (Coord.). *Lições de fiscalidade*. v. II – Gestão e Planeamento fiscal internacional. Coimbra: Almedina, 2015.

CAVALCANTI, Márcio Novaes. *Fundamentos da Lei de Responsabilidade Fiscal*. São Paulo: Dialética, 2011.

COMISSÃO DAS COMUNIDADES EUROPEIAS. Governança e Desenvolvimento. Bruxelas, 20.10.2003. Disponível em: <http://www.europarl.europa.eu/meetdocs/committees/deve/20031125/com(2003)0615PT.pdf>

COMISSÃO EUROPEIA. *Como funciona a União Europeia*: guia das instituições da União Europeia. Luxemburgo: Serviço das Publicações da União Europeia, 2014.

CONSELHO DAS FINANÇAS PÚBLICAS. *Glossário de termos das Finanças Públicas*. Lisboa: CFP, 2015.

CORIAT, Benjamin. Building on institutional failures: the European Treaty on Stability, Coordination and Governance. *LEM Working Paper Series*. Dec. 2014. Disponível em: <https://www.econstor.eu/bitstream/10419/119846/1/814440177.pdf>.

CRAIG, Paul. *The Lisbon Treaty*: law, politics, and treaty reform. London: Oxford University, 2013.

CRUZ, Flavio. Comentários sobre a Reforma Orçamentária de 1988. *Revista de Contabilidade "Vista & Revista"*, v. 4, nº 1, fev. 1992.

CUNHA, Paulo de Pitta e. Em torno do Tratado Europeu sobre a disciplina orçamental. In: CUNHA, Paulo de Pitta e (Coord.). *Estudo Jurídicos e Económicos em Homenagem ao Prof. Doutor António de Souza Franco*. Vol. III. Coimbra: Coimbra Editora, 2006.

DAWSON, Mark; WITTE, Floris de. Constitutional Balance in the EU after the Euro-Crisis. *The Modern Law Review*, 76 (5), 2013.

DE AYALA, José Luis Pérez. *Economía Política*. Tomo I. Madrid: Editorial de Derecho Financiero, 1971.

DEODATO, Alberto. *Manual de Ciência das Finanças*. 10. ed. São Paulo: Saraiva, 1967.

DIMOPOULOS, Angelos. The use of International Law as a tool for enhancing governance in the eurozone and its impact on EU institutional integrity. In: ADAMS, Maurice; FABBRINI, Federico; LAROUCHE, Pierre (ed.). *The Constitutionalization of European Budgetary Constraints*. Oxford: Hart, 2014.

DOMINGUES, José Marcos. O Desvio de Finalidade das Contribuições e o seu Controle Tributário e Orçamentário no Direito Brasileiro. In: DOMINGUES, José Marcos (Coord.). *Direito Tributário e Políticas Públicas*. São Paulo: MP, 2008.

DUARTE, Tiago. *A lei por detrás do orçamento*: a questão constitucional da lei do orçamento. Coimbra: Almedina, 2007.

_____. Paul Laband e a crise orçamental prussiana. In: CUNHA, Paulo de Pitta e (Coord.). *Estudos Jurídicos e Económicos em Homenagem ao Prof. Doutor António de Sousa Franco*. Vol. III. Lisboa: Coimbra Editora, 2006.

EUROPEAN COMISSION. *Public finances in EMU 2006*. Brussels: Directorate-General for Economic and Financial Affairs of the European Commission, 2006. Disponível em: <http://ec.europa.eu/economy_finance/publications/pages/publication423_en.pdf>.

FABBRINI, Federico. The Fiscal compact, the "golden rule", and the paradox of European federalism. *Boston College International & Comparative Law Review*, vol. 36, issue 1, Winter 2013.

FAVEIRO, Vítor António Duarte. *O Estatuto do Contribuinte*: a pessoa do contribuinte no Estado Social de Direito. Coimbra: Coimbra Editora, 2002.

FERNANDES, José Pedro (Ed.). *Dicionário Jurídico da Administração Pública*. Vol. VII. Verbete "União Europeia". Lisboa: [s.n], 1996.

FERNANDES, José Pedro Teixeira. Federalismo: solução para a crise na União Europeia? Uma perspetiva portuguesa. *Relações Internacionais*, n. 44, dez. 2014.

FERREIRA FILHO, Manoel Gonçalves. *Curso de Direito Constitucional*. 31. ed. São Paulo: Saraiva, 2005.

FERREIRA, Eduardo Paz. A Crise do Euro e o Papel das Finanças Públicas. In: CATARINO, João Ricardo; TAVARES, José F. F. (Org.). *Finanças Públicas da União Europeia*. Coimbra: Almedina, 2012.

FERREIRA, Paulo Marrecas. Finanças públicas e sustentabilidade: desafios para uma justiça intergeracional que não sacrifique o futuro pelo desaparecimento do presente. In: FERREIRA, Eduardo Paz; TORRES, Heleno Taveira; PALMA, Clotilde Celorico (Org.). *Estudos em Homenagem ao Professor Doutor Alberto Xavier:* Economia, Finanças Públicas e Direito Fiscal. vol. 2. Coimbra: Almedina. 2013.

FIGUEIREDO, Carlos Mauricio; NÓBREGA, Marcos. *Responsabilidade Fiscal*: Aspectos Polêmicos. Belo Horizonte: Fórum, 2006.

FINNIS, John. *Aquinas*: moral, political, and legal theory. Oxford: Oxford University, 1998.

FONROUGE, Carlos Maria Giuliani. *Derecho Financiero*. 3. ed. Buenos Aires: Depalma, 1976.

FRAGA, Gabino. *Derecho administrativo*. 24. ed. México, D.F.: Porrúa, 1985.

FRANCO, António L. de Sousa. *Finanças públicas e direito financeiro*. v. I e II. 4. ed. Coimbra: Almedina, 12. reimpressão em 2008.

_____. *Políticas financeiras*: conceitos fundamentais. Lisboa: AAFDL, 1980.

GIACOMONI, James. *Orçamento Público*. 13. ed. São Paulo: Atlas, 2005.

GOMES, Marcus Lívio. Relatório do projeto de pesquisa coletiva "Base Erosion and Profit Shifting (BEPS)." In: GOMES, Marcus Livio; SCHOUERI, Luís Eduardo (Coord). A tributação internacional na era pós Beps: soluções globais e peculiaridades de países em desenvolvimento. vol. 1. Rio de Janeiro: Lumen Juris, 2016.

HARADA, Kiyoshi. *Direito Financeiro e Tributário*. São Paulo: Atlas, 2002.

HUCK, Marcelo. *Evasão e elisão*: rotas nacionais e internacionais. São Paulo: Saraiva, 1997.

INGROSSO, Giovanni. *Corso di Finanza Pubblica*. Napoli: Jovene, 1969.

INTERNATIONAL LABOUR ORGANIZATION. *World Social Protection Report 2014/15*: building economic recovery, inclusive development and social justice. Geneva: ILO, 2014.

JACKSON, Peter. Budget Deficits: Cyclical or Structural. In: SNOWDON, Brian; VANE, Howard (Ed.). *An encyclopedia of macroeconomics*. Cheltenham: Edward Elgar, 2002.

JHR/WTE. Watching Karlsruhe/Karlsruhe Watchers. *European Constitutional Law Review*, 8, issue 3, 2012.

KARANIKOLOS, Marina et al. Financial crisis, austerity, and health in Europe. *The Lancet*, vol. 381, issue 9874.

KAUFMANN, Mateo. *El equilibro del presupuesto*. Madrid: Derecho Financiero, 1964.

LB/JHR. The Fiscal Compact and the European constitutions: 'Europe speaking German'. *European Constitutional Law Review*, 8, issue 1, 2012.

LOBATO, Caroline; AZEVEDO NETO, A. O. A construção do federalismo na Europa integrada e no Brasil: a evolução do pacto federativo de seu conceito teórico à versão internacional e sua potencial importação pelo sistema brasileiro. In: DAL RI JR., Arno et al (Coord.). *Teoria e história do direito internacional*. Florianópolis: CONPEDI, 2014. v. 1.

LOBO, Rogério Leite. *Federalismo Fiscal Brasileiro*: discriminação das rendas tributárias e centralidade normativa. Rio de Janeiro: Lumen Juris, 2006.

MADISON, James. The meaning of the Maxim, which requires a Separation of the Departments of Power, examined and ascertained. n. LI. *The Federalist*: on the new Constitution, written in 1788 by Mr. Hamilton, Mr. Jay and Mr. Madison. New York: Williams & Whiting, 1810.

MADURO, Miguel Poiares. Foreword. In: ADAMS, Maurice; FABBRINI, Federico; LAROUCHE, Pierre (ed.). *The Constitutionalization of European Budgetary Constraints*. Oxford: Hart, 2014.

_____. New Governance for the European Union and the Euro: Democracy and Justice. *Yearbook of Polish European Studies*, 16/2013.

MARTINS, Guilherme Waldemar D'Oliveira. *Consolidação orçamental e política financeira*. Coimbra: Almedina, 2014.

_____. Processo e Execução Orçamental. In: CATARINO, João Ricardo; TAVARES, José F. F. (Coord.). *Finanças Públicas da União Europeia*. Coimbra: Almedina, 2012.

_____. Consolidação orçamental e opções reais: por um novo procedimento orçamental. *Revista de Finanças Públicas e Direito Fiscal*, ano VI, n. 2, 2013.

MARTINS, Guilherme Waldemar d'Oliveira. *A despesa fiscal e o orçamento do Estado no ordenamento jurídico português*. Coimbra: Almedina, 2004.

MARTINS, Maria D'Oliveira. O Valor Reforçado da Lei de Enquadramento Orçamental. In: CUNHA, Paulo de Pitta e (Coord.). *Estudos Jurídicos e Económicos em Homenagem ao Prof. Doutor António de Souza Franco*. Coimbra: Coimbra Editora, 2006. vol. III.

MEIRELLES, Hely Lopes. *Finanças Municipais*. São Paulo: Revista dos Tribunais, 1979.

MENDES, Gilmar Ferreira; COELHO, Inocêncio Mártires; BRANCO, Paulo Gustavo Gonet. *Curso de Direito Constitucional*. 4. ed. São Paulo: Saraiva, 2009.

MENDONÇA, Eduardo. Da Faculdade de Gastar ao Dever de Agir: o esvaziamento contramajoritário de políticas públicas. In: SARMENTO, Daniel; SOUZA NETO, Claudio

Pereira de. (Coords.). *Direitos Sociais*. Fundamentos, Judicialização e Direitos Sociais em Espécie. Rio de Janeiro: Lumen Juris, 2008.

MIRANDA, Jorge. *Manual de direito constitucional*. T. 1. Coimbra: Coimbra Editora, 1990.

MORAES, Bernardo Ribeiro de. *Doutrina e Prática do Imposto de Indústrias e Profissões*. São Paulo: Max Limonad, 1964.

MOREIRA NETO, Diogo de Figueiredo. *Curso de direito administrativo*. 16. ed. Rio de Janeiro: Forense, 2014.

NABAIS, José Casalta. Estabilidade Financeira e o Tratado Orçamental. *Jurismat – Revista Jurídica do Instituto Superior Manuel Teixeira Gomes*, n. 6, maio 2015.

_____. Crise e sustentabilidade do Estado fiscal. In: *Por um Estado fiscal suportável*: estudos de direito fiscal. Coimbra: Almedina, 2015. v. IV.

_____. Justiça fiscal, estabilidade financeira e as recentes alterações do sistema fiscal português. In: *Por um Estado fiscal suportável*: estudos de direito fiscal. Coimbra: Almedina, 2015. Vol. IV.

_____. Reflexões sobre quem paga a conta do Estado social. In: *Por um Estado fiscal suportável*: estudos de direito fiscal. Coimbra: Almedina, 2010. v. III.

_____. Política fiscal, desenvolvimento sustentável e luta contra a pobreza. In: *Por um Estado fiscal suportável*: estudos de direito fiscal. Coimbra: Almedina, 2008. v. II.

_____. A soberania fiscal no quadro da integração europeia. In: *Por um Estado fiscal suportável*: estudos de direito fiscal. Coimbra: Almedina, 2008. v. II.

_____; SILVA, Suzana Tavares da. O Estado pós-moderno e a figura dos tributos. In: OTERO, Paulo; ARAÚJO, Fernando; GAMA, João Taborda da. (Org.). *Estudos em memória do Prof. Doutor J. L. Saldanha Sanches*. Vol. 3: Direito fiscal: parte geral. Coimbra: Coimbra Editora, 2011.

NEUMARK, Fritz. *Problemas Económicos y Financieros del Estado Intervencionista*. Madrid: Editorial de Derecho Financiero, 1964.

OECD. *Society at a Glance 2016*: OECD Social Indicators. Paris: OECD Publishing, 2016.

_____. *Draft recommendation of the OECD Council on the principles of budgetary governance*. Paris: OECD, 2014. Disponível em: <https://www.oecd.org/gov/budgeting/Draft-Principles-Budgetary-Governance.pdf>.

_____. Fiscal consolidation: targets, plans and measures. *OECD Journal on Budgeting*, Vol. 11/2, 2011.

OLIVEIRA, Regis Fernandes de. *Curso de Direito Financeiro*. 2. ed. São Paulo: Revista dos Tribunais, 2008.

_____. *Curso de Direito Financeiro*. São Paulo: Revista dos Tribunais, 2006.

OXFORD DICTIONARY OF LATIN. Oxford: Clarendon Press, 1968.

PECES-BARBA, Gregorio Martínez. Los deberes fundamentales. *Doxa*, n. 04, 1987.

PEREIRA, Manuel Henrique de Freitas. Sustentabilidade das Finanças Públicas na União Europeia. In: CATARINO, João Ricardo; TAVARES, José F. F.(Coord.). *Finanças Públicas da União Europeia*. Coimbra: Almedina, 2012.

PÉREZ, Julio Banacloche. *Manual de economía financiera*. Madrid: Editorial de Derecho Financiero, 1971.

QUIGGIN, John. What Have We Learned from the Global Financial Crisis? *The Australian Economics Review*, Vol 44, No. 4.

REESTMAN, Jan-Herman. The Fiscal Compact: Europe's Not Always Able to Speak German – On the Dutch Implementing Act and the Hazardous Interpretation of the Implementation Duty in Article 3(2) Fiscal Compact. *European Constitutional Law Review*, vol. 9, issue 3, dec. 2013.

SANDEL, Michael. *What money can't buy*: the moral limits of markets. London: Penguin, 2012.

SANTI, Eurico Marcos Diniz de (Coord.). *Curso de direito tributário e finanças públicas*. São Paulo: Saraiva, 2008.

SANTOS, António Carlos dos; MARTINS, António M. Ferreira. Ministério das finanças e da administração pública. Secretaria de estado dos assuntos fiscais. Relatório do grupo para o estudo da Política fiscal. Competitividade, eficiência e justiça do sistema fiscal. IDEFF/FDL, 2009.

SANTOS, J. Albano. *Finanças Públicas*. 2. ed. Lisboa: INA, 2016.

_____. *Economia Pública*. 2. ed. Lisboa: Instituto Superior de Ciências Sociais e Políticas, 2012.

SANTOS, Luís Máximo dos; CABO, Sérgio Gonçalves do. A aprovação do Tratado que criou o Mecanismo Europeu de Estabilidade (TMEE) e a aprovação do Tratado sobre Estabilidade, Coordenação e Governação na União Económica e Monetária ("Tratado Orçamental"). *Revista de finanças públicas e direito fiscal*, Coimbra, a.5, n.1, primavera 2012.

SARMENTO, Joaquim Miranda. *A nova lei de enquadramento orçamental*. Coimbra: Almedina, 2016.

_____. O tratado orçamental, semestre europeu, "six-pack" e "two-pack": a arquitectura orçamental da União Europeia. *Revista de Finanças Públicas e Direito Fiscal*, Coimbra, ano 8, n. 2 (verão 2015).

_____. Ajustamento económico e consolidação orçamental – Portugal vs Irlanda: somos assim tão diferentes? *Revista de Finanças Públicas e Direito Fiscal*, Coimbra, a. 6, n. 4, inverno 2013.

_____; MARQUES, Rui. As alterações orçamentais no actual panorama das finanças públicas. *Revista do Ministério Público*, Lisboa, a. 37, n. 147, jul./set. 2016.

SCAFF, Fernando Facury. Equilíbrio orçamentário, sustentabilidade financeira e justiça intergeracional. *Boletim de Ciências Económicas*, Coimbra, v. 57, t. 3, 2014.

SCHICK, Allen. *Reflections on OECD's Draft Principles of Budgetary Governance*. Berlin: OECD, 2014 apud BIJOS, Paulo Roberto Simão. Governança orçamentária: uma relevante agenda em ascensão. *Caderno Orçamento em Discussão n. 12*. Brasília: Senado Federal, 2014.

SCHOUERI, Luís Eduardo. O projeto Beps: ainda uma estratégia militar. In: GOMES, Marcus Lívio; SCHOUERI, Luís Eduardo (Coord). *A tributação internacional na era pós Beps*: soluções globais e peculiaridades de países em desenvolvimento. vol. 1. Rio de Janeiro: Lumen Juris, 2016.

SILVA, Nuno Floríndo d'Assunção. Um sistema fiscal no dealbar da troika: caso de Portugal. In: FERREIRA, Eduardo Paz; TORRES, Heleno Taveira; PALMA, Clotilde Celorico (Org.). *Estudos em Homenagem ao Professor Doutor Alberto Xavier*. Coimbra: Almedina, 2013. Vol. II.

SOUSA, Rubens Gomes de. *Compêndio de Legislação Tributária*. 2. ed. Rio de Janeiro: Edições Financeiras, 1954.

TACITUS. *The Annals*. Translation John Jackson. v. II. Cambridge, MA: Harvard University, 1962.

TAVARES, José F. F. Linhas de Evolução das Finanças Públicas Europeias. In: CATARINO, João Ricardo; TAVARES, José F. F. (Coord.). *Finanças Públicas da União Europeia*. Coimbra: Almedina, 2012.

_____. O federalismo – sua caracterização. In: *Estudos de Administração e Finanças Públicas*. Coimbra: Almedina, 2004.

TORRES, Heleno Taveira. *Direito tributário e direito privado:* autonomia privada, simulação e elusão tributária. São Paulo: Revista dos Tribunais, 2003.

TORRES, Ricardo Lobo. *Curso de Direito Financeiro e Tributário*. 18. ed. Rio de Janeiro: Renovar, 2011.

TRAVAGLIA, Karina Ramos; SÁ, Luís Felipe Vellozo Nogueira de. Fortalecimento da governança: uma agenda contemporânea para o setor público brasileiro. *Revista Controle*, Fortaleza, v. 15, n.1, p. 22-53, jan./jun. 2017.

UNITED NATIONS. *Definition of basic concepts and terminologies in governance and public administration*. New York, Committee of Experts on Public Administration Fifth session, 27-31 March 2006.

VANONI, Ezio. *Natureza e Interpretação das Leis Tributárias*. Trad. Rubens Gomes de Sousa. Rio de Janeiro: Financeiras, 1932.

VASCONCELLOS, Alexandre. *Orçamento Público*. 2. ed. Rio de Janeiro: Ferreira, 2009.

VAUGHAN-WHITEHEAD, Daniel. Is Europe losing its soul? The European social model in times of crisis. Conference organized by the International Labour Office in collaboration with the European Commission. In: VAUGHAN-WHITEHEAD, Daniel (Ed.): *The European social model in times of economic crisis and austerity policies*. Geneva: ILO, 2014.

VIEIRA, Domingos. *Grande diccionario portuguez ou Thesouro da lingua portugueza*. Porto: Ernesto Chardron e Bartolomeu de Moraes, 1873. v. 3.

VILLEGAS, Héctor B. *Curso de Finanzas, Derecho Financiero y Tributario*. Buenos Aires: Depalma, 1975.

WORLD BANK. *Governance and Development*. Washington, D.C.: The World Bank, 1992.

ZIMMERMANN, Augusto. *Teoria Geral do Federalismo Democrático*. Rio de Janeiro: Lumen Juris, 2005.